도덕적 상상력이 세상을 밝힌다

도덕적 상상력이 세상을 밝힌다

파멜라 B. 조셉 지음
노희정 옮김

서광사

도덕적 상상력이 세상을 밝힌다

파멜라 B. 조셉 지음

노희정 옮김

펴낸이 | 이숙

펴낸곳 | 도서출판 서광사

출판등록일 | 1977. 6. 30.

출판등록번호 | 제 406-2006-000010호

(10881) 경기도 파주시 회동길 77-12 (문발동)

대표전화 (031) 955-4331　팩시밀리 (031) 955-4336

E-mail : phil6161@chol.com

http://www.seokwangsa.co.kr | http://www.seokwangsa.kr

제1판 제1쇄 펴낸날 — 2025년 11월 10일

ISBN 978-89-306-5308-4　93190

| 서언 |

배경

저는 교사가 된 이후에 교육의 도덕적 측면에 매료되었습니다. 중·고등학교에서 국어와 사회 교사로 재직하면서 교실에서 표면화되는 가치 충돌, 즉 저의 도덕적 신념과 학생들의 도덕적 신념, 그리고 이 모든 것이 부모, 공동체, 그리고 문화의 영향을 받는다는 것을 알게 되었습니다. 제가 처음 발표한 저서는 교사의 가치 갈등을 다루었습니다. 도덕적 딜레마를 인지하지 못하는 것이 어떻게 교사의 불안을 야기할 수 있는지, 그리고 그러한 난제를 의식적으로 해결하는 것이 어떻게 교사의 효능을 향상할 수 있는지에 대한 내용을 다루었습니다. 마찬가지로, 박사 학위 과정과 교사교육자로서의 초기 저술에서는 도덕 발달 연구와 교육자들이 가치 교육을 이성, 감정, 그리고 문화의 복합적인 표현으로 바라보아야 하는 이유에 집중했습니다. 또한 다음과 같은 어려운 질문들과도 씨름했습니다. 인간은 왜 잔혹하고 파괴를 일삼을까? 학교는 어떻게 도덕적 발달을 저해하는 관행에 관여하고 그런 환경을 조성할까?

수년에 걸쳐 저는 교육의 도덕적 차원의 다양한 측면에 대해 글을 집필했습니다. 교사들이 윤리적 결정과 딜레마를 어떻게 개념화하는지, 그리고 스스로 도덕교육자로서 어떻게 인식하는지를 조사했습니다. 또한 교사교육자로서의 저의 실천과 도덕 발달 및 교육에 특별히 초점을 맞춘 수업에서 학생들이 어떻게 성찰하는지 연구했습니다. 더 나아가, 저는 도덕교육의 내용에 깊은 관심을 가지게 되었습니다. 그리고 저는 도덕발달에 대한 단순하고 문화적으로 무감각하며 근거 없는 가정들에 기반한 실천에 관한 비평을 썼습니다. 저는 전통적인 접근법부터 변혁적 접근법에 이르기까지 도덕교육에 관한 다양한 접근법을 연구하며, 저의 도덕교육의 관점을 확장시켜 도덕적 상상력과 교사의 책임, 인간의 행동, 그리고 지구와의 관계에서 폭력의 생태학에 도전해야 하는 의무에 대해 글을 집필했습니다.

저의 전문 연구의 주제는 윤리, 육아, 그리고 학교교육에 대한 심오한 이해를 추구하는 대학원 과정의 초보 및 경력 교사, 교육학과 학부생, 그리고 다른 전공의 학생들을 위해 교육의 도덕적 차원을 학문적 커리큘럼에 통합하는 것이었습니다. 이를 위해 저는 수업의 주요 주제와 핵심 질문을 다음과 같이 구성했습니다.

- 도덕 철학: 도덕성, 윤리, 도덕적 상상력을 어떻게 이해할 것인가?
- 도덕 발달: 교육자는 인간의 욕구와 도덕적 능력에 관해, 그리고 아동과 청소년이 가치, 가족, 또래, 문화의 영향력을 어떻게 배우는지에 대해 무엇을 이해해야 하는가?
- 도덕적 공동체로서의 교실과 학교: 교육 환경은 어떻게 윤리, 정

의, 배려를 강조하는 도덕적 환경이 될 수 있는가?

- 도덕교육: 교실과 학교에서 도덕 발달을 촉진하기 위한 핵심 방향은 전통적인 방향인가, 변혁적인 방향인가?
- 교사의 윤리와 도덕적 행위: 교육자들은 자기 업무의 윤리적 차원과 도덕교육자로서의 책임을 어떻게 이해하고 있는가?

도덕적 차원에 대한 커리큘럼은 끊임없이 발전해 왔습니다. 도덕 발달과 교육이라는 풍부한 분야를 충분히 탐구할 시간이 부족하고, 다양한 콘텐츠, 학습 활동, 그리고 결과 선택지가 존재합니다. 이러한 이유로 저는 학생들에게 관심 있는 분야를 파악하고, 수업 내용을 바탕으로 다양한 심층 연구를 진행하도록 독려했습니다. 그중에는 범문화적 도덕교육, 가해 학생과 도덕적으로 소외된 청소년의 도덕 발달, 코칭의 도덕적 측면, 학업 과정 전반의 도덕교육, 그리고 딜레마에 직면했을 때 성인의 도덕적 고통 등이 포함되어 있습니다. 이러한 독립적이고 협력적인 연구를 통해 저의 수업은 더욱 깊이 있고 폭넓어졌으며, 저는 학생들의 연구를 통해 많은 것을 배웠습니다. 본서에는 저의 확장된 관심 주제들이 잘 드러나 있습니다.

저는 특히 교사들이 도덕교육자로서 자신의 역할에 대해 깊이 고민하고, 모든 연령대의 학생들이 학업 내용을 공부할 때 윤리적 물음에 대해 숙의하도록 장려하는 방법을 포함하여 다양한 도덕교육 접근법에 대해 배우는 기회를 소중히 여긴다는 점을 알게 되었습니다. 또한 교실에서 자신의 윤리적 책임에 대해 성찰할 기회를 가질 때, 교사들은 자신의 도덕적 의무를 깊이 생각해야 한다는 것을 알고 있습니다. 교육자가 아닌 학생들도 이 주제에 흥미를 느끼며, 그러한 수업이 도덕성과 양육에 대한 초기 가정에 어떻게 도전했는지 이야기합니다.

저는 교사교육자이자 학자로서의 경험을 바탕으로, 교사들이 교육의 도덕적 차원에 대한 전문 지식을 습득하고 도덕적 상상력이라는 개념을 탐구해야 한다고 주장합니다. 이러한 지식을 함양하는 것은 교사가 가르치는 일을 도덕적 직업으로 인식하는 데 도움이 되고(교사 양성 및 전문성 개발 과정 전반에 걸쳐 반영되어야 하는 관점), 교육자들이 자신의 도덕적 정체성을 인식하고 도덕적 행위자로서의 잠재력을 최대한 발휘하도록 돕는 데 필수적이기 때문에 중요합니다. 이러한 이유로 저는 이 책을 집필하였습니다.

주제

『도덕적 상상력이 세상을 밝힌다』는 도덕성과 윤리, 도덕 발달, 그리고 도덕교육의 다면적인 본질을 탐구하여 교육자들에게 이론, 쟁점, 실제, 그리고 커리큘럼 내용에 대해 명확하면서도 깊이 있는 이해를 제공합니다. 이 책은 교육자들이 개인적, 사회적 가치뿐 아니라 아동, 청소년의 도덕 발달을 촉진하고, 윤리적인 교실과 학교를 조성하며, 혁신적인 도덕 커리큘럼 개발에 대한 접근 방식에 대해 깊이 있게 고민하도록 영감을 주는, 학문적 의의를 지닌 접근 가능한 저작을 목표로 합니다. 본서는 다음과 같은 상호 연관된 구성 요소들로 구성되어 있습니다.

- 도덕 철학, 윤리, 도덕적 상상력
- 인간 본성과 도덕성
- 도덕적 감정과 추론
- 문화, 도덕성, 도덕적 사회화
- 교실과 학교에서의 도덕적 사회화

- 도덕 공동체로서의 교실과 학교
- 도덕 커리큘럼
- 윤리적 교사와 도덕적 상상력

『도덕적 상상력이 세상을 밝힌다』가 교육의 도덕적 차원에 중점을 둔 교과교육학 과정에서도 사용하고 교수, 교사, 교실 문화에 관한 포괄적인 수업에서도 사용하는 적절한 교재가 되기를 바랍니다. 이러한 수업은 학부, 대학원 교사 양성 프로그램, 경력 교사를 위한 전문 연구, 인문학 커리큘럼, 그리고 교사교육자 및 교육 지도자가 되는 학생들을 위한 박사 과정 세미나에서 제공될 것입니다. 또한 이 책은 학교와 독서 모임에서 교사의 전문성 개발을 위한 자료로 활용할 수 있습니다. 마지막으로, 극단적인 개인주의, 경쟁, 순응, 편견, 그리고 검증되지 않은 신념이 말과 행동에서 폭력으로 이어지는 현대 사회에서는, 학교가 윤리적 추론, 연민, 그리고 도덕교육을 위한 변혁적 대안을 어떻게 촉진할 수 있을지에 대해 고민할 필요가 있다고 생각합니다.

| 감사의 글 |

저는 오래전부터 개념 탐구가 교육 연구의 중요한 주제임을 강조하시고, 저에게 도덕 철학과 발달, 문화, 도덕교육에 대해 연구하도록 격려해 주신 노스웨스턴 대학교의 리 앤더슨, 크리스토퍼 볼 보엠, 존 리, 조 파크, 그리고 린들리 스타일스 교수님께 깊은 감사를 드립니다. 그분들과의 소중한 추억을 소중히 간직하고 있습니다. 교육의 도덕적 측면을 연구하며 이 학문 분야에 지속적으로 활력을 불어넣어 주신 현대 연구자들에게도 감사의 마음을 전합니다. 또한, 저는 윤리와 도덕적 상상력에 대한 이해를 넓혀 주신 평화교육 학자들에게서도 큰 영감을 받았습니다. 언제나처럼, 저의 사고와 글쓰기에 도움을 주신 소중한 친구이자 동료인 사라 에프랫 에프론과 에드워드 미켈, 그리고 작가이자 연구자로서 지원과 모범을 보여준 남편 마크 윈드쉬틀에게도 감사드립니다. 또한 이 프로젝트를 진행하는 동안 제 연구를 지속적으로 신속하게 지원해 주신 워싱턴 대학교 사서 선생님들께도 깊은 감사를 올립니다. 마지막으로, 윤리, 도덕적 딜레마, 주도성에 대한 성찰을 통해 제 연구에 큰 도움을 주신 모든 선생님들께 진심으로 감사를 드립니다.

| 차례 |

서언 … 5
감사의 글 … 11
서문 … 17

1. 도덕성, 윤리 그리고 도덕적 상상력 … 25

1. 도덕성 … 27
    1.1 이상적 가치와 실제적 가치 … 28
    1.2 관습적 도덕과 반성적 도덕 … 29
    1.3 도덕적 능력 … 31
2. 윤리 … 38
    2.1 윤리의 정의 … 38
    2.2 윤리와 도덕성 … 40
3. 도덕적 상상력 … 42
    3.1 도덕적 상상력의 구성 요소 … 42
    3.2 도덕적 상상력의 중요성 … 47

참고문헌 … 49

2. 인간의 본성과 도덕성 … 59

1. 인간의 본성과 도덕성에 대한 가정 … 61
2. 도덕적 성향 … 62

3. 의존성과 애착 … 68
4. 인간의 지속적 욕구와 도덕적 능력 … 74
5. 초월적 인간 욕구: 도덕적 행위와 정체성 … 77
6. 생존 욕구와 도덕적 기능 장애 … 80
참고문헌 … 86

3. 도덕성 함양: 감정과 추론 … 95

1. 도덕적 감정 … 96
2. 배려 윤리 … 102
3. 도덕적 추론 … 105
4. 합리적 도덕성과 정의의 윤리 … 113
5. 머리와 마음의 통합 … 117
참고문헌 … 119

4. 도덕성 함양: 문화와 사회화 … 131

1. 문화와 도덕 … 132
1.1 문화가 가치에 미치는 영향 … 133
1.2 자녀 양육: 문화적 도덕 학습 … 136
2. 도덕적 사회화 … 139
2.1 주요 사회화 이론 … 140
2.2 자녀 양육: 도덕적 사회화 … 142
2.3 도덕적 사회화: 또래와 미디어 … 149
참고문헌 … 153

5. 도덕적 사회화와 학교 문화 … 165

1. 도덕적 사회화와 학교교육 … 166
2. 도덕적 사회화와 훈육 … 172
3. 문화와 학교교육 … 183
참고문헌 … 190

6. 도덕적인 학교와 교실 … 205

1. 윤리적 학교 문화 … 207
   1.1 분위기 … 208
   1.2 에토스 … 211
2. 도덕적 교실 및 학교 관행 … 213
   2.1 배려공동체 … 213
   2.2 민주적 공동체 … 218
   2.3 봉사 학습 … 220
   2.4 정의공동체 … 225
   2.5 회복적 정의 … 228

참고문헌 … 232

7. 도덕교육 커리큘럼: 전통에서 변혁으로 … 245

1. 전통적 가치와 덕목 … 248
   1.1 문화 유산 … 248
   1.2 인격교육 … 255
2. 윤리적 추론 … 263
   2.1 도덕적 대화 … 264
   2.2 어린이와 함께하는 철학 … 266
   2.3 커리큘럼 전반에 걸친 윤리적 탐구 … 269
3. 변혁적 도덕교육 … 274
   3.1 변혁을 위한 도덕교육 … 275
   3.2 변혁적 커리큘럼과 교육학 … 276

참고문헌 … 283

8. 윤리적 교사와 도덕적 상상력 … 305

1. 교직과 도덕적 전문성 … 306
   1.1 유덕한 교사 … 307
   1.2 전문직 윤리강령 … 308
   1.3 도덕적 성향 … 310
2. 교사와 도덕적 상상력 … 312

2.1 도덕적 감정: 배려와 도덕적 소명 … 314
2.2 도덕적 지각: 현존감과 정체성 … 318
2.3 윤리적 추론: 윤리적 인식과 의무 … 322
2.4 비판적 성찰: 윤리적 딜레마와 자기 성찰 … 324
2.5 미래 비전 구상하기: 도덕적 행위, 변혁적 교육학, 그리고 활동가 정체성 … 329
참고문헌 … 337

옮긴이의 말 … 353
색인 … 359
인명 색인 … 363

| 서문 |

목적

과거부터 지금까지 도덕교육자의 전형적인 개념은 교사이다. 교사는 학생들이 사회가 용인하는 행동을 유지하도록 보상하거나 처벌하는 도덕적인 역할 모델이다. 그리고 교사는 권장 가치와 특성 목록으로 가득한 교실에서 학생들 앞에 서 있는 사람이다. 하지만 학생들의 도덕적 발달을 촉진하는 데 중요한 역할을 하는 교육자라는 개념은 상대적으로 드물다. 교육자는 윤리적 관점을 넓히고, 가치에 대한 비판적 성찰을 장려하며, 도덕적인 인간이 되는 방법에 대한 새로운 시각을 제시하고, 정의롭고 배려하는 교실과 학교 공동체를 창조하는 역할을 수행해야 한다. 하지만 우리가 아동과 청소년(뿐만 아니라 이 학생들이 앞으로 될 사람과 그들이 살아갈 세상)을 적극 배려한다면, 기본적인 도덕성을 구현하고 강화하는 것만으로는 충분하지 않다. 교사는 주어진 역할 수행을 넘어 교실과 학교를 학생들의 도덕적 성장과 상상력, 즉 윤리적 추론, 감수성, 공감을 함양하는 장소로 변화시키는 도덕적 행위자로서의 잠재력을 실현해야 한다.

『도덕적 상상력이 세상을 밝힌다』는 도덕성과 도덕 발달의 복합적인 본질, 교육의 도덕적 차원, 그리고 도덕적 상상력을 탐구한다. 철학, 심리학, 인류학, 사회학, 커리큘럼 연구, 교육 연구 분야의 개념적 · 경험적 연구를 바탕으로, 본서는 아동과 청소년이 어떻게 윤리적 인간으로 성장하는지를 고찰한다. 또한 이는 배려공동체를 조성하고 윤리적 관점을 자극하는 커리큘럼의 내용을 통해 교실과 학교가 학생들의 도덕성 발달에 어떻게 기여할 수 있는지를 설명한다. 또한 기존의 도덕교육의 방향과 훈육 관행을 비판적으로 분석하며, 도덕교육자들이 인간 상호작용과 지구에 대한 폭력 수용에 이의를 제기하여 윤리적 책임을 확장할 것을 촉구한다.

본서는 도덕교육과 도덕적 행위자로서의 교사의 역할에 대한 비판적, 전체론적 사고를 장려하기 위해 다양한 윤리적, 발달적, 교육적 쟁점을 조명한다. 이를 통해 교사가 선택할 수 있는 다양한 실천 방식, 커리큘럼, 그리고 궁극적인 목표에 대해 설명하며, 복잡성에 대한 이해가 교육자들이 도덕성 발달과 교육에 대한 검토되지 않은 생각들과 도덕성 및 도덕 교실에 대한 일상적인 개념에 의문을 제기하는 데 도움을 준다고 강조한다. 마지막으로, 도덕적 상상력의 틀을 통해 교육의 도덕적 차원에 대한 다양한 문헌들을 탐구하고, 교사들의 목소리를 통해 그들의 윤리적 목적, 우려, 딜레마를 드러낸다.

특히 커리큘럼 연구 분야와 커리큘럼 탐구 개념은 본서 집필에 큰 영향을 미쳤다. 이는 본서가 제기하는 질문과 구성 측면에서 모두 드러난다. 커리큘럼 탐구는 교육과 학교교육의 근본적인 가치를 면밀히 검토할 수 있도록 해 주기 때문에 윤리적인 활동으로 간주된다. 따라서 교육의 도덕적 차원에 대한 커리큘럼 탐구는 다음과 같은 질문으로 이어진다. "도덕적"이란 무엇을 의미하는가? 도덕적 사람이 된다는 것, 윤리적 교사가 된다는 것은 무슨 뜻인가? 아동의 도덕적 성장을 이끌기 위해 어떤 가치를 반영해야 하는가? 또한, 커리큘럼을 탐구할 때 핵심적으로 발견하는 커리큘럼의 공통 요소(Connelly & Clandinin, 1988; Schwab, 1973)가 본서의 구조를 형성한다. 따라서 첫 번째 장에서는 도덕성, 윤리, 도덕적 상상력이라는 철학적 개념을 살펴보고, 후속 장들에서는 학습자, 환경, 커리큘럼 내용, 그리고 교사를 탐구하여 도덕교육 커리큘럼의 공통 요소들을 조명한다. 이러한 관점을 통해 우리는 도덕 발달 이론을 이해하고 학습자의 도덕적 성장 능력, 도덕적 충동을 억압하는 경험, 도덕 발달을 촉진하거나 방해하는 교실 및 학교 환경, 청소년의 도덕적 성장을 촉진하거나 방해하는 커리큘럼 내용, 그리고 교사가 인식하는 도덕적 정체성, 윤리적 딜레마, 실천 가능성 등을 깊이 이해할 수 있다.

『도덕적 상상력이 세상을 밝힌다』가 교육자들이 학생들의 성격적 특성뿐만 아니라 미래 세대에게 물려줄 세상을 창조하는 데 있어 청소년의 주체성에도 관심을 가져야 한다는 관점을 바탕으로 집필되었다는 점이 가장 중요하다. 또한 필자는 다학문적 지식을 기반으로 하여, 여러 담론 및 행동에 나타난 폭력에 대해 우려를 제기하고자 본서를 집필하였다. 이러한 우려는 현대 세계관에 나타난 협력보다는 치열한 경쟁, 사람과 모든 생명체에 대한 착취, 그리고 환경 파괴가 강조되는 현실에서 기인한다. 비폭력과 환경 치유를 도덕교육의 주된 목표로 간주하며, 평화와 생태정의 교육을 중요한 도덕교육 접근법의 하나로 간주하고자 한다. 이러한 맥락에서 본서는 교사의 도덕적 상상력의 함양뿐 아니라 담론, 인간 상호작용, 그리고 모든 생명체와 지구와의 관계에서 발생하는 폭력에 맞서기 위한 교사 자신의 '도덕적 현존감'[1] 및 주도성의 함양을 목표로 한다.

각 장에 대한 설명

1장 "도덕성, 윤리 그리고 도덕적 상상력"에서는 독자들이 기본 지식을 숙의하고, 진부한 가정들을 인식하며, 도덕성, 윤리, 도덕적 상상력, 도덕적 관심, 책임, 그리고 인격의 개념에 대한 보다 복잡한 이해를 발전시킬 수 있도록 도덕 철학의 요소들을 소개한다. 이 장은 『도덕적 상상력이 세상을 밝힌다』의 첫 장으로서, 우리가 이러한 개념들의 의미를 깊이 있게 숙의할 때 도덕교육자로서의 열망과 실천을 잘 명명하고, 더욱 명확히 하며, 확장할 수 있다는 논리를 제공한다.

2장 "인간 본성과 도덕성"은 인간 본성과 아동 및 성인이 도덕적 존재로 성장하는 데 영향을 미치는 요인에 대한 중요하면서도 당혹스러운 문제에 초점을 맞춘다. 이 장에서는 도덕적 능력에 대한 진화론과 도덕 발달의 촉매 역할을 하는 인간 삶의 특수 상황을 탐구한다. 특히 인간의 욕구에 대한 이론과 욕구 충족이 도덕적 기능, 심지어 이타주의에 어떻게 기여하는지를 중점적으로 다루며, 인간의 욕구가 충족되지 않을 때 도덕적 기능 장애가 발생할 수 있는 경로를 조사한다. 이 장에서는 개인이 도덕적으로 추론하고 행동하는 데 어려움을 겪는 이유를 탐구하는 것 외에도, 개인 및 집단의 자기애에서 기인하는 폭력과 공격성에 대해서도 논의한다.

---

1 [옮긴이 주] 일반적으로 현존감이란 '그곳에 있다'고 느끼는 감정이다. 이러한 관점에서 볼 때, 도덕적 현존감(moral presence)은 개인적인 두려움과 집착으로 주의가 산만해지지 않고 그 순간에 감정적으로 존재하는 것이며, 함께 살아가는 사람들과 관계적으로 조율하는 것이다. 따라서 개인은 타인 배려와 윤리적 원칙에 따라 행동하고 의사결정을 할 필요가 있다.

3장 "도덕성 함양: 감정과 도덕적 추론"에서는 도덕 발달에 관한 주요 심리학 이론들을 독자들에게 소개한다. 첫 번째 주제는 공감, 수치심, 죄책감의 발달과 관련한 감정적 영역과 도덕적 행동의 기반이 될 수 있는 도덕적 정체성과 같은 다른 내재적 요소들을 다룬다. 두 번째 주제는 인지적 영역에서 합리성, 추론, 성찰의 개념을 강조한다. 이 장은 교육자들이 감정과 추론을 모두 고려하는 통합 이론을 기초로 할 필요가 있다는 관점에서 논의를 마친다.

4장 "도덕성 함양: 문화와 사회화"에서는 도덕 발달에 대한 논의를 문화와 사회화를 통한 가치 전수까지 확장한다. 이 장에서는 아동들이 문화의 도덕 기준을 어떻게 배우는지, 가족이 도덕적 가치와 행동을 어떻게 가르치는지, 그리고 또래와 미디어가 아동들의 도덕 발달에 어떤 영향을 미치는지를 고찰한다. 이 연구 영역은 아동들이 가족의 명시적인 도덕적 가르침과 아동들의 실수나 잘못, 특히 깊이 뿌리내린 문화적 신념을 반영하는 일탈에 대한 반응을 포함하여 다양한 출처를 통해 도덕적 가치를 습득한다는 것을 보여준다. 양육자는 다양한 방식으로 도덕적으로 그릇된 행동을 바로잡는다. 공감과 성찰을 장려하는 양육자도 있고, 단순히 권력과 공격성을 보여주는 양육자도 있다. 궁극적으로 또래, 미디어, 교사는 아동들과 청소년들에게 다양한 도덕적 메시지를 전달한다.

5장 "도덕적 사회화와 학교 문화"에서는 학교교육이 도덕적 사회화에 중요한 역할을 한다고 주장한다. 학교는 옳고 적절하다고 여겨지는 문화적, 사회적 가치를 공공연히 장려하며, 학생들에게 일상생활에서 도덕성 개념을 접하게 한다. 또한, 암묵적이고 깊이 뿌리내린 문화적 신념과 행동 패턴도 존재한다. 이 장에서는 교실과 학교에서 도덕적 사회화가 어떻게 이루어지는지, 도덕적 사회화에서 훈육이 어떤 역할을 하는지, 그리고 교실과 학교를 도덕적 공간으로 바라볼 수 있는지 고찰한다.

6장 "도덕적 학교와 교실"에서는 관점 채택과 심의를 촉진하는 민주적 실천의 발전을 강조하며, 학교가 정의롭고 배려하는 환경이 될 수 있는 방법을 제시한다. 윤리적 환경을 조성하는 다양한 요인에 대한 논의를 시작으로, 교육자들이 도덕적 교실과 학교를 어떻게 창조하고 유지하는지를 설명한다. 또한 교사들이 배려적, 포용적 교실 문화를 어떻게 조성하고 학생들의 도덕적 성장을 촉진하는 교실 관리 전략을 어떻게 활용하는지를 밝힌다. 특히 의도적인 도덕 교실 및 학교 실천의 중요성을 강조하며, 배려공동체, 민주공동체, 봉사 학습, 정의공동체, 그리고 회복적 정의에 대해 탐구한다.

7장 "도덕교육 커리큘럼: 전통에서 변혁으로"에서는 학문 커리큘럼에 추가하거나 통합하여 도덕교육을 의도적으로 가르치는 다양한 방법을 설명하고 비판한다. 국제적 관점을 통해 문화적 가치와 덕을 전수하고, 특정 교과 영역을 포함한 윤리적 문제에 대한 추론 능력을 개발하기 위한 도덕적 대화를 진행하며, 폭력과 불의에 맞서고 평화로운 세상을 건설하기 위한 변혁적 도덕교육에 대해 탐구한다. 이 장에서는 문화유산, 인격교육, 아동 철학, 커리큘럼 전반에 걸친 윤리 탐구, 비판적 교육학, 인권 교육, 생태정의 교육, 평화교육, 갈등 해결 교육, 세계화 교육, 환경교육 등 다양한 도덕교육 커리큘럼을 다룬다.

8장 "윤리적 교사와 도덕적 상상력"에서는 교사가 왜 도덕적 직업인으로 간주되는지, 교사 스스로 자신의 도덕적 정체성과 딜레마를 어떻게 인식하는지를 고찰한다. 이 장에서는 교육사, 사회학, 교사교육 분야의 지식을 활용하여 교사가 높은 윤리 기준을 유지하기 위해 필요한 공동체적, 전문적 기준을 탐구한다. 또한 인터뷰와 성찰적 저널을 포함한 질적 교육 연구를 통해 도출된 교사들의 인식을 제시한다. 이러한 인식은 감정, 추론, 성찰, 그리고 미래 비전 구상하기를 아우르는 도덕적 상상력의 틀을 통해 분석된다.

참고문헌

Connelly, F. M., & Clandinin, D. J.(1988). *Teachers as curriculum planners: Narratives of experience*. Teachers College Press.

Schwab, J. J.(1973). The practical 3: Translation into curriculum. *School review*, 79, 501–522.

1장 도덕성, 윤리 그리고 도덕적 상상력

> 개별 자아의 사소하고 덧없는 행동 속에는 전체에 대한 감각이 솟아오르며, 이런 감각은 자아를 고귀한 존재로 만들고 자아 권리를 주장하게 합니다. 그러한 전체에 대한 감각이 존재할 때 우리는 도덕성을 벗어던지고 보편적 삶을 살아갑니다. 우리가 숨 쉬고 살고 있는 공동체의 삶은 이러한 관계를 상징적으로 보여주고 있습니다.
>
> —존 듀이(1922), 『인간 본성과 행동』, pp. 331-332.

일상생활에서 도덕이라는 단어는 흔히 우리의 선택, 우리가 경험하는 딜레마, 그리고 살아가는 원칙을 지칭할 때 사용한다. 하지만 도덕적 결정이 다른 종류의 결정과 어떻게 다른지, 또는 도덕적 딜레마가 우리가 경험하는 다른 종류의 난제와 어떻게 다른지 탐구하는 경우는 드물다. 또한 우리는 도덕이 한 사람에게 의미하는 것이 타인에게도 같은 의미인지 알아보기 위해 시간을 들이지 않는다. 이러한 이유로 필자는 교육의 도덕적 차원에 대해 강의할 때 학생들에게 다음과 같은 질문으로 시작한다.

- 도덕성은 어떻게 정의할 수 있을까요?
- 윤리는 어떻게 정의할 수 있을까요?

학생들은 개별적으로 답을 작성한 후, 소그룹에서 정의를 공유하고, 마지막으로 학급 전체에서 결과를 발표하는 과정을 통해 도덕성과 윤리의 본질적인 차이를 이해하게 된다. 동시에 그들은 답을 명확히 하는 것이 얼마나 어려운지, 그리고 이러한 익숙한 용어들을 자신있게 논의하는 것이 쉽지 않다는 것을 깨닫게 된다. 실제로 학생들은 수업 중이나 이후의 서면 성찰에서 이러한 도입부 수업이 답보다 훨씬 많은 질문을 유발하고, 불안정한 상태, 즉 불안한 상태를 경험한다고 언급한다. 이 과정 전반에 걸쳐 학생들은 도덕성, 윤리, 도덕 발달 그리고 도덕교육에 대한 정의를 끊임없이 탐구하며 지식의 기반을 확장한다. 마지막으로, 이 과정은 또 다른 중요한 질문에 초점을 맞추게 된다.

• 도덕적 상상력의 의미와 중요성은 무엇일까요?

물론 필자는 학생들에게 확실한 답을 제시하려는 것이 아니다. 오히려 학생들이 이러한 문제의 복잡성을 이해하고, 도덕교육자가 되고자 할 때 자신에게 주어지는 다양한 선택지를 분별하기를 기대한다.

도덕성, 윤리, 그리고 도덕적 상상력을 분석하는 이러한 작업은 우리가 살고 있는 맥락에서 특히 중요하게 된다. 이는 "경쟁적이고 적대적인 삶의 방식을 뒷받침하는 만연한 개인주의 이념"(Noddings, 1989, p. 189)과 "인간의 상호작용, 담론, 그리고 자연 세계와의 관계에서 폭력의 생태학이 만연한"(Joseph & Mikel, 2014, p. 317) 상황을 반영한다. 필자는 이러한 과정에 개인의 관점을 고려하고, 교사들이 학생들이 더욱 창의적이고 공감적으로 사고하며, 무엇보다도 인습적인 추론을 초월하도록 돕는 기회를 더 많이 도입했다. 즉, "스스로 사고하고, 전통에 관해 논쟁하며, 자신과 다른 삶의 조건을 공감적으로 이해할 수 있는 시민"(Nussbaum, 2002, p. 301)을 양성하는 것이다. 이러한 논리는 교육자와 학생 모두에게 현재의 상황을 넘어, 인습적인 사고 과정에서 벗어나도록 요구한다(Kim, 2009).

도덕적 영역을 이해하는 과정은 도덕성, 윤리, 그리고 도덕적 상상력의 본질을 탐구하는 것으로 시작된다. 교육의 도덕적 차원에 대한 커리큘럼 탐구에 착수하기 위해서는, 도덕적 교실과 학교를 창조하고 유지하는 방법을 배우기 전에 이러한 복잡한 개념의 의미를 숙의하고 일상적인 신념들을 탐구하는 것이 필요하다.

1. 도덕성

도덕성은 언뜻 보기에 옳고 그름, 선과 악에 대한 개인의 판단을 의미한다(Hinman, 2012; Ray, 1996; Solomon, 1992). 또한 도덕성은 "개인이 서로에게 어떻게 행동해야 하는지에 대한 규범적인 이해"(Smetana, 1999, p. 312)를 나타낸다. 즉, 도덕성은 "무엇을 해도 되고 무엇을 하면 안 되는지"에 대한 개인의 행동 기준이나 신념을 의미하며(Hobson, 2004), 선택을 하고 그에 따라 행동할 때 중요한 지침이 된다.

하지만 철학, 인류학, 심리학 분야의 학자들이 도덕성의 의미를 설명하고자 할 때, 우리는 도덕성이 단순한 개념이 아님을 깨닫게 된다. 다양한 정의가 제시될 뿐만 아니라, 사람들이 무엇이 옳고 그른지 인식하더라도 항상 도덕적 결정을 내리고 그에 따라 행동하는 것은 아니라는 모순이 존재한다. 신념과 행동 사이의 불일치 때문에, 도덕성을 인식하는 것은 단순히 명시된 도덕적 가치를 인식하는 것만큼 간단하지 않다. 안타깝게도 도덕성 연구는 "실생활의 복잡성" 속에서 도덕성을 연구하기보다는 "상황의 인위적인 재현, 실험 또는 설문 조사"에 의존하는 경우가 많다(Walker, 2020, p. 2).

1.1 이상적 가치와 실제 가치

도덕적 신념과 행동 사이의 불일치는 부분적으로 이상적 가치와 실제 가치 사이의 간극에서 기인한다. 학자들은 이상적인 원칙, 즉 "이상적인 상황에서의 인간 상호작용을 지배하는" 원칙들이 존재한다고 인식한다(Barrow, 2006, p. 8). 인류학자 보엠(C. Boehm)은 "모든 문화에는 이상적인 도덕규범이 있다"고 지적했는데, 이는

> 도덕적으로 어떻게 행동해야 하는지에 대한 일련의 행동 명제로 이루어진다. 우리의 권리 장전과 십계명에 나타난 이상적인 가치는 그 좋은 예이다. 우리는 이러한 이상적 가치를 모두 충족할 수 없다는 것을 현실적으로 알고 있다. (Boehm, 1977, p. 30)

이러한 이상적인 가치들은 도덕적 신념에 영향을 미치지만, 문화권 내에는 개인의 도덕규범의 일부이며 사람들의 도덕적 기능에 더 강력한 영향을 미칠 수 있는 "실제" 가치들도 존재한다.

> 우리는 이상적인 도덕규범에 따라 살기 시작하는 것조차 어려울 수 있지만, 실제 가치들로 구성된 두 번째 (역시 보편적인) 도덕규범이 존재하기 때문에 이러한 부담에서 벗어날 수 있다. 실제 가치들은 평범한 개인이 실현하기 어려운 고차적 원칙에 기초한 완벽한 도덕적 삶이라는 관념을 두고 입에 발린 말을 하지 않는다는 점에서 이상적인 가치와 대조적이다. … 어떤 면에서 실제 가치는 규칙을 어기는 규칙으로 볼 수 있다.

(Boehm, 1977, p. 30)

어떤 의미에서 진정한 가치는 이상적인 가치를 따르기 위한 지침으로 해석될 수 있다. 특정 상황에서는 상대방의 감정을 상하게 하지 않기 위해 하찮은 거짓말을 하기도 하지만, 대부분 정직하고 신뢰할 수 있는 태도를 유지하는 것이 그 예이다.

이상적인 가치와 실제 가치 간의 차이는 여러 이유에서 기인한다. 사람들은 이상적 가치의 높은 기준을 지속적으로 따르기는 어렵다는 것을 깨닫는다. 이상적 가치는 "변화하는 문화의 현실"에 부응하지 못하기 때문에 기억 속에서만 존재하거나, "실제 문화의 목표와 일치하지 않는 경우가 많다." 따라서 이러한 가치는 실제에서보다는 "위반된 것에서 더 존중받는 경향"이 있다(Linton, 1945, p. 53). 다시 말해, 한 문화권의 사람들은 자신이 소중히 여기는 가치나 사회의 가치에 대한 이상주의적인 설명을 중시하면서, 행동에 영향을 미치는 더 실제적인 도덕규범을 드러내지 않으려 할 수 있다.

1.2 관습적 도덕과 반성적 도덕

많은 학자들은 도덕을 관습적 도덕과 반성적 도덕이라는 두 가지 범주로 나눈다. 철학자 존 듀이(J. Dewey)는 가족과 문화 속에서 전승되어 의심할 여지없이 받아들여지는 도덕규범과 의도적으로 선택하고 검토한 도덕 가치를 대조했다. 그의 "관습적 도덕성과 반성적 도덕성 간의 지적 구분은 명백하다. 전자는 행동의 기준과 규칙을 조상의 습관에 두고, 후자는 양심, 이성, 또는 사고에 기초한 원리에 호소한다" (Dewey, 1908/1932, p. 3)고 설명했다. 이처럼 도덕성에 대한 상이한 해석은 사람들 스스로 원칙을 따져보고 개인적인 도덕 철학을 발전시키지 않는다면, 과연 관습적 신념을 도덕성으로 규정할 수 있을지에 대한 의문을 제기한다.

관습적 도덕성은 일반적으로 "당연하게 여겨지고 무의식적으로 따르는" 일련의 신념과 가치로, "대부분의 도덕적 결정이 현재까지 학습된 상식적인 방식을 일상적으로 따른다"(Musgrave, 1978, p. 33)고 설명된다. 이에 따라, 이러한 도덕성은 사람들이 "도덕적 상황을 해석하는 뿌리 깊은 습관"(Colby et al., 2003, p. 106)에 의존하기 때문에 "습관적"이며, 즉 "반복에 기초한" 도덕성으로 분류된다. 이러한 도덕성 정의는 "'올바른' 행동 규칙에 대한 순응을 함축한다"(Park & Barron, 1977, p. 3). 또한 도덕성은 "권위자가 정한 가르침", 즉 국가 또는 종교의 가르침(Reardon, 2015, p. 52)에서 나오며, 그 가르침은 "도덕 체계"의 기능이 사회 내에서 작동하고 "사회의 행동 규범을 준수하도록" "개인의 행동을 조화롭게 유지시킨다는 것"이다(Boehm, 1977, p. 25; Mullerat, 2013, p. 179). 이러한 도덕성 관점은 도덕성이 반드시 "의식적이고, 합리적이며, 성찰적이고, 의도적인 것"(Colby et al., 2003, p. 105)은 아니며, 사람들이 직관적으로 도덕적 신념을 발전시키거나 수용한 것이라고 주장한다.

반대로, 반성적 도덕성은 자동적이거나 무의식적인 것이 아니라, "신중한 평가와 정당화를 수반한다"(Colby et al., 2003, p. 105). 반성적 도덕성은 "올바른 행동 방침이 명확하지 않거나, 초기 도덕적 반응이 도전받고 성찰할 시간이 있을 때"(p. 105) 시작된다. 반성적 도덕성은 개인의 도덕 체계가 심의 과정을 통해 선택하는 것이며, 성찰은 도덕적 삶을 사는 데 필수적이다(Kekes, 2006, p. 4). "도덕은 우리의 가장 훌륭한 성찰적 경험이 우리에게 어떻게 만나고 서로를 대해야 하는지 알려주는 방식과 밀접한 관련이 있다"(p. 99).

반성적 도덕성은 도덕 이론의 발전으로 이어지며, 이는 개인이 "왜 나는 이렇게 행동해야 하는가? 왜 이것은 옳고 저것은 그른가? 누가 이런 행동 방식에 눈살을 찌푸리고 다른 방식을 강요할 권리가 있는가?"라고 질문할 때 시작된다(Dewey, 1908/1932, p. 5). 더 큰 그림에서 볼 때, 관습적인 가치 수용은 원칙이 굳어져 사람들이 생각 없이 행동할 때 사회의 도덕성을 훼손할 위험이 있다. 사람들이 더 이상 원칙을 새로운 상황에 적용하지 않을 때, 도덕적 결정을 내리는 능력을 상실하게 된다(Hare, 1966, pp. 219, 220). 반성적 사고의 힘은 사람들이 윤리 규범을 신중하게 채택하고, 도덕성에 대한 검토 결과 결함이 드러날 경우 변화하는 상황에 더 많은 규칙을 적용할 수 있도록 하는 것이다.

또한 반성적 도덕성은 종교적 신념에 대한 의문 제기를 장려한다. 그러나 이러한 도덕성은 모든 신앙 전통을 거부해야 한다고 주장하지는 않는다. 종교의 윤리적 교리에 대한 사려 깊은 연구와 고찰을 통해, 사람들은 종교적으로 구체화된 가치와 가르침에 따라 살고 싶어 하기 때문에 독실함을 유지할 수 있다. 반대로, 도덕적 행동보다는 해악의 가능성을 분별할 경우 특정 종교적 신념이나 실천에 거리를 둘 수도 있다.

1.3 도덕적 능력

도덕성이 무엇을 의미하는지 정의하는 방법은 다양하다. 우리가 정의로운 사람으로서 어떻게 살아가고 어떻게 사회적 선을 이루어야 하는지를 설명하는 다양한 전통과 이론을 공정하게 평가하는 것은 어려운 일이다. 그러나 교사의 도덕적 열망과 도덕교육의 목표가 무엇이어야 하는지를 이해하는 것은 매우 중요하다. 도덕적 관심, 도덕적 책임, 그리고 인격이라는 세 가지 개념이 중요하다.

1.3.1 도덕적 관심

도덕성의 본질적 특성 중 하나는 도덕적 관심이다. 이 능력은 직계 가족을 넘어 타인들을 "인정"하고, 그들의 "도덕적 지위"를 실현하며, 그들의 "복지"를 "보호하고, 제공하며 옹호할 의무"를 깨닫게 한다(Neldner et al., 2022, p. 2). 배려 윤리가 특징인 도덕적 관심이 동서양의 종교와 철학에서 "고전적이고 지속적인 전통"에 깊이 뿌리내리고 있다고 주장하며, 이 "핵심적인 도덕적 감정이 … 타인의 복지를 위한 공감적이고 동정적인 관심 그리고 동료 인간의 가치 있고 충만한 삶을 촉진하고 지속시키는 적극적 참여로 이루어진다"고 결론 내린 학자들이 있다(Aloni, 2020, p. 99).

또한 다른 학자들은 "배려란 무엇보다도 관계이며 … 단순히 일련의 지침이나 원칙을 따르는 것만으로는 달성될 수 없다"고 강조한다(Epley, 2015, p. 882). 마찬가지로, "유교의 도덕적 이상은 배려 윤리의 도덕적 이상과 매우 유사하다"고 한다. 배려 윤리에서는 "원칙이나 개인적 덕목을 도덕적 이상으로 여기는" 윤리 체계와는 달리 관계의 도덕적 가치를 부여한다(p. 888). 배려 윤리는 도덕적 노력, 즉 "배려의 활동"으로 이해된다(Cockburn, 2005; p. 73). 이러한 관점은 인간을 "공동체에 뿌리내리고" "타인과 그들의 상처와 관심을 배려하는" 능력을 지닌 존재로 본다(Kegley, 2011, p. 122). 또한 이러한 개념화는 사하라 이남 아프리카의 도덕성 개념에서도 발견된다. "우리의 가장 깊은 도덕적 의무는 더욱 온전한 인간이 되는 것이며, 이를 위해서는 타인과 함께 공동체에 더욱 깊이 스며들어야 한다"(Le Grange, 2012, p. 331).

"윤리적 행위"(Niedermeyer, 2017, p. 187)로서의 배려는 "사회적 과

정이자 일상적인 인간 활동"(Sevenhuijsen, 2000, p. 12)으로 이해될 수 있다. 배려 윤리는 "사람들이 서로 연결되어 있고" "삶 또한 서로 얽혀 있다"(Gilligan, 1998, p. 342)는 점에서 개인 간에 존재하는 고유한 상호의존성에 기초한다. 배려 윤리는 "자신, 친밀한 사람, 낯선 사람, 멀리 떨어진 타인, 동물, 식물, 지구, 인간이 만든 세상, 그리고 사상의 세계에 대한 배려"(Noddings, 1992)를 포함한다. 도덕적 관심은 도덕 원칙을 이해하는 것과 그러한 지식에 따라 행동할 동기를 부여받는 것 간의 차이를 만든다. 따라서 배려는 "'내가 해야 할' 무엇인가가 있다는 느낌"(Noddings, 2002, p. 13)을 가지게 한다.

1.3.2 도덕적 책임

도덕적 관심에 상응하는 능력으로서의 도덕적 책임은 서로에 대한, 그리고 다른 생명체와 지구에 대한 우리의 도덕적 의무를 개념화한다. 이는 사람들이 "오직 선을 행하고 해악을 끼치지 않아야 할" 자비의 원칙을 긍정하는 데서 시작한다(Frankena, 1973, p. 45). 따라서 "우리는 해를 끼치지 않을 도덕적 의무가 있는 것처럼, 도울 도덕적 의무도 있다." 이러한 의무는 "고통을 줄이거나 예방하는 것을 우선시하여"(Singer, 2009, p. 66) 우리가 무엇을 해야 하고 해서는 안 되는지에 대해 면밀히 검토하게 하며, 우리의 부작위(inaction)가 해롭고 비윤리적인지를 고민하게 한다. 자비를 위해 노력한다는 것은 개인이 "자신의 결정에 영향을 받는 모든 사람의 이익을 고려"하고 "모든 영향을 받는 모든 사람에게 전반적으로 최선의 결과를 가져오는 행동 방침"을 선택하는 것을 의미한다(Singer, 2000, p. 16).

현대에 들어 여러 철학자들은 도덕적 책임을 자신과 타인의 연결, 인류의 상호 의존성, 그리고 인간과 자연의 관계를 존중하는 것으로 정의한다. 인간의 상호 연결성을 표현하는 한 가지 방법은 세계주의라는 개념으로, 인간이 서로에게 가지는 의무에 초점을 맞추고 "그것에 의미를 부여하는 관행과 신념에 관심을 갖는 것"이다(Appiah, 2006, p. xv). 이는 단순히 타인을 돕는 것을 넘어, "도덕적 책임감과 요구되는 것 이상의 것을 추구하려는 열망"(Merry & de Ruyter, 2011, p. 4)을 바탕으로 다른 문화와 관점을 가진 사람들을 포함하여 그들과의 관계를 알고 발전시키는 데 관심을 갖는다는 것을 의미한다. 이러한 맥락에서 도덕성은 인간 간의 연결성을 고려하는 것을 넘어, "인간은 끊임없이 진화하는 상호의존적 세계의 일부"이며 "생태계와 모든 생명체는 본래적 가치를 지닌다"는 인식을 포함한다. 이러한 사고방식은 "자연에 대한 배려, 존중, 감사, 심지어 인간의 생명 그 이상에 대한 공감과 사랑이라는 필수적 태도"를 포함한다(Joseph & Mikel, 2014, p. 324).

궁극적으로 도덕성은 "개인보다 더 큰 무엇인가에 대한 생각"을 포함한다(Singer, 2000, p. 14). 예를 들어, 철학자 바이어(K. Baier)는 "우리는 도덕적이어야 한다. 도덕적이라는 것은 모든 사람의 이익에 부합할 때마다 자기 이익을 무시하도록 고안한 규칙을 따르는 것이기 때문이다…"(Baier, 1958, pp. 314-315)라고 설명했다. 특히 듀이는 자기 이익을 무시한다는 것의 의미에 대해 (위에서 인용한 바와 같이) 설득력 있게 설명하며, "공동체의 삶"과 "보편적인 삶"을 고려하지 않을 때 도덕성 자체가 무의미해질 수 있다고 단언했다(Dewey, 1922, pp. 331-332). 그는 인간이 개인으로서 선한 존재가 되는 것에 만족하거나, 순종하거나 단순히 타인에게 해를 끼치지 않는 것에 그치지 말 것을 촉구한다. 이러한 도덕적 입장은 제한적이고 덧없으며, 인류, 즉 자신의 영역 밖에 있는 타인에게 더 오래 기여할 수 없다.

그러나 도덕적 책임이 자기 이익과 타인의 필요를 저울질하는 것일지라도, 이는 도덕적 마조히즘이 아니다. 인류의 일부로서 자아 또한 존중받아야 한다. “전적으로 책임감을 갖는 것”, 혹은 “충분히 책임감을 갖는 것”이 불가능할 수 있지만(Ronell, 2009, p. 41), 도덕적 의무는 단절되고, 분리되고, 무관심해지지 않는 것이다. 도덕 철학자 싱어(P. Singer)는 우리가 어떻게 도덕적 책임감을 가질 수 있는가라는 질문을 다른 방식으로 제기한다. 그는 “우리는 어떻게 살아야 하는가?”라고 질문한다.

> 우리는 정말 중요한 대의나 쟁점에 우리 자신을 연결하고 그에 기여할 때 삶을 가장 의미 있게 만든다. 그래서 우리는 살아가기 때문에 무언가가 그렇지 않았을 때보다 더 나아졌다고 느낀다. 우리는 세상을 더 좋은 곳으로 만들기 위해 아무리 작더라도 기여를 한다. (Singer, 2009, p. 86)

위의 답변은 사리사욕을 최소화하면서도 도덕적 책임을 다하고, 유의미하고 정직한 삶을 만들어갈 수 있는 방법을 설명한다.

이 답변은 교사가 경험하는 도덕적 소명과 의무감에 대한 적절한 설명이다. 대부분의 교사는 의심할 여지 없이 자신이 세상을 더 나은 곳으로 만들고 유의미한 삶을 산다는 것을 깊이 이해하고 있다. 마찬가지로, 교사는 학생들이 자신의 도덕적 의무를 이해하고 연결과 유의미한 삶을 실현하도록 영감을 주고 지도할 수 있다. 이를 통한 도덕적 책임감의 함양 역시 도덕교육의 목표이다. 우리는 학생들이 사회가 용인하는 행동을 하고 타인에게 친절하도록 돕는 것 외에도, 비판적 인식, 폭력 및 불의에 맞서는 의지, 그리고 정의롭고 도덕적인 사회에 대한 상상력을 키울 수 있는 도덕적 능력의 신장을 기대할 수 있다.

1.3.3 인격

도덕성과 근본적으로 연결된 또 다른 개념이 인격이다. 인격은 도덕교육의 명확한 목표이지만, 간과되기도 한다. 일상적인 정치 및 교육 담론에서 인격은 "사람의 태도, 행동, 품행"을 보여주는 유덕한 특성을 지칭한다(Taylor, 2006, p. 279). 그러나 도덕 철학자와 심리학자들은 인격을 일련의 훌륭한 자질과 동일시하는 것을 비판하며, 그러한 특성은 "안정적이고 지속적"일 뿐만 아니라 "시간과 상황에 따라 변화할 수 있다"고 지적한다(Cohen & Morse, 2014, p. 45). 다른 이들은 인격적 특성을 "민간 개념(folk conception)"(Harman, 2009, p. 241)이라고 하거나, 개인이 자신의 정직, 연민, 또는 용기를 긍정하고 때로는 보여주지만 "인격은 여러 가지 덕목 또는 성격 특성의 집합이 아니다"라고 주장한다(Nucci, 2019, p. 76). 대신에, 학자들은 도덕적 기능에 영향을 미치는 인격의 복합적인 본질을 강조하고 성찰, 도덕적 정체성, 습관, 그리고 행동을 통해 도출한 도덕적 원칙을 아우르는 인격의 구성 요소에 대해 설명한다. 요컨대, 인격은 "동기를 부여하고 … 개인이 도덕적 행위자로서 행동하게 하는 능력 및 특성"이다(p. 74).

인격의 주요 구성 요소는 "합의에 따라 결정한 관습에 대한 판단과는 별개로 공정성, 복지, 권리의 쟁점에 중점을 둔" 도덕적 선택 및 판단을 의미한다(Nucci, 2019, p. 75). 따라서 인격은 인지적 기반을 가지고 있으며, "객관성과 진실"에 기초한 도덕 원칙을 판단의 지침으로 삼고 "깊이 뿌리내린 도덕적 언명"을 고수하는 것이다(Narvaez & Lapsley, 2009, p. 242). 철학자 피터스(R. S. Peters)에 따르면, 도덕성에 이성을 적용하는 것은 "자율적인" 도덕적 개인들이 단순히 자기 기준을 만들어내고 그에 따라 사는 것이 아니다. 오히려

> 합리적이고 분별력 있게 규칙을 따르고 인격을 갖춘다. 이를 위해 개인들은 상황의 관련 차이와 그 적용의 결과에 대한 경험적 지식에 비추어 규칙을 지능적으로 적용할 수 있는 더 높은 차원의 원칙을 준수해야 한다. (Peters, 1962, p. 46)

따라서 인격을 갖춘다는 것은 검증된 도덕 원칙에 따라 습관적으로 사는 것을 의미한다. 도덕적인 사람들은 "자신의 습관과 삶의 방식을 형성하는 데 상당한 책임을 지게 된다"고 할 수 있다. 이 경우, 습관은 선택된 행동, 즉 "단순한 행동의 반복이 아니라 논리와 이해의 문제"(Hamm, 1975, p. 428)이다. 또한 성찰은 "합리적 증명이 가능한" 도덕 원칙, 즉 "조건에 따라 다른 규칙을 허용하는" 원칙과 "근본적이고 불변하는" 원칙을 인정하는 것에서 시작해야 한다(Singer, 2002, p. 13).

더 나아가, "자율적인 선택은 우리 인류의 유산에 속하는 공유된 기준과 준거를 바탕으로만 가능하다"(Cuypers, 2009, p. 196). 여러 철학자들은 "무엇이 선한 것인지에 대한 어떤 생각이 없이는 실천적인 합리적 숙의를 전혀 할 수 없다"(Baggini, 2016, p. 154)고 단언한다. 이처럼 확립된 도덕 원칙은 개인의 신념과 행동에 대한 성찰을 위한 "자원"으로 작용한다(Besser, 2020, 288). 그러나 듀이와 터프츠가 조언하듯이, 도덕 원칙은 "행동하라는 명령"이 아니라 "특정 상황을 분석하는 도구이며, 옳고 그름은 규칙 그 자체가 아니라 상황 전체에 따라 결정되는 것이다"(Dewey & Tufts, 1932, p. 309).

인지와 인격 간의 중요한 연결고리 중 하나는 도덕적 정체성 개념이다. 도덕적 정체성은 "도덕적 사람이 된다는 것이 무엇을 의미하는지에 대한 정신적 이미지"(Hardy & Carlo, 2011, p. 213)로, "도덕적 특성이 자아 개념의 핵심이 되는 정도를 반영하는 도덕적 자아의 인지적 표상"(Narvaez & Lapsley, 2009, p. 247)이다. 다시 말해, "도덕적 행동에 대한 인지적 동기는 행동하는 자기 자신에 대한 충실감"과 "자기 일관성을 향한" 것에서 기인한다(p. 242). 인격은 또한 사람들이 "진정으로 중요한 것"과 "진정으로 가치 있고 필요한 것"을 알려주는 "내면의 진정한 나침반"을 발달시킨다는 것을 의미한다(Assor et al., 2020, p. 347). 자신이 선택한 도덕 원칙에 부합하는 가치와 행동을 추구하고자 하는 이러한 욕구가 인격 개념에 활력을 불어넣는다. 인격은 "궁극적으로 우리가 보여주는 행동, 삶의 방식, 표현하는 인간 모습"(Coles, 1997, p. 7)과 우리가 "사회 속에서 타인들과 어떤 관계"(Tirrell, 2021, p. 3)를 맺는지와 관련이 있다.

2. 윤리

일반적으로 우리는 "도덕"과 "윤리"라는 용어를 혼용한다. "윤리는 무엇보다도 옳고 그름, 해야 할 것과 하지 말아야 할 것, 선과 악"을 다룬다(Mahoney, 2009, p. 283). 학자들은 도덕성과 윤리가 서로 밀접하게 연관되어 있다고 설명하지만, 이 두 개념이 서로 다소 혹은 매우 다르다는 점도 강조한다.

2.1 윤리의 정의

기본적으로 윤리는 의식적이고, 명확하게 규정된 "개인이나 집단의 행동을 지배하는"(Hobson, 2004) 도덕적 원칙의 체계 또는 강령이다. 또한 윤리는 "우리가 살아가는 데 필요한 구체적인 가치를 규정하는 것"이며, "우리 행동의 토대를 마련하는 전반적인 목표와 아이디어를 알려주는 것"(Solomon, 1992, p. 3)으로 설명될 수 있다.

다 나아가 윤리는 핵심 질문과 쟁점을 체계적으로 탐구하는 철학의 한 분야를 의미한다. 다양한 분류법이 존재하지만, 윤리 분야는 서로 다른 질문을 제기하는 여러 범주로 나눌 수 있다. 규범 윤리는 "사람들이 어떻게 행동해야 하는가?"에 대해 탐구하며, 서술 윤리는 "사람들이 무엇이 옳다고 생각하는가?"에 대해 탐색한다. 분석 윤리는 "'옳다'는 것이 과연 무엇을 의미하는가?"라는 질문을 던져 가치를 탐구한다. 마지막으로 응용 윤리는 "도덕적 지식을 실천에 옮기는 것"(Mastin, 2008)을 다룬다. 이처럼 "윤리의 본질적인 부분은" "어떤 행동이 옳은가?"와 "선한 사람이란 무엇인가?"와 같은 질문을 던지는 것이다(Solomon, 1992, p. 3). 철학적 연구 분야로서 윤리는 그 본질과 행동과의 관계성에 대한 복잡한 이해를 요구한다.

또한 윤리는 "조직적 행동에 대해 채택한 원칙 또는 규칙"이라고 불리며, "종종 윤리강령이라고 불린다." 이러한 윤리는 도덕 철학의 한 분야로서의 윤리학보다 "더 규칙 지향적이지만 철학적이지 않은"(Ray, 1996, p. 48) 특징을 가진다. 윤리강령은 의학, 법학, 교육학 등 모든 전문직을 관장하고 있으며, 정부 기관과 전문직 단체는 적절한 도덕적 행동을 보장하기 위해 윤리위원회를 운영한다. 교직의 경우, 윤리강령은 여러 가지 목적을 달성한다. 즉, "공적으로 책임을 지고 구성원에 대한 제재 및 징계의 틀을 제공하고", "일상적인 업무 환경에서 윤리적 쟁점과 딜레마로 어려움을 겪는 교사들에게 자료와 지침을 제공하는 것"을 목적으로 한다(Campbell, 2000, p. 212). 따라서 이러한 강령은 이상적인 가치 체계를 지침으로 제공하며, 전문가들이 윤리적 기준에 따라 어떻게 생활하고 일하는지에 대한 논의의 촉매제가 될 수 있다.

2.2 윤리와 도덕성

이 두 개념의 관계를 이해하는 한 가지 방법은 윤리가 도덕성을 포함하는 포괄적인 구조라는 것이다. 윤리는 "삶의 방식, 그 가치, 규칙, 그리고 정당화에 대해 연구하는 것"(Solomon, 1992, p. 1)이다. 이러한 관점에서 볼 때, "은유적으로 윤리를 벽(wall)으로 본다면, 도덕은 건축 자재이고 철학은 '모르타르'[1]로 설명할 수 있다"(Ray, 1996, p. 49). 이 설명은 도덕성과 윤리를 구분하기보다는 그 둘 사이의 통합적인 연결 고리에 더 초점을 맞춘다.

그럼에도, 많은 학자들은 관습적 도덕성과 반성적 도덕성을 구분한 것처럼 도덕성과 윤리를 구분한다. 기본적으로 "윤리는 의식적으로 한 걸음 물러나 도덕성을 성찰하는 것"(Hinman, 2012, p. 361)이다. 이러한 관점에서 도덕성은 "1차적 신념"으로, 윤리는 "우리의 도덕적 신념과 실천에 대한 2차적인 성찰적 고찰"(p. 363)로 지칭할 수 있다. 마찬가지로, 윤리는 "우리에게 중요한 것이 무엇인지, 궁극적인 질문이 무엇인지 성찰하도록 하고, 우리가 결정을 내리는 데 도움이 되는 기준을 찾으려 노력하는 것"(Singer, 2009, p. 64)이다. 대부분의 윤리는 다면적이고 심오한 성찰을 수반한다.

> 가능한 한 폭넓은 관점에서 무엇이 선하고 진실인지 고민한 사람들이 도출한 윤리는, 원칙의 본질과 그 적용의 복잡성에 대한 심도 있는 성찰

1 [옮긴이 주] 모르타르(mortar)는 건축 및 건설 분야에서 벽돌, 블록, 석재 등을 쌓을 때 접착제 역할을 하는 재료를 말한다. 도덕이 건물 자체를 구성하는 기본 재료라면, 철학은 이러한 도덕적 재료들을 서로 연결하고 지탱해주는 접착제와 같은 역할을 할 수 있다. 다시 말해, 철학이 도덕적 원칙이나 가치들을 체계화하고, 그 관계를 설명하며, 궁극적으로 사회나 개인의 삶에서 도덕이 어떻게 기능하고 적용될 수 있는지에 대한 근거를 제공한다는 것을 시사한다.

을 요구하는 원칙들을 도출한다. (Reardon, 2015, p. 52)

윤리는 도덕성에 대한 성찰이라는 개념 외에도, 사람들이 "사회가 규정하는 도덕성의 측면"을 따를 것인지, 아니면 "공동체 내에서의 행동의 규범 및 모범"을 따를 것인지를 인지하고 결정한다는 것을 의미한다(Mullerat, 2013, p. 179). 이러한 성찰은 개인이 관습적인 도덕성을 의식하게 하고, 궁극적으로 이전에 고려하지 않았던 도덕적 신념에 대해 판단할 수 있게 한다.

따라서 윤리는 제도와 문화가 인정하는 도덕적 신념으로부터 거리를 두고 이를 면밀히 검토하며, "내적 대화"를 통해 "사심 없이 성찰"하는 것이다(Wilson, 1993, p. 241). 따라서 윤리는 "일종의 한 걸음 물러나는 것"으로, "사람들이 자신의 도덕적 세계와 도덕적 인간성, 그리고 자신이 무엇을 해야 하고, 말해야 하고, 생각해야 하는지에 대해 성찰하고 반성하게 된다…"(Zigon, 2009, p. 261). 개인이 윤리적 입장을 확립하기 위해서는 철저한 자기 성찰이 필요하며, 윤리는 지속적인 검토와 함께 "암묵적인 가정과 명확히 드러나지 않은 전제에 의문을 제기하는 것"(West, 2009, p. 3)을 요구한다. 이처럼 우리는 윤리를 단순히 궁극적인 도덕적 가치에 도달하고 그 결과에 만족하는 것이 아니라, 의문을 제기하는 과정으로 이해할 수 있다. 철학자 로넬(A. Ronell)은 "자신과 자신의 도덕성, 그리고 의도에 확신을 가진 사람은 진정으로 윤리적인 사람이 아니"(Ronell, 2009, p. 41)라고 경고한다.

3. 도덕적 상상력

마지막으로, 도덕성과 윤리에 대한 다양한 정의와 해석을 긍정하고 확장한 강력한 이론이 도덕적 상상력이다. 도덕적 상상력을 개념화하는 많은 학자들은 사람들의 도덕적 신념과 의도를 긍정하는 것만으로는 충분하지 않다고 주장한다(Abowitz, 2007). 오히려 그들은 도덕적 상상력을 윤리적 인식, 개인적 진실성, 그리고 "도덕적 예술성"(Fesmire, 2003, p. 5)을 가지고 이 세상에서 살아가는 지침으로, 타인의 필요와 감정에 대한 더욱 예민한 감수성으로 묘사한다. 그들은 도덕적 상상력이 고조된 인지 능력과 감정적 능력(Joseph, 2003)의 총체이자 "지각, 추론, 감정의 역동적인 상호작용"(Fesmire, 2003, p. 146)을 포함한다고 기술한다. 도덕적 상상력을 지닌 개인은 "도덕적 상황에 대한 비판적이고 창의적이며 상상력 넘치는 탐구에 참여"하며, "자신의 정체성과 삶의 방식을 형성하는 사회적, 문화적 맥락"(Abowitz, 2007, p. 298) 속에서 자신의 신념과 행동을 비판적으로 성찰한다. 다시 말해, 혹자는 도덕적 상상력을 이상과 가능성을 구상하는 능력으로 본다(Babbitt, 1996; Kekes, 2006; Pardales, 2002). 여기에는 대안적이고 비주류적 세계관도 포함된다(Joseph & Mikel, 2014). 따라서 도덕적 상상력을 지닌 사람들은 도덕적 행위 능력을 발달시키는 데 필요한 다양한 가치와 행동을 상상할 수 있다.

3.1 도덕적 상상력의 구성 요소

도덕적 상상력이라는 복잡한 개념을 이해하는 한 가지 접근 방식은 이를 구성하는 핵심 요소들을 설명하는 것이다. 도덕적 감정은 타인과 공감하고 동정하는 관계를 맺는 감정과 도덕적으로 행동하고자 하는 욕구이다. 도덕적 지각은 타인과 그들의 욕구, 희망, 잠재력을 인식하고 상황과 경험의 도덕적 본질을 이해하는 능력이다. 윤리적 추론은 도덕적 반응을 요구하는 상황을 현실적으로 이해하고 도덕적 관점을 가지고 상황에 접근하는 것을 의미한다. 비판적 성찰은 개인의 신념과 행동을 지속적으로 검토하고, 기존의 사회정치적 맥락에서 부도덕성과 불의를 탐구하는 과정을 의미한다. 그리고 도덕적 상상력에서의 미래 비전 구상하기는 현상 유지적인 사고를 넘어 이상적인 도덕적 가치와 더 나은 사회나 세상의 실현 가능성을 구상하는 능력을 말한다(표 1.1 참조; Babbitt, 1996; Kim, 2009; Moberg & Seabright, 2000; Pardales, 2002).

〈표 1.1〉 도덕적 상상력의 구성 요소

구성 요소	설 명
도덕적 감정	타인의 필요에 대한 주의와 감수성을 유발하는 도덕적 감정; 개인을 타인과 연결하는 동정심과 공감의 증폭
도덕적 지각	타인과 그들의 필요, 욕망, 관심사, 소망, 희망, 잠재력을 인식하고 도덕적 상황을 분별하는 능력
윤리적 추론	도덕적 판단과 대응을 요구하는 상황에 대한 현실적 이해, 유관한 특징 쟁점과 문제에 대한 지식
비판적 성찰	자신의 맹점을 포함한 신념과 행동에 대한 지속적인 검토, 타인에게 영향을 미치는 판단과 행동에 대한 고려
미래 비전 구상하기	관습적인 가치와 행동에 도전하고 현재 현실에서 경험하는 것을 넘어선 이상적인 자신과 사회의 모습을 그리며 도덕적 행위를 상상적으로 이해

3.1.1 도덕적 감정

도덕적 상상력은 타인의 필요에 주의를 기울이도록 자극하는 감정을 포함한다. 동정심과 공감하는 감정이 증폭되어 개인을 타인과 연결하고 "그렇지 않으면 무감각해질 수 있는 상황에 대한 감수성"(Pardales, 2002, p. 431)을 불러온다. 학자들은 이러한 감정의 상상적 특성을 이해하며, 상상력과 도덕적 감정 간의 긴밀한 관계를 탐구한다. 이런 방식으로 동정심은 "단순한 감정 이상의 것"이다. 사람들이 "공통적으로 가지고 있는 것"을 이해하기 위한 계발된 상상력이며, 불필요한 분열에 대한 저항을 의미한다(Dewey, 1916/1985, pp. 127-128). 도덕적 상상력은 "공감의 범위를 넓히고, 더 많은 중요한 세부 사항들을 조명하며, 그렇지 않으면 간과될 수 있는 상황의 여러 측면에 대한 감수성을 증가시킨다"(Fletcher, 2016, p. 148). 공감하는 감정은 도덕적 숙의를 향상시키고(Noddings, 1998, p. 135), 도덕적 지각과 추론을 촉진한다.

3.1.2 도덕적 지각

대부분의 학자들은 도덕적 상상력을 인지, 특히 도덕적 지각의 발달을 향상시키는 것으로 기술한다(Pardales, 2002, p. 431). 이는 우리가 "경험 속에서 마주치는 도덕적 상황을 보고 이해하는 능력"을 의미한다(Abowitz, 2007, p. 288). 이러한 예리함은 개인이 자신의 삶과 일의 모든 측면이 어떻게 도덕적 의미를 갖는지 파악할 수 있게 해준다. 도덕적 지각은 "도덕적 각성", "존재의 도덕적 차원에 대한 주의집중", 개인적 가치에 대한 인식, 그리고 "기계적 삶과의 단절"로 정의될 수 있다(Greene, 1978, pp. 46-47). 예리한 도덕적 지각은 개인이 무관심을 단호하게 거부하게 하며, 이러한 지각은 도덕적 상상력의 한 능력으로서 "완전한 도덕적 관점"의 발전에 기여한다(You & Rud, 2010, p. 39).

3.1.3 윤리적 추론

윤리적 추론은 도덕적 상상력의 또 다른 인지적 능력으로, "도덕적 판단을 요구하는 상황의 맥락", "적용되는 도덕적 규칙", 그리고 "자신이 상상하는 새로운 가능성"을 이해하는 능력이다. 이는 사람들이 "도덕적으로 가능한 것의 제약 내에서 더욱 창의적으로 생각할 수 있도록" 한다(Werhane, 2002, p. 34). 도덕적 상상력과 윤리적 추론의 관계를 분석하는 학자들은 도덕적 상상력이 "판단력을 예리하게 하고" (Johnson, 1993, p. 198), 추론의 유동성(fluidity)을 개발하여 "대안을 생각하도록"(Abowitz, 2007, p. 288) 도와주는 방법에 대해 설명한다. 또한 이러한 추론은 가능한 해결책을 "연습하고(rehearsing)"(Fesmire, 2012, p. 213), 사고의 기저에 있는 "은유적 개념"을 검토하며(Kim, 2009, p. 70), 도덕적 결과를 평가하기 위해 다양한 가능성을 고려하는 것(Biss, 2014; Moberg & Seabright, 2000; Werhane, 2002)이다. 결과적으로, 사람들이 대안을 고려하며 윤리적 추론에 참여할 때, 자신의 이전 견해가 "편협하거나", "제한적"이라는 것을 깨달을 수 있다(Fletcher, 2016, pp. 144, 147). 그들은 다른 관점을 발전시킬 뿐 아니라, 본질적으로 개인적인 변혁적 경험을 통해 이전 견해를 거부할 수도 있다(Babbitt, 1996). 윤리적 추론은 사람들의 지각을 확장하여 그들이 "도덕적 관점"(Werhane, 2002, p. 34)에서 평가하고, 자신과 타인의 삶에 지대한 영향을 미치는 결정을 내릴 수 있게 한다.

3.1.4 비판적 성찰

도덕적 지각에서 윤리적 추론으로 이어지는 연속선상에서 향상된 인지 능력을 고려할 때, 비판적 성찰은 중요한 요소로 작용한다. 학자들은 이러한 성찰을 도덕적 상상력과 연결한다. 이는 개인의 신념에 대한 깊은 고찰과 사회적 상황에 대한 이해가 없으면 편협하고 이기적인 관점을 지속할 수 있기 때문이다(Nussbaum, 1998). 비판적 자기성찰은 자기 자신에 대한 인식("맹점" 포함), "행동과 결과"에 대한 윤리적 이해(Kim, 2009, p. 66), 그리고 개인의 신념과 행동에 대한 비판으로 이어진다. 이러한 자기 성찰은 사람들이 자신의 가치가 "검토되지 않은 관습"에서 기인한 것인지, 아니면 "사려 깊게 구성된 선택"(Joseph, 2003, p. 17)에서 기안한 것인지 성찰하도록 돕는다. 따라서 개인이 자신의 선택과 행동을 지속적으로 평가할 때, 성찰은 "현재 상황과 이상적인 도덕적 자아를 연결하는 다리"(Moberg & Seabright, 2000, p. 868) 역할을 한다. 또한 사회 문제와 그것이 인간과 환경에 미치는 영향에 대해 비판적으로 탐구한 학자들이 있다(Babbitt, 1996). "사회적 불평등의 현실을 직시하는 것"과 "복잡한 쟁점에 대한 이해"는 "도덕적 상상력을 활성화하는 데 도움이 된다"(Beyer, 1991, p. 210). 하지만 비판적 성찰이 도덕적 상상력을 갖추기 위한 마지막 단계는 아니다.

3.1.5 미래 비전 구상하기

더 나은 세상에 대한 비전을 확립하는 것이 도덕적 상상력을 신장하는 데 필수적 요소라고 믿는 학자들이 많다. 미래 비전 구상하기는 개인에게 변화 가능성을 믿게 하고, "운명론과 냉소주의, 그리고 이와 유사한 경멸(절망과 무력감이 만연할 수 있는)에 저항하게"(Ledbetter, 2012, p. 15) 하며, 도덕적 행동을 촉구한다. 그들은 도덕적 상상력을 "현실 세계의 어려움에 뿌리를 두고 있지만 아직 존재하지 않는 것을 출현시킬 수 있는 무엇인가를 상상하는 능력"(Lederach, 2005, p. 29)이라고 기술하며, 이상에 대한 성찰의 중요성을 강조한다(Kekes, 2006,

p. 18). 이는 우리가 "다양한 가능성에 따라 살아야 한다"(Antonaccio, 2001, p. xiv)는 것을 의미하며, "현재 우리가 경험하거나 현실로 알고 있는 것 너머의 우리 자신과 세상에 대한 관념과 이상"(Abowitz, 2007, p. 288)을 형성해야 한다는 것을 의미한다. 도덕적 상상력의 이 마지막 요소를 지닌 사람들은 세상이 더 나은 곳이 될 수 있다는 믿음을 가지며, 개인적 노력과 공동의 노력을 통해 폭력과 불의에 맞서는 도덕적 행위자가 될 수 있다.

3.2 도덕적 상상력의 중요성

다양한 분야의 학자들은 도덕적 상상력이 윤리적인 개인과 전문가 양성의 목표가 되어야 할 여러 이유를 제시한다(Abowitz, 2007; McPhail, 2001; Moberg & Seabright, 2000; Scott, 1997; Werhane, 2002; Young & Annisette, 2009). 그 이유 중 하나는 관습적인 사고를 넘어, 개인의 도덕적 지침, 이상, 비전을 발전시키며, 폭력과 지배를 지속시키는 사회 규범에 도전해야 할 필요성이다.

도덕적 상상력의 필요성에 대한 설득력 있는 주장의 근거는 윤리적으로 결함이 있는 조직 문화에 맞서 싸워야 한다는 점이다. 도덕적 상상력은 "조직 및 시스템 차원에서 작용할 수 있다"(Werhane, 2002, p. 34). 학교나 기업에서, 사람들은 "경계 조건으로 작용하는 정신적 습관을 만들어내는 조직 문화에 갇혀 창의적인 사고를 제약받을 수 있다"(p. 39). 따라서 도덕적 상상력은 "도덕적으로 결함 있는 선택으로 이어지는 의사결정 환경에 대한 해독제 역할을 할 수 있다"(Moberg & Seabright, 2000, p. 845). 다시 말해, 우리는 도덕적 상상력을 어린 시절부터, 심지어 성인이 되어 조직 문화에 편입되기 전에, "일상적인 의무와 이기적인 계획의 무게에 상상력이 얽매이기 전에"(Nussbaum,

2002, p. 301) 길러야 한다.

도덕적 상상력은 "자신의 신념과 사고에 비판적으로 도전하고" (Joseph, 2003, p. 18), "학생들의 잠재력을 보고"(Abd-El-Fattah & Soong, 2008, p. 13), "학생들의 고유한 요구와 욕구, 그리고 그들이 가질 수 있는 최고의 가능성의 미래"(Simpson & Garrison, 1995, p. 252)를 이해하는 도덕적 인식과 감수성을 키우는 윤리적 교사들에 대한 논의에서도 중요한 역할을 한다. 혹자는 도덕적 상상력이 교사들이 효율성과 표준화를 강조하는 교육 시스템에서 제한된 교육 목표를 더 잘 인식하고 의문을 제기할 수 있도록 도와준다고 주장한다(Chapman et al., 2013, p. 142). 도덕적 상상력을 지닌 교사는 자신의 이상과 가치에 따라 기존의 목표와 방법에 도전할 뿐만 아니라(Kim, 2009, p. 65), 민주적인 학교와 사회를 구상할 수 있다(O'Loughlin, 1995).

마지막으로, 도덕적 상상력은 평화, 비폭력, 그리고 생태 정의에 대해 연구하는 학자들에게는 중요한 개념이다. 그들은 인간의 상호작용, 담론, 그리고 자연과의 관계에 만연한 폭력에 맞서기 위해 도덕적 상상력의 함양이 필수적이라고 주장한다. 혹자는 사람들이 폭력의 존재를 비판적으로 검토하지 않고, 심지어 폭력을 도덕적으로 정당화할 수 있는 것으로 합리화하기 때문에, "폭력이 상상력의 부족에서 기인한다"고 주장한다(Jenkins, 2007, p. 368). 그들은 더 나아가 도덕적 상상력이 "이분법적 특성", 즉 "폭력에 대한 비판적 의식"뿐만 아니라 모든 생명체와의 연결성을 경험하고 평화로운 세상을 그려내는 것으로 기술된다고 본다(Joseph & Mikel, 2014, p. 326). 이러한 맥락에서 도덕적 상상력은 "도덕적 분노"와 "불의에 대한 우려"를 자극하는 역할을 한다(Ledbetter, 2012, p. 16). 도덕적 상상력은 사람들에게 인간과 지구에 대한 폭력의 수용에 도전하고, 나아가 "인간 공동체를 매혹하는 폭력의 악순환을 초월할" 방법을 찾을 수 있는 능력을 부여한다(Lederach 2005, 29, p. 4).

참고문헌

Abd-El-Fattah, S., & Soong, L.(2008). Teachers' moral imagination: A multifaceted concept. In R. Fitzgerald & Nielsen, T. W. (Eds.) *Imaginative, practice, imaginative, inquiry: Proceedings of the Sixth International Conference on Imagination and Education* (pp. 3–14). Canberra, Australia.

Abowitz, K. K.(2007). Moral perception through aesthetics engaging imaginations in educational ethics. *Journal of Teacher Education*, 58 (4), 287–298.

Aloni, N.(2020) Locally grounded, universally binding: The benefit of incorporating traditional care ethics, East and West, into current moral education. *Educational Philosophy and Theory*, 52(1), 98–105.

Antonaccio, M.(2001). The virtues of metaphysics: A review of Iris Murdoch's philosophical writings. *Journal of Religious Ethics*, 29(2), 309–335.

Appiah, K. A.(2006). *Cosmopolitanism: Ethics in a world of strangers*. W. W. Norton.

Assor, A., Benita, M., Yitshaki, N., Geifman, Y., & Maree, W.(2020). Sense of authentic inner compass as a moral resource across cultures: possible implications for resisting negative peer-pressure and for parenting. *Journal of Moral Education*, 49(3), 346–364.

Babbitt, S. E.(1996). *Impossible dreams: Rationality, integrity, and moral imagination*. Westview Press.

Baggini, J.(2016). *The edge of reason* (pp. 143-167). Yale University Press.

Baier, K.(1958). *The moral point of view: A Rational basis of ethics*. Cornell University Press.

Barrow, R.(2006). Moral education's modest agenda. *Ethics and Education*, 1(1), 3-13.

Besser, L. L.(2020). Learning virtue. *Journal of Moral Education*, 49(3), 282-294.

Beyer, L. E.(1991). Schooling, moral commitment, and the preparation of teachers. *Journal of Teacher Education*, 42(3), 205-215.

Biss, M.(2014). Moral imagination, perception, and judgment. *The Southern Journal of Philosophy*, 52(1), 1-21.

Boehm, C.(1977). The moral system. In L. J. Stiles & B. D. Johnson(Eds.), *Morality examined: Guidelines for teachers* (pp. 25-39). Princeton Book Company.

Campbell, E.(2000). Professional ethics in teaching: Towards the development of a code of practice. *Cambridge Journal of Education*, 30(2), 203-221.

Chapman, A., Forster, D., & Buchanan, R.(2013). The moral imagination in pre-service teachers' ethical reasoning. *Australian Journal of Teacher Education*, 38(5), 131-143.

Cockburn, T.(2005). Children and the feminist ethic of care. *Childhood*, 12(1), 71-89.

Cohen, T. R., & Morse, L.(2014). Moral character: What it is and what it does. *Research in Organizational Behavior*, 34, 43-61.

Colby, A., Ehrlich, T., Beaumont, E., & Stephens, J.(2003). *Educating citizens: Preparing America's undergraduates for lives of moral and civic responsibility*. Jossey-Bass.

Coles, R.(1997). *The moral intelligence of children*. Random House.

Cuypers, S. E.(2009). Autonomy in RS Peters' educational theory. *Journal of Philosophy of Education*, 43(1), 189-207.

Dewey, J.(1908/1932). *Theory of the moral life*. Holt, Rinehart & Winston.

Dewey, J.(1916/1985). *Democracy and education*. Southern Illinois University Press.

Dewey, J.(1922). *Human nature and conduct: An introduction to social psychology*. Henry Holt.

Dewey, J., & Tufts, J. H.(1932). *Ethics* (rev. ed.). Henry Holt.

Epley, K. M.(2015). Care ethics and Confucianism: Caring through Li. *Hypatia*, 30(4), 881-896.

Fesmire, S.(2003). *John Dewey and moral imagination: Pragmatism in ethics*. Indiana University Press.

Fesmire, S.(2012) Ecological imagination in moral education, east and west. *Contemporary Pragmatism*, 9(1), 205-222.

Fletcher, N.(2016). Envisioning the experience of others: Moral imagination, practical wisdom and the scope of empathy. *Philosophical Inquiry in Education*, 23(2), 141-159.

Frankena, W. K.(1973). *Eihtcs* (2nd ed.). Prentice Hall.

Gilligan, C.(1998). Hearing the difference: Theorizing connection. In M. Rogers(Ed.) *Contemporary feminist theory: A text/reader* (pp. 341-

346). McGraw-Hill.

Greene, M.(1978). *Landscapes of learning*. Teachers College Press.

Hamm, C. M.(1975). The role of habit in moral education. *Educational Theory*, 25(4), 417-428.

Hardy, S. A., & Carlo, G.(2011). Moral identity: What is it, how does it develop, and is it linked to moral action? *Child Development Perspectives*, 5(3), 212-218.

Hare, H. M.(1966). Decisions of principles. In I. Scheffler (Ed.), *Philosophy and education: Modern readings* (2nd ed.; pp. 72-86). Allyn and Bacon.

Harman, G.(2009). Skepticism about character traits. *The Journal of Ethics*, 13(2), 235-242.

Hinman, L. M.(2012). *Ethics: A pluralistic approach to ethical theory* (5th ed). Wadsworth.

Hobson, A.(2004). *The Oxford dictionary of difficult words*. Oxford University Press.

Jenkins, T.(2007). Rethinking the unimaginable: The need for teacher education in peace education. *Harvard Educational Review*, 77(3), 366-369.

Johnson, M.(1993). *Moral imagination: Implications of cognitive science for ethics*. University of Chicago Press.

Joseph, P. B.(2003). Teaching about the moral classroom: Infusing the moral imagination into teacher education. *Asia-Pacific Journal of Teacher Education*, 31(1), 7-20.

Joseph, P. B., & Mikel, E.(2014). Transformative moral education: challenging an ecology of violence. *Journal of Peace Education*, 11(3), 317–333.

Kegley, J. A.(2011). The "ethical subject/agent" as "rational individual" but also as so much more!. *Journal of Speculative Philosophy*, 25(1), 116–129.

Kekes, J.(2006). *The enlargement of life: Moral imagination at work*. Cornell University Press.

Kim, J.(2009). Dewey's aesthetics and today's moral education. *Education and Culture*, 25(2), 62–75.

Ledbetter, B.(2012). Dialectics of leadership for peace: Toward a moral model of resistance. *Journal of Leadership, Accountability and Ethics*, 9(5), 11–24.

Lederach, J. P.(2005). *The moral imagination: The art and soul of building peace*. Oxford University Press.

Le Grange, L.(2012). Ubuntu, ukama, environment and moral education. *Journal of Moral Education*, 41(3), 329–340.

Linton, R.(1945). *The cultural background of personality*. Appleton–Century.

Mahony, P.(2009). Should 'ought' be taught?. *Teaching and Teacher Education*, 25(7), 983–989.

Mastin, L.(2008). *The basics of philosophy*. Retrieved April 25, 2022 from https://www.philosophybasics.com/branch_ethics.html

McPhail, K.(2001). The other objective of ethics education: Re–humanising the accounting profession–A study of ethics education in law, engineering, medicine and accounting. *Journal of Business Ethics*, 34(3–

4), 279-298.

Merry, M. S., & de Ruyter, J.(2011). The relevance of cosmopolitanism for moral education. *Journal of Moral Education*, 40(1), 1-18.

Moberg, D. J., & Seabright, M. A.(2000). The development of moral imagination. *Business Ethics Quarterly*, 10(04), 845-884.

Mullerat, R.(2013). Professional ethics, what for …? *Journal of Ethics*, 4, 173-199.

Musgrave, P. W.(1978). *The moral curriculum: A sociological analysis*. Methuen.

Narvaez, D., & Lapsley, D. K.(2009). Moral identity, moral functioning, and the development of moral character. *Psychology of learning and motivation*, 50, 237-274.

Neldner, K., Wilks, M., Crimston, C. R., Jaymes, R. W. M., & Nielsen, M.(2022). I may not like you, but I still care: Children differentiate moral concern from other constructs. *Developmental Psychology*, 1-18. https://dx.doi.org/10.1037/dev0001485

Niedermeyer, W. J.(2017). Why do we care?: A natural history of Noddings' ethical theory. *Between the Species*, 22(1), 185-213.

Noddings, N.(1989). *Women and evil*. University of California Press.

Noddings, N.(1992). *The challenge to care in schools: An alternative approach to education*. Teachers College Press.

Noddings, N.(1998). Thinking, feeling, and moral imagination. *Midwest Studies in Philosophy*, 22(1), 135-145.

Noddings, N.(2002). *Educating moral people: A caring alternative to character education*. Teachers College Press.

Nucci, L.(2019). Character: A developmental system. *Child Development Perspectives*, 13(2), 73-78.

Nussbaum, M. C.(1998). *Cultivating humanity: A classical defense of reform in liberal education*. Harvard University Press.

Nussbaum, M.(2002). Education for citizenship in an era of global connection. *Studies in Philosophy and Education*, 21(4-5), 289-303.

O'Loughlin, M.(1995). Daring the imagination: Unlocking voices of dissent and possibility in teaching. *Theory into Practice*, 34(2), 107-116.

Pardales, M. J.(2002). "So, how did you arrive at that decision?" Connecting moral imagination and moral judgement. *Journal of Moral Education*, 31(4), 423-437.

Park, J., & Barron, R. W.(1977). Can morality be taught?. In L. J. Stiles & B. D. Johnson(Eds.), *Morality examined: Guidelines for teachers* (pp. 3-23). Princeton Book Company.

Peters, R. S.(1962). Moral education and the psychology of character. *Philosophy*, 37(139), 37-56.

Ray, T. T.(1996). Differentiating the related concepts of ethics, morality, law, and justice. *New directions for teaching and learning*, 1996(66), 47-53.

Reardon, B. A.(2015). Human rights learning: Pedagogies and politics of peace. In Betty A. *Reardon: A pioneer in education for peace and human rights* (pp. 145-164). Springer International Publishing.

Ronell, A.(2009). Meaning. In A. Taylor(Ed.), *Examined life: Excursions with contemporary thinkers* (pp. 25-60). The New Press.

Scott, P. A.(1997). Imagination in practice. *Journal of Medical Ethics*, 23(1), 45–50.

Sevenhuijsen, S.(2000). Caring in the third way: the relation between obligation, responsibility and care in Third Way discourse. *Critical Social Policy*, 20(1), 5–37.

Simpson, P. J., & Garrison, J.(1995). Teaching and moral perception, *Teachers College Record*, 97(2), 252–278.

Singer, M. G.(2002). *The ideal of rational morality: Philosophical compositions*. Oxford University Press.

Singer, P.(2000). *Writings on an ethical life*. Ecco Press.

Singer, P.(2009). Ethics. In A. Taylor(Ed.), *Examined life: Excursions with contemporary thinkers* (pp. 61–86). The New Press.

Smetana, J. G.(1999). The role of parents in moral development: A social main analysis. *Journal of Moral Education*, 28(3), 311–321.

Solomon, R. C.(1992). *Morality and the good life: An introduction to ethics through classical sources*. McGraw-Hill.

Taylor, J.(2006). Virtue and the evaluation of character. In S. Traiger (Ed.), *The Blackwell guide to Hume's Treatise* (pp. 276–295). Blackwell Publishing/Wiley.

Tirrell, J. M.(2021). Forgiveness as a character strength: Toward a developmental model and research agenda. *Journal of Moral Education*, 1–24.

Walker, D. I.(2020). Sociological contributions for researching morality and cultivating states of moral character. *Journal of Moral Education*, 51(1), 24–34.

Werhane, P. H.(2002). Moral imagination and systems thinking. *Journal of Business Ethics*, 38(1/2), 33–42.

West, C.(2009). Truth. In A. Taylor(Ed.), *Examined life: Excursions with contemporary thinkers* (pp. 1-24). The New Press.

Wilson, J. Q.(1993). *The moral sense*. The Free Press.

You, Z., & Rud, A. G.(2010). A model of Dewey's moral imagination for service learning: Theoretical explorations and implications for practice in higher education. *Education and Culture*, 26(2), 36–51.

Young, J. J., & Annisette, M.(2009). Cultivating imagination: Ethics, education and literature. *Critical Perspectives on Accounting*, 20(1), 93–109.

Zigon, J.(2009). Within a range of possibilities: Morality and ethics in social life. *Ethnos*, 74(2), 251-276.

2장 인간의 본성과 도덕성

> 도덕성의 핵심적인 부분, 즉 우리를 인간답게 만드는 요소는 인류 역사와 개인의 발달 과정에서 드러납니다. 그것은 우리의 연민, 상상력, 그리고 뛰어난 이성 능력의 결과물입니다.
>
> —폴 블룸(2013), 『정의로운 아이들: 선과 악의 기원』[1], p. 218.

도덕적 상상력이라는 개념은 사람들이 타인과 그들의 욕구에 대한 세심한 이해에서 기인한 윤리적 성찰의 힘을 얻고 도덕적 행동을 추구할 수 있다는 다면적인 믿음을 바탕으로 한다. 이러한 관점에서 우리는 인간을 "연민, 상상력, 그리고 뛰어난 이성 능력"을 지닌 존재로 바라본다(Bloom, 2013, p. 218). 따라서 도덕교육자로서 우리는 젊은이들의 도덕적 의식과 타인 및 지구에 대한 배려의 열망을 어떻게 자극하

---

1 [옮긴이 주] 블룸(P. Bloom)은 『정의로운 아이들(Just Babies)』에서 아기가 말하거나 걷기 전에도 타인의 선과 악을 판단한다는 것을 주장한다. 아이들은 공감과 연민을 느끼고, 고통에 처한 사람들을 달래기 위해 행동하며, 초보적인 정의감을 가지고 있다. 그럼에도 불구하고, 아이들의 타고난 도덕성은 제한적이며 때로는 비극적이다. 우리는 선천적으로 낯선 사람에게 적대적이며, 편협함과 편협함에 빠지기 쉽다. 이러한 한계를 극복하기 위한 탐구를 진행하는 과정에서 블룸은 침팬지, 폭력적인 사이코패스, 종교적 극단주의자, 아이비리그 소속 교수들의 도덕성을 조사하고 섹스, 정치, 종교 및 인종에 대한 수수께끼 같은 도덕적 감정에 대해 탐구하고 있다.

고 지원할 수 있을지를 이해해야 한다.

그럼에도 불구하고, “인류 역사는 인간이 서로를 죽이고 불구로 만드는 것이 얼마나 쉽고, 또 얼마나 쉽게 동기를 부여하는지를 증명한다”(Sheets-Johnstone, 2008, p. 137). 마찬가지로 21세기에도 우리는 “인류가 증오, 복수, 군국주의의 악순환에 갇힌 것 같은” 폭력적 세상에 살고 있으며, 지구상의 “생명 파괴”라는 위협도 존재하고 있다(Miller, 2003, p. 25). 폭력은 “생태계 학살, 집단 학살, 현대전, 민족 증오, 인종차별, 성적 학대, 가정 폭력”(Harris, 2004, p. 5)과 같은 “끔찍한 형태”로 나타나며, 젊은이들이 또래를 악의적으로 괴롭히는 모습(Rosen & Rubin, 2016)에서도 볼 수 있다. 이러한 폭력의 현실을 감안할 때, 우리는 사람들이 사려 깊고, 정의로우며, 공감 능력을 갖춘 도덕적으로 책임감 있는 존재가 될 수 있다는 믿음과 인류의 폭력적인 본성을 어떻게 조화시킬 수 있을까?

도덕적 상상력과 폭력에 대한 이러한 문제는 인간의 본성과 도덕적 발달에 대해 오랫동안 제기되어 온 당혹스러운 질문들을 잘 드러낸다.

- 도덕적 발달에 영향을 미치는 깊이 뿌리내린 인간의 본능과 욕구는 무엇일까요?
- 인간이 도덕적 추론과 행동을 가능하게 하는 본질적인 자산은 무엇일까요?
- 왜 어떤 사람들은 타인을 지키려고 자신의 안전을 위협받으면서도 초기 단계의 도덕적 기능을 넘어 자신의 윤리적 원칙에 따라 살아갈까요?
- 도덕적 기능 장애가 도덕적 감정, 윤리적 성찰, 그리고 도덕적

행위 능력을 저해하는 이유와 결과는 무엇일까요?

물론, 이러한 난해한 질문들은 우리가 직접 고민하거나 학자들의 연구를 통해 명확하게 답을 찾을 수 있는 것은 아니다. 이는 인간의 역학, 즉 개인의 도덕적 신념과 행동에 영향을 미치는 복잡하고 헤아릴 수 없는 능력과 특성의 조합이 존재하기 때문이다. 우리는 인간 본성의 복잡성과 도덕적 발달의 과정을 이해해야 하지만, 그러한 이해가 우리에게 확신을 주거나 아이들이 도덕적으로 책임감 있는 존재가 되도록 돕는 데 필요한 확고한 전략을 제공하지는 못할 것이다.

1. 인간의 본성과 도덕성에 대한 가정

아이들의 도덕적 본성에 대한 믿음은 오랜 세월 교육자들에게 영향을 끼쳤다. 역사적으로, 가혹한 종교적 교리는 아이들을 악하게 태어난 존재로 간주했다. 이러한 교조주의는 학교에서 두려움을 조성하고 처벌적인 도덕교육으로 이어졌다. 근내에 들어서서 낭만주의 교육 철학자들은 아이들이 본질적으로 선하다고 주장하고, 학교와 사회가 아이들의 타고난 도덕적 본성을 타락시킨다고 반박하며 명시적으로 도덕교육의 필요성에 의문을 제기했다. 최근 들어 교사들은 아이들의 본성이 본질적으로 선하거나 악하다는 두 가지 고정관념을 모두 거부했다.

대신에, 오늘날 대부분의 교육자들은 학생들의 도덕적 능력이 보호자, 또래, 그리고 교실과 학교에서 이루어지는 명시적, 암묵적 도덕교육과 같은 사회적 환경에 크게 영향을 받는다고 믿고 있다. 아이들의 본성이 고정되어 있거나 미리 결정되어 있다고 가정하는 것보다 훨씬 더 정확한 시각이다. 하지만 학생들의 도덕 발달에 미치는 영향에 대한 현재의 관념은 여전히 순진한 결론으로 이어질 수 있다. 첫 번째로, 아이들의 삶 속에서 문화적 요소가 그들의 도덕적 미래에 명백하게 영향을 미친다는 점에서, 특히 가족, 또래, 친구, 그리고 공동체가 반사회적 영향을 미친다면, 학교가 이러한 경험을 개선하기 위해 아무것도 할 수 없다는 오해가 생긴다. 두 번째로, 도덕적 가르침을 마치 교사의 도덕적 가치가 아무리 개인주의적이거나 문화적으로 무감각하더라도 학생들의 인식과 경험을 쉽게 대체할 수 있는 것처럼, 학생들이 도덕적 가르침을 "흡수"하는 백지 상태나 스펀지로 보는 고정 관념이 있다.

위의 두 가지 인상은 현대 연구자들이 기술하는 더 복잡한 그림과는 상당히 다르다. 교육 심리학자 나바에즈(D. Narvaez)는 "개인은 인간 진화의 이야기뿐만 아니라 자기 삶의 경험까지 통합하는 체화된 이야기"라고 주장한다(Narvaez, 2019, p. 357). 그녀는 "진화 과정을 통해 물려받은 수평적 영향 및 조상의 역사"와 "사람들의 삶을 형성하는 수직적 영향"(p. 347)을 모두 설명한다. 여기에는 도덕적 감정과 가치를 심어주는 초기 경험도 포함된다. 따라서 개인은 유아기부터 성인기에 이르기까지 자기 본능, 성격, 그리고 욕구에 비춰 도덕적 가르침과 모델을 이해하며 도덕적 삶을 구축해 나간다.

2. 도덕적 성향

수많은 학자들은 인간이 도덕적 본능과 능력을 지니고 있으며, "도덕적 본성"(Appiah, 2009, p. 101)을 공유하고 있다고 믿는다. 인간이란 "대부분의 사람들이 직관적으로 의지하는"(Wilson, 1993, p. 12) "도덕적 감각"을 소유한 존재이다. 우리의 "천부적 재능"은 다음과 같은 요소들을 포함하고 있다.

- 도덕적 감각: 친절한 행동과 잔인한 행동을 구별하는 능력
- 공감과 연민: 주변 사람의 고통을 함께 느끼고 그 고통을 제거하고자 하는 마음
- 공정성에 대한 기초적 감각: 자원의 공평한 분배를 선호하는 경향성
- 정의에 대한 기초적 감각: 선행을 보상하고 악행을 처벌하기를 바라는 마음 (Bloom, 2013, p. 5)

그러나 이러한 가정은 자연적으로 발생하는 도덕성의 한계를 인식함으로써 완화된다. 도덕적 감각은 "인간은 본성상 잠재적으로 선하다"는 것을 의미하지만, 이는 "인간이 본질적으로 선하다고 말하는 것과는 다르다"(Wilson, 1993, p. 12)고 할 수 있다. 더욱이, 도덕적 감각은 "강력한 등대가 아니다." 왜냐하면 "탐욕, 열정, 분노, 자기애는 끊임없이 공평한 성찰을 억누르려 한다"(p. 241)는 사실과 "잔혹함과 투쟁"(p. 227)이 널리 퍼져 있기 때문이다.

진화론적 관점에서 심리학자와 인류학자들은 인간 본성의 도덕적 성향을 강조한다. 비록 이러한 성향이 고정되어 있지 않고 "어린 시절의 경험에 의해 수정된다"(Haidt, 2012, p. 278)고 주장하지만, 심리학자들은 인간이 도덕적 기능을 수행하도록 "적어도 선천적으로 준비되어 있다"(Haidt & Joseph, 2004, p. 62)고 말한다. 그들은 "우리 영장류

의 기원은 우리에게 특정한 도덕적 성향과 능력을 부여했다"(Vozzola, 2014, p. 59)고 주장한다. 이러한 성향과 능력은 사람들이 서로 어울리고 서로를 돌보는 데 기여한다. "사회적 세계에서 타인과 유대감을 형성하고 그들에게 일어나는 일에 관심을 갖는 것은 동물로서의 우리 본성의 매우 중요한 특징"(Churchland, 2019, p. 68)이라고 강조한다. 더 나아가, 사회심리학자 하이트(J. Haidt)는 사심 없는 관대함은 드물지만, 인간의 진화에는 "초사회성"이 포함되어 있으며, 이는 "우리를 집단의 이익을 증진하는 데 능숙하게 만들고" "훌륭한 팀 플레이어가 되게 한다"(Haidt, 2012, p. 191)고 지적한다. 그는 또한 "인간은 이타주의의 기린이다. 우리는 자연의 독특한 괴물이며, 드물기는 하지만 벌처럼 이타적이고 팀워크를 발휘할 수 있다"(p. 198)고 주장한다.

집단에 대한 매력은 "인간 본성에 깊이 뿌리내리고 있다"(Baumeister, 1997, p. 192). 인류 협력의 역사는 우리의 본질적인 도덕적 충동을 분명하게 드러낸다. 인류학자 그린(J. Greene)은 다음과 같이 추론한다.

> 단세포에서 우리와 같은 초사회적 동물에 이르기까지, 지구 생명의 이야기는 점점 더 복잡해지는 협력의 이야기이다. 협력은 우리가 존재하는 이유이지만, 협력을 유지하는 것은 또한 우리의 가장 큰 과제이다. 도덕성은 이러한 과제에 대한 인간 두뇌의 해답이다. (Greene, 2014, p. 59)

또한 그린은 인간이 협력하는 이유가 인간 본성이 선하거나 그 자체로 선을 추구하기 때문이 아니라, 협력이 다양한 측면에서 유익하기 때문이라고 지적한다. "우리는 협력적인 두뇌를 가지고 있는 것 같다. 협력은 우리에게 물질적 이익, 즉 유전자가 더 많은 복제물을 만들 수 있게 하는 생물학적 자원을 제공하기 때문이다. 바로 이러한 진화적 토양 위에서 인간의 선함이라는 꽃이 피어난다." (p. 65)

그렇다면 인간이 이타적이거나 본래적인 이유가 아닌 다른 이유로 자신이 속한 집단 내에서 더 자주 협력하는 이유는 무엇인가? 인류학자 보엠(C. Boehm)은 인간이 "근본적인 관대함"을 가지고 있지만, "이러한 타고난 관대함이 제대로 기능하지 못하고 있다"고 하며, 문화는 협력을 장려하고 갈등을 줄이기 위해 "지속적이고 강력한 긍정적 지원"(Boehm, 2012, p. 273)을 제공해야 한다고 주장한다. 또한 보엠은 "인간 집단이 언제나 도덕 공동체로 행동하기 때문에", 그리고 "우리 본성 속의 강력한 공격적인 이기심과 헌신적인 족벌주의를 억누르기 위한 조직으로 발전하기 때문에 협력이 가능하다"고 주장했다(Boehm, 1999, p. 254).

한편, 진화론적 관점에서는 우리의 "선천적인 부족주의적 경향"(Greene, 2014, p. 69)이 강조된다. "인간은 본성상 사람들이 서로 대립하는 집단에 속하도록 만들고, 자신이 소속한 집단을 선하고 다른 집단을 악하다고 인식하는 경향이 있다"(Baumeister, 1997, p. 377).

> 다시 말해, 인류학 보고서는 내집단 편애와 자민족 중심주의가 인간의 보편적 특성임을 시사한다. 어린아이들은 언어적 단서를 통해 내집단 구성원을 인식하고 선호하게 된다. 사람들은 집단이 임의적, 일시적으로 규정되는 경우일지라도, 외집단 구성원보다 내집단 구성원을 더 선호한다. (Greene, 2014, p. 69)

따라서 집단의 일원으로서 느끼는 편안함, 안정감, 그리고 타인 배려는 긍정적이지만, 자신의 집단에 속하지 않은 타인을 비인간화하거나 "악의 세력"(Baumeister, 1997, p. 377)으로 간주하는 경향도 인류 역사에서 뚜렷하게 나타난다.

또한 인간의 합리성은 중요한 성향으로, "이성의 소유", "지식을 활용한 목표 달성 능력"(Pinker, 2021, p. 36), "추론할 수 있는 능력"(Baier, 1982, p. 85), 그리고 자기 사고 과정의 인지와 통제의 능력(Moshman, 2009, p. 11)으로 기술된다. 근대 및 고대 철학자뿐 아니라 현대 심리학자들도 도덕성의 필수 전제 조건으로서 합리성이 사람들에게 "현실, 즉 세상을 있는 그대로 관찰하고 이해"(Johnson, 2013, p. 36)하고, 경험주의자가 될 것을 요구한다고 주장한다. 현실은 주관성에서 결코 자유로울 수는 없지만, 입증 가능한 증거, 다양한 관점, 그리고 공유된 인식에 대한 분석적 탐구를 통해 탐구될 수 있다. 이는 행동과 결과 사이의 관계를 파악할 수 있을 만큼 환경에 대한 충분한 이해를 수반한다.

합리적 사고는 사람들이 대화에 참여하고 "타인의 관점에서" 상황을 바라볼 것을 요구한다. 즉, "자신의 특정 편견과 선호를 무시"하는 것을 의미한다(Peters, 1975, p. 102). "우리는 이성적 판단을 통해 도덕적 행동을 요구하는 상황을 인식하고" "더 나은 추론을 하고 그 상황에 대한 추가적인 추론을 진행해야 한다"(Blackburn, 2000, p. 240). 예를 들어, "우리 땅에서 편견을 제거하는 과정은 이성이 외부인에 대한 기본적인 두려움과 같은 기본적인 본능적 관념을 극복하는 한 가지 방법이다"(Johnson, 2013, p. 46). 이와 같이 "이성은 사람들에게 자신들의 가장 확고한 가치와 실제 행동 사이의 불일치를 인정하게 하는 힘이 있다"(Baggini, 2016, p. 156). 사람들은 합리적인 사고를 통해 근거 없는 편견과 음모를 거부하고 "진실과 우리가 진실이기를 바라는 것을 구별하고자 노력"할 수 있다(Pinker, 2021, p. 2021).

역설적으로, 비이성적이라는 개념을 탐구함으로써 합리성과 도덕성의 관계를 더욱 깊이 이해할 수 있다.

> 우리가 행하거나, 믿거나, 느끼는 것을 비이성적이라고 여길 때는, 이러한 행동이나, 믿음이나, 느낌에 반대되는 결정적이고 압도적인 이유가 있고, 이러한 이유가 있음을 알면서도 그 행동, 믿음 또는 감정을 고집하는 경우이다. (Baier, 1958, pp. 315-316)

비이성적인 것에 대한 이와 같은 개념 정의는 인지적으로 유능한 사람들이 비이성적일 때 두 가지 사건이 발생한다는 것을 시사한다. 그들은 경험적 증거를 무시하고, 감정이 판단과 행동을 지배하도록 방치한다. 과학적 데이터를 거부하는 개인이나 집단은 강렬하고 지속적인 감정 때문에 인지 기능을 방해할 수 있다. 이는 스스로에게조차 압도적인 이유를 부정할 때 발생한다. 기후 변화에 대한 완강한 부정이나 근거 없는 음모론에 대한 믿음은 비이성의 대표적인 예이다. 우리는 사람들이 실제 상황에 대한 정보를 통합하지 못해서 그릇된 행동을 할 때, 예를 들어 근거 없는 위험을 상상하고 상상 속의 공격자나 박해자에게 해를 끼치는 행동을 할 때 비이성적이라고 생각한다. 또한 자신의 민족이나 인종 집단이 아닌 타인들의 열등함을 믿는 것은 "편견이 합리성에서 자의적으로 벗어난 것"이라 할 수 있다(Johnson, 2013, p. 45).

하지만 합리성과 비합리성은 모두 인간 본성의 일부이다. 심리학자 핑커(S. Pinker)는 우리 종에 대해 "오류, 편견, 신화에 대한 탐닉"에 기초한 "사고방식"을 가지고 있다고 설명하면서(Pinker, 2021, p. 317),

"이러한 신념의 기능은 부족이나 종파를 결속하고 도덕적 목적을 부여하는 사회적 현실을 구성하는 것이다"라고 지적했다(p. 300). 그의 "우리 종의 역설"에 따르면, 우리는 "매우 합리적이면서도 비합리적"일 수 있다. 그는 "우리의 합리성이 동기에 따라 인도되고 관점에 따라 제한받기" 때문에 공정하게 생각하지 못하고 도덕적으로 행동하지 못한 경우가 발생한다고 주장한다(p. 317).

심리학자 블룸(P. Bloom)은 유아들조차 "판단과 감정에 대한 특정 능력"을 가지고 있으며, "이러한 능력은 문화적 발명품이 아니라 진화 역사의 유산이라는 점에서 자연스러운 것"이라고 결론지었다(Bloom, 2013, p. 99). 진화적 관점에서 도덕성은 특히 타인들을 자기 집단에 속한 사람들과 다르다고 인식할 때, 인간이 편견과 공격성만이 아니라 타인에 대한 동정적인 도덕적 감정 또한 자연스럽게 가질 수 있음을 보여준다. 더욱이, 인간은 선한 행동을 하도록 유도하고 부도덕한 행동을 금지하며, 도덕성을 인정하는 사회 시스템을 발전시킨다. 이와 같이 인간은 이성적 사고능력을 지니고 있지만, 집단 소속감 및 그 집단의 신념 체계 수용을 위해 비이성적인 사고를 가질 수도 있다. 전반적으로 인간은 도덕적이고 협력적인 존재로서 생존, 애착, 연결, 공동체와 같은 기본적인 욕구를 충족시키는 존재이다.

3. 의존성과 애착

진화론은 인간의 도덕적 본능을 부분적으로만 설명한다. 우리는 도덕적 성향이 "우리의 도덕 감각이 본질적으로 아이와 양육자 사이의 초기 의존적 유대감과 연결되어 있는"(Govrin, 2014, p. 1) 인간 발달의 특수 환경에 기인한 것으로 보아야 한다. "인간은 모든 생물 중 가장 긴 유년기를 보낸다"(Bloom, 2013, p. 173), "다른 원시 인류에 비해 매우 미성숙한 상태로 태어나며", "아동의 복지는 어머니와 공동체의 집중적인 지원을 필요로 한다"(Narvaez, 2019, p. 350). 주요 양육자(어머니, 아버지, 그리고 기타)의 "진화된 둥지"는

> 생리기능으로부터 사회성, 도덕성까지 아이의 모든 발달에 영향을 미친다. 인간은 출생 시 미성숙할 뿐 아니라, 일반적인 가소성과 다양한 후성유전학적 효과를 통해 여타의 동물보다 훨씬 더 쉽게 성장할 수 있기 때문이다. (Narvaez, 2019, p. 353)

의존성은 생존과 만족을 위한 모든 수단을 포함하며, 유아기 이후에도 상당 기간 지속한다. 이러한 의존 관계는 도덕적 발달의 기초가 된다. 무력한 아기들은 배려와 애정을 통해 위로를 받고 인정과 사랑을 받으면서 양육자에게 민감하게 반응하게 된다. 이러한 강렬한 관계는 아동들이 양육자와 감정적 유대감을 형성하고 양육자로부터 배우고자 하는 욕구를 자극하여, 성인이 되어서도 배려와 연민을 포함하는 도덕성을 발달시키는 데 도움을 준다.

의존성과 배려의 초기 경험은 "영아와 그들의 주요 양육자 사이에 형성되는 특별한 감정적 관계"(Berkowitz & Grych, 1998, p. 373)로 이어지며, 이는 애착으로 알려져 있다. 애착은 "영아를 위험으로부터 보호하는 기능에 뿌리를 둔 강렬하고 지속적인 감정적 유대감"(Palm, 2014, p. 283)이다. 애착 이론(Ainsworth, 1982; Bowlby, 1969)에 따르면, 이러한 깊은 관계는 양육자가 영아와 아동에게 민감하고 공감적으로 반응할 때 발생하고, 결과적으로 "따뜻하고 친밀하며 지속적인

관계"가 발달한다(Bretherton, 1992, p. 761). "반응적 배려는 안정적 애착 유형의 발달에 기본적인 역할을 한다"(Gleason & Narvaez, 2019, p. 62). 따라서 양육자는 "애착 대상"으로서 "유아가 세상을 탐험할 수 있는 안전한 기반"이 된다(Bretherton, 1992, p. 759).

애착에 대한 범문화적 연구는 주로 영아와 어머니 간의 관계에 초점을 맞추지만(Bretherton, 1992), 연구자들은 아버지, 조부모, 그리고 부모가 아닌 양육자와의 유대감도 중요하게 다룬다(Cummings & Warmuth, 2019; Ebbeck & Yim, 2009; Poehlmann, 2003). 이스라엘의 키부츠(kibbutz)와 같은 공동체적 육아에 대한 연구는 성인과 다른 아동들이 창조적 가족 시스템 속에서 아이들에게 어떻게 소속감을 제공하고 양육하는지를 보여준다(Bettelheim, 1969; Palm, 2014; Van IJzendoorn et al., 1992). 이러한 상황에서 "집단과의 관계는 애착 관계로 기능할 수 있다". 아이들은 "힘든 시기에 안정감, 지지, 그리고 위로의 원천"으로서 집단을 경험한다(Sidi & Shafran, 2020, p. 3).

"애착 시스템은 음식과 따뜻함 그 이상이다. 그것은 또한 배려와 감정적 안정에 관한 것이다"(Deneault & Hammond, 2021, p. 8). "협력적이고 상호적이며 긍정적인 영향을 공유하는 따뜻하고 상호 반응적인 지향의 맥락"(Sengsavang & Krettenauer, 2020, p. 7)에서, 아이와 양육자는 서로에게 민감하게 반응한다. 이러한 "첫 관계는 역동적이며 이후 발달에 지대한 영향을 미치는 지속적인 특성을 가진다"(Palm, 2014, p. 283). 취약한 유아와 양육자 간의 이러한 연결은 근본적으로 상호 소속감과 사랑의 도덕적 유대감을 형성하며, 이는 아이들이 이러한 초기 경험을 통해 "도덕적 행동의 인간적 측면에 초점을 맞추기" 때문에 도덕적 발달을 촉진한다(Sengsavang & Krettenauer, 2020, p. 7).

연구자들은 애착 관계가 도덕 발달에 얼마나 중요한지 다양한 방식으로 설명한다.

- "고도로 반응적인 양육 방식"은 스트레스를 줄이거나 완화하며(Bland & DeRobertis, 2020, p. 941), "적절한 생리적, 감정적 조절에 기초한" 감정적 복지의 발달을 가능하게 한다. "그러한 능력은 타인에게 집중하고 그들의 복지에 관심을 가질 수 있는 능력을 부여한다"(Gleason & Narvaez, 2019, p. 60).
- "애착의 맥락에서 아이는 인간 상호작용의 패턴을 발견하고 사람들이 서로를 배려하고 서로에게 해를 끼치는 방식을 관찰한다. 애착 경험은 아이가 타인에게 어떻게 행동해야 하는지에 대한 이해와 인간의 감정에 대한 깊은 지식을 형성하는 데 큰 영향을 미친다"(Gilligan & Wiggins, 1987, p. 280).
- "아이의 안정적 애착은… 고통을 받는 또래에게 위로를 주는 것처럼 타인에 대한 공감적 관심을 반영하는 행동과 관련이 있다"(Skoe, 2010, p. 204).
- 유아기에 사랑과 배려를 받은 아이들은 "양육하는 사람"과 "위로하는 사람"을 동일시한다. 이러한 동일시로 인해 "아이들은 피해자와 동일시하고 피해자에 대한 연민과 동정심을 가진다." "사랑과 배려를 되돌려주고자 하는 아이들의 욕구는 결국 가족 외의 타인들에게도 확장된다"(Vozzola, 2014, p. 13).
- 안정적 애착 유대감은 유아기가 지나면서 "또래와의 조화로운 상호작용"을 촉진하며, "평생에 걸쳐 성공적인 관계를 예측하는 데 기여하는 것"으로 나타났다(Berkowitz & Grych, 1998, p. 373).
- "안정적인 애착 관계는 어린 시절의 역경을 겪은 개인이 성인기

> 에 부정적인 결과를 겪을 위험을 줄이는 데 중요한 회복탄력성을 형성하는 데 도움을 줄 수 있다"(Rasmussen & Storebø, 2019, p. 1286).

하지만 일부 아동은 양육자와의 안정적 유대감을 형성하지 못하거나 충분히 발달하지 못하는 경우가 있다. 이러한 안정적 애착의 결여는 아동의 발달에 부정적인 영향을 미치고 도덕적 감정에 대한 능력에 지장을 초래한다. "부모와의 유대감이 부족할 경우, 정서 발달에 가장 큰 영향을 미치는 것으로 보이며, 이는 감정적 분리, 자책감, 수치심 부족과 같은 정신병리적 특성에도 영향을 미친다"(Churchland, 2019, p. 136). 배려, 안전, 애착을 경험하지 못하는 아이들은 "세상이 근본적으로 안전하지 않다고 느끼며, 부족감과 깊은 결핍감을 안고 살아간다"(Narvaez, 2020a, p. 400). 이러한 아이들은 "공격성이나 위축으로 나타나는 기형적인 스트레스 반응"(Narvaez, 2020b, p. 4)을 보인다. 또한 "학대받은 유아는 또래에게 분노로 반응하는 경우가 많은 반면, 안정적인 애착을 형성한 유아는 주의집중과 공감 능력을 보인다"(Decety & Howard, 2013, p. 50)고 한다. 그러나 애착을 완전히 결여하고 있지는 않지만, 불완전하거나 미약한 아이들도 있을 수도 있다. "불안정 애착"은 "양육자가 감정적으로 부재하거나 간헐적으로만 반응할 때" 발생하며, "혼란 애착"은 양육자가 "겁을 먹거나 무섭게" 보일 때 나타난다. 이 경우 아이들은 양육자를 "갈망하면서도 두려움을 느끼고", "애착 대상에 대해 모순적이고 혼란스러운 행동을 보인다"(Zilberstein & Messer, 2010, p. 86). 아동 발달 연구는 "애착의 불안정성과 부모와의 유대감 부족이 유아부터 청소년까지 다양한 아동의 샘플에서 품행 문제 및 비행과 연관되어 있고"(Savage, 2014, p. 165),

"심각한 반사회적 행동 발달의 위험 요인"(Van IJzendoorn, 1997, p. 720)이며, "괴롭힘에 더 많이 관여하는 것과 관련이 있을 수 있다"(Murphy et al., 2017, p. 1389)는 것을 확인시켜 준다.

모든 애착의 붕괴가 잔혹함이나 사랑의 부족에서 기인하는 것은 아니라는 점이 중요하다. 아동과 양육자 간의 유대감이 결여되거나 부족한 다른 이유는 다양할 수 있다. 예를 들어, 양육자가 "짜증을 내거나 반응이 없는" 유아를 달래주지 못하거나, 상호작용이 "의학적 질환으로 인해 위축"될 때 애착 관계에 어려움이 생길 수 있다. 마찬가지로, 가정이나 지역 사회에서 폭력을 경험하는 가정에서는 "지지적인 배려의 관계"를 형성하는 것이 어려울 수 있다(Perry, 2001, p. 5). 이와 같이 양육자 자신의 초기 트라우마(Shapiro, 2009)와 극심한 우울감은 부모가 자녀에게 귀 기울이고 공감하는 능력을 약화시킨다(Weissbourd, 2009, p. 106)고 한다. "치유적 개입"이 없다면, 어린 시절 사랑과 배려가 부족했던 사람들은 "자신도 불행한 부모가 되는 경우가 많고, 자녀에게 원초적인 상처를 물려줄 수 있다"(Narvaez, 2020b, p. 3)고 한다.

유아기와 초기 아동기의 경험은 도덕적 감정의 발달에 영향을 미치며, 이는 교육자들이 최적의 상황에서 도움을 받고 친사회적이고 공감적인 행동을 할 수 있는 아이들을 만날 수 있음을 의미한다. 마찬가지로, "열악한 둥지"(Narvaez, 2020b)에서 자란 아이들은 스트레스, 분노, 감정적 위축감을 느낄 수 있다. 하지만 단순히 결과를 이분법적으로 가정하기보다는, "유아기 유대감 손상의 영향은 다양하다"(Perry, 2001, p. 4)고 하는 점을 주목할 필요가 있다.

유아기 때 심각한 감정적 방치는 그 영향이 파괴적일 수 있다. 접촉,

자극, 그리고 양육을 경험하지 못한 아이들은 말 그대로 평생 유의미한 관계를 형성할 능력을 상실할 수 있다. 다행히 대부분의 아이들은 이러한 심각한 무시를 겪지는 않는다. 하지만 유아기 동안 어느 정도 유대감과 애착이 손상된 아이들은 수백만 명에 달한다. 이로 인해 발생하는 문제는 가벼운 대인 관계의 불편함으로부터 심각한 사회적, 감정적 문제까지 다양하다. 일반적으로 문제의 심각성은 감정적 방치가 얼마나 일찍, 얼마나 오랫동안, 그리고 얼마나 심하게 지속되는지와 관련이 있다. (p. 4)

다음과 같이, 감정적 방치를 경험한 아이들이 "정상적 관계를 발전시킬 희망이 전혀 없다"는 보장은 없다(Perry, 2001, p. 4). 유아를 둔 가족들을 대상으로 한 집중적이고 장기적인 치료 개입은 애착 유대감을 회복하는 데 도움이 되는 것으로 입증되었다(Perry, 2001; Zilberstein & Messer, 2010). 일부 연구자들은 또한 나중에 아이들이 "대가족, 교사, 치료사와의" 애착을 발달시킴으로써 안정감을 느끼게 된다고 주장하며(Rasmussen & Storebø, 2019, p. 1286), 교사와 지속적으로 안전하고 신뢰하는 관계를 형성하는 것이 중요하다고 기술하고 있다(Keller, 2011; Brunzell et al., 2016).

4. 인간의 지속적 욕구와 도덕적 능력

필수적 욕구는 유아기의 의존적 상태를 넘어서는 인간 본성의 중요한 측면이다. 심리학자 매슬로우(A. Maslow, 1954)의 고전적인 묘사는 현대 학문에서도 여전히 유효하며(Bland & DeRobertis, 2020; Johnson,

2013 참조), 출생부터 아동기, 그리고 성인기 전반에 걸쳐 인간 본성의 이러한 측면을 이해하는 데 도움을 준다. 매슬로우의 욕구 이론은 "주로, 동기 이론"이다. 인간은 "음식, 사랑, 재능 실현 등 무엇이든 끊임없이 욕구를 느낀다"(Johnson, 2013, p. 49). 더욱이 매슬로우는 인간의 욕구를 "지속적인 개선과 지속적인 통합, 조직, 그리고 자기 일관성"(Bland & DeRobertis, 2020, p. 936)의 "전체론적 과정"(p. 937)으로 보고, "건강한 아이들은 성장하고 전진하며 새로운 기술, 능력, 힘의 획득을 즐기며" "진정한 자아"(Maslow, 1999, p. 30)로 발전하는 것을 즐긴다고 지적한다.

매슬로우는 5단계 모델에서 인간 발달에 관한 이와 같은 욕구를 위계적으로 제시했지만(Maslow, 1954), 시간이 지나면서 그것이 엄격한 순서를 가지지 않을 수 있다고 주장했다(Maslow, 1987; 표 2.1 참조). 매슬로우는 처음 네 가지 욕구를 생존 욕구 혹은 "결핍 욕구"로, 다섯 번째 욕구를 "성장 혹은 존재 욕구"로 명명했다(McLeod, 2020, p. 2). 이러한 욕구는 (a) 생리적 욕구: 가령 음식, 주거, 수면과 같은 인간 생존을 위한 생물학적 욕구, (b) 안전의 욕구: 감정적 및 신체적 안전, 안정, 그리고 행복에 대한 욕구, (c) 사랑과 소속감의 욕구: 우정, 복잡한 인간관계, 신뢰, 수용, 그리고 사랑에 대한 사회적 욕구, (d) 자존의 욕구: 독립, 성취, 존엄, 그리고 타인으로부터의 존중에 대한 욕구, (e) 자아실현: 번영하고 자신의 잠재력을 발휘하고자 하는 욕구(McLeod, 2020)를 말한다. 마지막으로 매슬로우(1969)는 더 높은 차원의 존재 욕구를 (f) 자기 초월: "순전히 개인적인 것을 넘어서는 이익을 추구"하고 "초월적인 것과의 교감"을 지향하는 욕구로 명명했다(Koltko-Rivera, 2006, p. 306).

〈표 2.1〉 매슬로우의 욕구 발달 단계

단계	인간의 욕구	동기 부여 목표
6	자기 초월	자아를 넘어서는 대의 추구, 절정 경험을 통한 자아 경계를 넘어선 교감의 경험 추구
5	자아실현	개인의 잠재력 실현
4	자기존중	인정이나 성취를 통한 존중 추구
3	소속감과 사랑	집단에 대한 소속감 추구
2	안전	질서와 법을 통한 안전 추구
1	생리적(생존) 욕구	생존에 필요한 기본적 욕구 추구

※ 출처: Koltko-Rivera, 2006, p. 303에서 발췌.

수많은 연구자들이 인간의 욕구와 그 욕구가 도덕적 기능에 미치는 관계에 대해 논의한다. 본질적으로, 개인이 신체적, 감정적으로 강하고 온전하게 번영할 때, 친사회적 감정과 행동을 더욱 잘 표현할 수 있다. 더욱이, 자아실현의 욕구에 따라 동기 부여를 받는 사람들은 강한 도덕적 책임감과 원칙적인 도덕적 정체성을 함양하고자 하는 욕구를 가질 수 있다. 이와 반대로, 기본적인 생존 욕구와 심리적 욕구를 충족하지 못했을 때, 사람들은 추론, 감정, 행동에서 도덕적 결함을 겪게 된다.

출생과 동시에 시작되는 생존 욕구는 존재를 위한 생물학적 욕구이다. 이러한 "장기간의 심각한 취약성"은 유아가 번영하기 위해서는 양육자가 생존 욕구를 충족시켜야 한다는 것을 의미한다. 유아는 "경험상 누군가가 자신의 욕구에 반응하고, 배려하고, 어느 정도 보호해 줄 때에만 도덕적 능력을 발달시킬 수 있다"(Govrin, 2014, p. 3). 아이들은 점차적으로 안정감, 배려, 사랑을 느낀다면, 도덕적 감정과 추론 능력을 향상하고 타인의 욕구를 더 잘 충족시킬 수 있게 된다. 이러한 성취는 아이의 존중 욕구를 충족시켜 주고, 이는 아이가 실패하더라도 있는 그대로 아이를 수용하는 양육자의 노력에서 기인한다(Brummelman & Sedikides, 2020, p. 86). 당연히 이러한 아이들은 자신의 정체성에 대한 안정감과 편안함을 느낀다. 또래 집단과의 교류를 통해 정체성을 확립하거나 괴롭힘을 당하는 경향이 줄어든다. 이러한 필수적인 욕구를 충족하면 아이들은 감정적 안정을 위해 성인의 지속적인 지지가 필요하지 않게 되며, 동정적인 참여가 필요한 상황에서 스스로를 위험에 처하게 할 수 있다.

하지만 생존 욕구 충족과 도덕성 달성 사이의 관계를 지나치게 단순화해서는 안 된다. 매슬로우(1987)는 "건강한 성장과 발달은 기본적 욕구의 충족만이 아니라 합당한 결핍을 이겨내는 것"이라고 지적했다(Bland & DeRobertis, 2020, p. 940). 발달 심리학자 에릭슨(Erik Erikson, 1959/1994)이 설명한 것처럼, 결핍에 대한 인내는 초기 경험에서 생긴 안정감에서 기인한다. "유아기의 발달 과제는 자신의 양육자들이 자신의 욕구 표현 순간에 현재 하고 있는 일을 중단할 수 없을지라도 결국에는 자신의 욕구에 부응할 수 있도록 자신의 양육자에게 신뢰감을 심어주는 것이다."(Bland & DeRobertis, 2020, p. 941). 따라서 영유아는 어려움에 직면하더라도, 자신들이 사랑받고 있다는 것을 알게 되면 심리적으로 건강하고 회복탄력성을 가질 수 있다.

5. 초월적 인간 욕구: 도덕적 행위와 정체성

매슬로우는 인간 욕구에 대한 자신의 생각을 지속적으로 발전시키면서, "안전, 소속감, 존중, 존경"이라는 생존 욕구를 충족하고 자아실현의 존재 욕구에 따라 동기를 부여받는 개인에 주목했다(Hoffman, 2020, p. 909). 사람들은 자신의 잠재력을 발휘하고 번영하고자 하는 동기를 가지고 있으며, 이러한 동기는 다양한 형태(예: 창의적인 예술)로 나타날 수 있다. 하지만 혹자는 강력한 도덕적 열망을 가지고 있다. 그는 "존재 욕구의 충족을 넘어설 수 있기 때문에" 자신의 잠재력을 최대한 발휘하도록 동기를 부여받으며, "이기심으로부터 공평무사함으로 바뀐다"(D'Souza & Gurin, 2016, p. 210). 연구자들은 "원칙적인 도덕적 추론과 관련된 특성은 매슬로우가 자아실현자의 특성을 묘사한 방식과 일치한다"고 주장한다. 여기에는 "자율성, 경험에 대한 개방성, 상상력과 틀에 얽매이지 않는 사고 과정, 독단주의의 부재, 그리고 관습적인 도덕성으로부터의 탈피"가 포함된다(Daniels, 1984, p. 27).

매슬로우는 "자아를 실현하는 사람이란 매우 자비로운 동기, 즉 타인을 돕고 더 나은 세상을 만들고자 하는 열망을 지닌다"(Hoffman, 2020, p. 925)고 말하며, "개인의 복지를 타인의 복지, 궁극적으로 사회의 복지와 연결시킨다"(Johnson, 2013, p. 59)고 설명했다. 매슬로우에 따르면, "자아를 실현하는 사람들은 단 하나의 예외도 없이 자신의 피부 밖의 대의, 즉 자신 밖의 무언가와 관련이 있다…"(Maslow, 1971, p. 42). 차후에 매슬로우(1969)는 자기 초월(D'Souza & Gurin, 2016, p. 210)을 포함한 여러 차원에서 자아실현을 바라보았다. 여기서 자기 초월은 "이기심을 초월하고 이타적인 행동을 하고자 하는 보편적 인간의 욕구"(p. 212)이며, 결국 자기 초월은 별개의 가장 높은 존재적 욕구로 간주되었다.

매슬로우(1969)는 일부 사람들이 자아실현을 핵심 동기로 삼는 것을

> 넘어섰다고 지적했다. 그들은 자기 초월에 대한 강한 동기를 가지고 매슬로우의 새로운 동기 위계에서 최상위에 도달한다. 즉, 그들은 순전히 개인 차원을 넘어선 이익을 추구하고, 신비적이거나 초개인적인 경험을 통해 초월적인 존재와의 교감을 추구한다. 그들은 순전히 개인적인 자아를 초월하여 더 큰 무언가와 동일시하며, 종종 타인을 위해 봉사한다. (Koltko-Rivera, 2006, p. 306)

이타주의를 통해 자아실현 욕구를 충족하도록 동기를 부여받은 사람들은 높은 도덕적 기능의 핵심 요소인 주도성(agency)과 정체성을 보여준다. 도덕적 행위자는 윤리적 가치를 지닐 뿐만 아니라, "그렇게 행동하지 말라는 압력을 받을 때조차도" 자신의 추론과 원칙에 따라 행동한다(Bandura, 2018, p. 132). 또한 공감 능력이 뛰어나고 "자기 행동에 책임감을 느낀다"(Gutzwiller-Helfenfinger, 2018, p. 297). 마찬가지로 학자들은 도덕적 행위를 도덕적 자아 개념과 연결하여 "도덕적인 사람이 되는 것이 개인의 정체성에 중요하다"(Hardy & Carlo, 2011, p. 212)고 주장한다. 도덕적 정체성은 "도덕적 의무, 즉 도덕적으로 옳은 일을 해야 한다는 내적 욕구의 원천이다"(Mustakova-Possardt, 2004, p 254). 도덕적 정체성에 따라 동기 부여를 받는 개인은 자신의 핵심적인 도덕적 가치를 훼손할 때 "자기 배신감"을 느낄 수 있다(Jeong & Han, 2013, p. 48).

이러한 도덕적 모범이 되는 사람들의 사례에서는 자아실현의 욕구가 "삶이 자신의 것으로 삼은 도덕적 원칙이나 목표에 따라 … 살고자 하는"(Gibbs, 2008, p. 180) 욕구로 표현된다. "이러한 원칙을 저버리는 생각이 혐오스럽기"(Hardy & Carlo, 2005, p. 240) 때문에 "그들은 다른 어떤 것도 할 수 없다고 생각한다." 도덕적 모범이 되는 사람들은 "도덕적 목적에 오래 헌신하고", "세상을 더 나은 곳으로 만들기 위해 노력하며", "자신의 도덕적 가치를 위해 자신의 이익을 기꺼이 희생하는" 사람들이다(Colby & Damon, 1992, pp. 27, 29).

> 도덕적 모범과 일반 사람들 간의 가장 큰 차이점은 모범이 일상적인 도덕적 참여의 경계를 훨씬 넘어서는 문제에 대해서도 명료하게 행동한다는 것이다. 그들은 길 건너편에 있는 자신의 아이들을 배려하는 것뿐만 아니라, 세상의 가난한 아이들에게 음식을 제공하고, 죽어가는 사람들을 위로하며, 환자들을 치료하고, 인권을 위해 캠페인하는 데 헌신한다. 모범이 도덕적 문제에 대한 관심이 특이한 것이 아니라, 그들의 관심 범위와 참여의 폭이 매우 넓다는 것이다. (Colby & Damon, 1992, p. 303)

게다가, "모범이 된 사람들 간에는 인간의 잠재력이 이상을 실현할 수 있다는 믿음이 공통적으로 존재한다."(Colby & Damon, 1992, p. 311) 도덕적 모범에 대한 묘사에는 아이들과 어른들을 집단 학살로부터 보호하기 위해 자신의 생명을 걸고 타인들과 협력하거나 함께 일하는 사람들이 포함된다. 분명히, 이들은 자기 초월이 어떻게 "평온함을 유지하며"(Winston, 2016, p. 158) 박탈과 위험에 맞서고 "더 높은 목적을 위해"(p. 178) 생존의 욕구 충족을 포기하는지를 잘 보여준다.

6. 생존 욕구와 도덕적 기능 장애

생존 욕구 충족에 관한 연구는 도덕적 능력보다는 결핍 및 도덕적 기능 장애를 주로 강조한다. 욕구의 결핍은 방치된 아이들이 "유해한 스트레스"를 경험하게 만들고, 이 과정에서 "생존 시스템이 강화되어 지배적인 위치를 차지하지만, 친사회적 네트워크는 발달하지 못한다." 이는 생후 초기부터 시작될 수 있다(Narvaez, 2019, p. 354).

> 생존 시스템은 스트레스 상황에서 영역 확보, 모방, 기만, 권력 다툼, 일상 유지, 선례 따르기와 같은 행동을 유도한다. 생존 시스템이 정신을 지배하면, 그 순간에 무엇이 좋은지를 인식하는 방식이 변한다. 그리고 만약 다른 가치들을 무시하고 행동을 지배한다면, 우리는 이를 자기 보호주의 윤리라고 부를 수 있다. 보호주의 윤리는 생존 시스템이 자기 안전을 증진하기 위해 지향하는 위계적 지향(지배 또는 복종)을 나타낸다. (pp. 354-355)

이와 같이, "신체적으로 학대받고 방치된 아동은 내적 조절의 부족으로 인해 발달이 저해될 수 있다. 방치된 아동의 감정적 욕구가 비도덕적 행동을 억제하는 능력을 압도할 수 있다"(Koenig et al., 2004, p. 100). 초기 방치 경험은 "아이들이 자신의 감정을 얼마나 잘 이해하고 조절하는지"와 "타인과 소통하는 능력"에도 부정적인 영향을 미친다(Decety & Howard, 2013, p. 50). 예를 들어, 정신분석학자들은 오랫동안 비행 청소년의 도덕성 발달 저하가 충족되지 않은 "부드러움에 대한 욕구"에서 기인한다고 지적해 왔다(Aichhorn & Redl, 2012, p. 21).

이렇게 아동과 청소년은 감정적, 심리적 결핍을 충족시키려는 노력에 몰두한 나머지 도덕적 추론과 도덕적 행위 능력을 상실할 수 있다. 이들은 성인이 되어서도 이기심이나 쾌락이 지배하는 원시적 도덕성 수준에 머물 수 있다(Garbarino & Bronfenbrenner, 1976, p. 73). 또한 매슬로우(1987)는 "자신의 축복을 헤아리지 못하는 현상"을 "병리학의

한 형태"로 간주했다. 그는 생존 욕구가 충족될 때 어떤 사람들은 자기 삶의 풍요로움을 인식하지 못하고 "심지어 그것을 평가절하하거나, 조롱하거나, 파괴하기까지 한다"고 설명한다(p. 75). 매슬로우는 이들을 "만족을 고마워하는 능력을 상실했기 때문에 만족이 해롭다고 여기는 … 버릇없는 아이"로 보았다(Winston, 2016, p. 157).

안전, 사랑, 그리고 존중의 결핍은 성인이 되어서도 도덕적 능력에 영향을 미칠 수 있다. 존슨(M. Johnson, 2013)은 매슬로우의 이론을 해석하여, 결핍 욕구가 어떻게 심리적, 도덕적 기능 장애를 야기하는지 다음과 같이 설명한다.

- 안전이 보장되지 않을 경우, 인간은 두려움에 떨며 각종 병리적인 미신적 믿음, 강박적인 행동, 그리고 독재 정치 체제를 통해, 필사적으로 우연성을 통제하려는 아이들처럼 신경증에 빠질 수 있다. (p. 54)
- 매슬로우의 견해에 따르면, 사랑의 욕구가 좌절되면 가장 흔하고 심각한 형태의 정신병리와 부적응이 발생하여, 개인은 성장이 저해되고 절망에 빠지며, 착취적인 관계에 노출되고, 간접적이거나 자기 파괴적인 방식으로 욕구를 추구한다. 사랑의 욕구를 충족하는 관계는 자존감의 욕구를 발달시킨다. (p. 54)
- 자기존중감을 박탈당한 인간은 타인의 목적을 추구하거나 자신의 타고난 특성이나 관심사에 부합하지 않는 무언가가 되려고 시도하며, 이로 인해 공허함과 자신의 진정한 가치에 대한 끊임없는 불확실성에 빠지게 된다. [그러나 이러한 욕구의 충족은] 착취를 위한 아첨이 아닌, 진정하고 가치 있는 능력에 기초해야 한다. (p. 55)

또한 존슨은 "매슬로우가 행복을 사회의 성과와 연결시켰다"고 지적하며, 욕구 충족이 "잠재력을 실현하고 더 높은 존재 상태에 도달하기 위해 사회가 재화를 공급하는 것"에 달려 있다고 주장한다(Johnson, 2013, p. 51). 따라서 일부 사회는 양육자가 영유아의 생존 욕구를 충족할 수 있도록 안전과 보안을 제공하지만, 아동과 가족의 번영을 지원하지 않는 사회에서는 삶이 매우 어려울 수 있다.

연구자들은 욕구 결핍의 위험한 결과들을 강조한다. 특히, 정신분석학자이자 철학자인 프롬(E. Fromm)의 영향력 있는 이론들(Cheliotis, 2011; Itzkowitz, 2017 참조)은 욕구 박탈이 공격성, 순응성, 그리고 지배의 촉매제가 된다는 점에 주목한다. 프롬은 이러한 부도덕한 행동이 "고립적 개인들이 홀로 설 수 없는 무능력과 이러한 고립감을 극복해 줄 공생적 관계에 대한 욕구"에서 기인한다고 보았다(Fromm, 1966, p. 155). 이러한 개인들은 열등감, 무력감, 그리고 무의미함을 느끼며, 지도자나 집단에 강박적으로 복종함으로써 자신을 실현하고자 한다(p. 246). 이처럼 유년기의 욕구 결핍은 성인이 되어 쾌락주의나 순응에 기초한 무원칙적 도덕성이라는 패턴에 기여한다. 또한 프롬(1973)은 환경이 심리적 욕구를 충족시키지 못할 때, 악의적인 공격이 만족을 얻는 한 가지 방법이라는 개념을 제시했다. 그는 자기애에 대한 설명에서 사람들이 합리적이거나 도덕적으로 기능하지 않는 이유에 대한 가설을 세웠는데, 이는 현대 연구자들도 탐구하고 있는 주제이다.

공격성의 가장 중요한 원천 중 하나는 자기애이다. 자존감이 "자신이 높은 가치를 지닌다는 믿음"이라면, 자기애는 "자신이 우월하며 존경과 특별한 인정을 받아야 한다는 믿음"이다(Golec de Zavala & Lantos, 2020, p. 273). 또한, 자기애가 강한 개인은 타인이 자신의 이익을 위해 봉사하는 정도를 제외하고는 타인을 배려하는 능력을 발달시키지 못한다. 프롬(1973)에 따르면, 자기애란 개인이 자신과 관련된 모든 사람, 모든 것만을 완전한 실재로 경험하는 경험 상태를 의미한다. 이러한 사람은 자기애적 자아상에 기초한 가치와 정체성을 형성하고 있기 때문에 자기애적 자아상을 고수한다. 이 이미지를 위협받으면 강렬한 분노나 격노를 불러일으킬 수 있고, 이러한 사람은 자신의 자기애적 이미지를 훼손한 사람을 결코 용서하지 않고 종종 복수하려 한다. 그럼에도 불구하고, 이러한 인격 장애는 자기애적 사람들에게 만족감을 주지 못한다. "자기애적 성향을 가진 사람들은 타인보다 우월하다고 느끼고 특권을 누릴 자격이 있다고 생각하지만, 자신에 대해 반드시 만족하지는 않는다"(Brummelman et al., 2015, p. 3660).

그러나 생존 욕구 결핍 이론만으로 자기애 발달을 설명할 수는 없다. 자녀의 생존 욕구를 충족시키는 부모는 자녀가 평범하지 않고 특별하기를 바라면서 "부드러움을 함양"함으로써 자기애 발달에 유리한 환경을 조성할 수 있다. "자녀가 그저 '평범한' 존재일 때, 과대평가하는 부모는 실망하거나 심지어 적대감을 느낄 수도 있다." 결과적으로 아이들은 자신의 자존감이 부모가 자신에게 부여한 부풀려진 목표를 충족하는 데에 의존한다고 생각하게 된다(Brummelman & Sedikides, 2020, p. 86). 프롬(1973)은 또한 문화가 어떻게 자기애를 조장할 수 있는지 강조한다. 예를 들어, 개인주의와 경쟁의 가치를 중시하는 문화는 협력보다는 자기애적 감정을 부추길 수 있다.

욕구 결핍과 도덕적 기능 장애를 이해하는 마지막 개념은 프롬(1973)과 다른 연구자들이 인간 공격성의 가장 중요한 원인 중 하나로 설명하는 집단 자기애 또는 집단적 자기애주의 현상이다. "집단적 자기애는 단순히 자신이 속한 집단에 대한 긍정적인 믿음이 아니라, 그

집단이 독특하고 예외적이며 특권적인 대우를 받을 자격이 있다는 믿음이다"(Golec de Zavala & Keenan, 2020, p. 4).

> 특권적 지위를 요구하는 이유와 관계없이, 집단적 자기애적 신념은 자신이 속한 집단이 다른 집단과 뚜렷하게 구별되기를 바라는 욕구와 이러한 욕구 충족이 위협받을 것이라는 우려를 표현한다. 따라서 집단적 자기애주의의 핵심은 집단의 예외성이 타인에게 충분히 드러나지 않는다는 분노이다. (Golec de Zavala & Keenan, 2020, p. 4)

또한, "집단적 자기애주의자들은 '집단적 박탈감에 대한 반응으로' 폭력적이고 반사회적인 행동을 조장할 가능성이 높고, 특권에는 관심이 있지만 정의나 평등에는 관심이 없다"(Golec de Zavala & Lantos, 2020, p. 275). 집단적 자기애주의자들에게는 자신이 속한 집단(혹은 나의 국가나 종교 등)이 가장 훌륭하고, 가장 교양 있으며, 가장 강력하고, 가장 평화를 사랑한다고 주장하는 것이 전혀 이상하지 않다. 오히려 집단 구성원들은 이러한 믿음을 지속적으로 강화하며, 이는 애국신, 충성심, 그리고 신앙의 표현처럼 들린다. 프롬(1973)은 집단 자기애가 개별 구성원들에게 정체성과 가치에 대한 느낌을 부여한다고 주장하며, 결과적으로 집단 자기애의 정도가 삶의 진정한 만족감 부족에 비례한다고 가정했다. 그럼에도, 집단적 자기애에 대한 최근의 몇몇 연구는 개인의 자존감, 소속감, 정체성에 대한 욕구가 집단 자기애를 통해 실제로 충족되지 않을 수 있음을 보여주고 있다. 즉, "개인적 인정을 향한 자기애 욕구의 좌절은 집단적 자기애주의를 무의미하고 해로운 것으로 만들며, 오히려 집단 간 적대감의 악순환을 조장한다"(Golec de Zavala & Lantos, 2020, p. 276)고 주장한다.

사람들이 사랑보다 증오를 선택하고 "파괴를 통해 정신적 욕구를 충족할 때"(Fromm, 1973, p. 218), 그들은 공격적이고 불만스러운 삶을 살게 된다. 이러한 기능 장애는 기본적인 도덕적 능력뿐 아니라 도덕적 주도성 및 정체성에 대한 열망과 달성을 저해한다. 전반적으로, 이 연구는 결핍된 욕구의 부적절한 충족이 개인, 주변 사람들, 그리고 사회에 해로운 결과를 초래한다는 것을 보여준다.

참고문헌

Aichhorn, A., & Redl, F.(2012). A dialogue on reclaiming troubled youth. *Reclaiming Children & Youth*, 20(4), 18-22.

Ainsworth, M. D. S.(1982). Attachment: Retrospect and prospect. In C. M. Parkes & J. Stevenson-Hinde(Eds.), *The place of attachment in human behavior* (pp. 3-30). Basic Books.

Appiah, K. A. (2009). Cosmopolitanism. In A. Taylor (Ed.), Examined life: Excursions with contemporary thinkers (pp. 87-113). New Press.

Baggini, J.(2016). *The edge of reason* (pp. 143-167). Yale University Press.

Baier, K.(1958). *The moral point of view: A rational basis of ethics*. Cornell University Press.

Baier, K.(1982). The conceptual link between morality and rationality. *Nous*, 78-88.

Bandura, A.(2018). Toward a psychology of human agency: Pathways and reflections. *Perspectives on Psychological Science*, 13(2), 130-136.

Baumeister, R. F.(1997). *Evil: Inside human cruelty and violence*. W. H. Freeman.

Berkowitz, M. W., & Grych, J. H.(1998). Fostering goodness: Teaching parents to facilitate children's moral development. *Journal of Moral Education*, 27(3), 371–391.

Bettelheim, B.(1969). *The children of the dream*. Simon and Schuster.

Blackburn, S.(2000). *Ruling passions: A theory of practical reasoning*. Clarendon Press.

Bland, A. M., & DeRobertis, E. M.(2020). Maslow's unacknowledged contributions to developmental psychology. *Journal of Humanistic Psychology*, 60(6), 934–958.

Bloom, P.(2013). *Just babies: The origins of good and evil*. Crown/Random House.

Boehm, C.(1999). *Hierarchy in the forest: The evolution of egalitarian behavior*. Harvard University Press.

Boehm, C.(2012). *Moral origins: The evolution of virtue, altruism, and shame*. Basic Books.

Bowlby, J.(1969). *Attachment and loss*. Basic Books.

Bretherton, I.(1992). The origins of attachment theory: John Bowlby and Mary Ainsworth. *Developmental Psychology*, 28(5), 759.

Brummelman, E., & Sedikides, C.(2020). Raising children with high self-esteem (but not narcissism). *Child Development Perspectives*, 14(2), 83–89.

Brummelman, E., Thomaes, S., Nelemans, S. A., De Castro, B. O., Overbeek, G., & Bushman, B. J.(2015). Origins of narcissism in children. *Proceedings of the National Academy of Sciences*, 112(12), 3659–3662.

Brunzell, T., Stokes, H., & Waters, L.(2016). Trauma-informed positive education: Using positive psychology to strengthen vulnerable students. *Contemporary School Psychology*, 20(1), 63-83.

Cheliotis, L. K.(2011). Violence and narcissism: A Frommian perspective on destructiveness under authoritarianism. *Canadian Journal of Sociology*, 36(4), 337-360.

Churchland, P.(2019). *Conscience: The origins of moral intuition*. WW Norton & Company.

Colby, A., & Damon, W.(1992). *Some do care: Contemporary lives of moral commitment*. The Free Press.

Cummings, E. M., & Warmuth, K. A.(2019). Parenting and attachment. In M. H. Bornstein(Ed.), *Handbook of parenting* (pp. 374-400). Routledge.

Daniels, M.(1984). The relationship between moral development and self-actualization. *Journal of Moral Education*, 13(1), 25-30.

Decety, J., & Howard, L. H.(2013). The role of affect in the neurodevelopment of morality. *Child Development Perspectives*, 7(1), 49-54.

Deneault, A. A., & Hammond, S. I.(2021). Connecting the moral core: Examining moral baby research through an attachment theory perspective. *Social Cognition*, 39(1), 4-18.

D'Souza, J., & Gurin, M.(2016). The universal significance of Maslow's concept of self-actualization. *The Humanistic Psychologist*, 44(2), 210.

Ebbeck, M., & Yim, H. Y. B.(2009). Rethinking attachment: Fostering positive relationships between infants, toddlers and their primary caregivers. *Early Child Development and Care*, 179(7), 899-909.

Erikson, E. H.(1959/1994). *Identity and the life cycle*. Norton.

Fromm, E.(1966). *Escape from freedom*. Avon Books.

Fromm, E.(1973). *The anatomy of human destructiveness*. Holt, Rinehart and Winston.

Garbarino, J., & Bronfenbrenner, U.(1976). The socialization of moral judgment and behavior in cross-cultural perspective. In T. Lickona, *Moral development and behavior: Theory, research, and social issues* (pp. 70–83). Holt, Rinehart and Winston.

Gibbs, J. C.(2008). Reflections on a rescue: What is primary in moral motivation. In D. Fasko Jr., & W. Willis, W.(Eds.) *Contemporary philosophical and psychological perspectives on moral development and education* (pp. 167–184). Hampton Press.

Gilligan, C., & Wiggins, G.(1987). The origins of morality in early childhood relationships. In J. Kagan & S. Lamb(Eds.), *The emergence of morality in young children* (pp. 277–305). University of Chicago Press.

Gleason, T., & Narvaez, D.(2019). Beyond resilience to thriving: Optimizing child wellbeing. *International Journal of Wellbeing*, 9(4), 59–78.

Golec de Zavala, A., & Keenan, O.(2020). Collective narcissism as a framework for understanding populism. *Journal of Theoretical Social Psychology*, pp. 1–11. https://doi.org/10.1002/jts5.69

Golec de Zavala, A., & Lantos, D.(2020). Collective narcissism and its social consequences: The bad and the ugly. *Current Directions in Psychological Science*, 29(3), 273–278.

Govrin, A.(2014). The ABC of moral development: An attachment approach to moral judgment. *Frontiers in Psychology*, 5 (6). https://doi.org/10.3389/fpsyg.2014.00006

Greene, J.(2014). *Moral tribes: Emotion, reason, and the gap between us and them*. New York, NY: Penguin Press.

Gutzwiller-Helfenfinger, E.(2018). Not unlearning to care: Positive moral development as a cornerstone of nonkilling. *Journal of Peace Education*, 15(3), 288-308.

Haidt, J.(2012). *The righteous mind: Why good people are divided by politics and religion*. New York, NY: Pantheon Books/Random House.

Haidt, J., & Joseph, C. (2004). Intuitive ethics: How innately prepared intuitions generate culturally variable virtues. *Daedalus*, 133(4), 55-66.

Hardy, S. A., & Carlo, G.(2005). Identity as a source of moral motivation. *Human Development*, 48(4), 232-256.

Harris, I.(2004). Peace education theory. *Journal of Peace Education*, 1(1), 5-20.

Hoffman, E.(2020). The social world of self-actualizing people: Reflections by Maslow's biographer. *Journal of Humanistic Psychology*, 60(6), 908-933.

Itzkowitz, S.(2017). Erich Fromm: A psychoanalyst for all seasons. *Psychoanalytic Perspectives*, 14(1), 81-92.

Jeong, C., & Han, H.(2013). Exploring the relationship between virtue ethics and moral identity. *Ethics & Behavior*, 23 (1), 44-56.

Johnson, M. T.(2013). *Evaluating culture: Well-being, institutions and circumstance*. London: Palgrave Macmillan.

Keller, L. E.(2011). Repairing links: Building attachments in the preschool classroom. *Journal of the American Psychoanalytic Association*, 59(4), 737-763.

Koenig, A. L., Cicchetti, D., & Rogosch, F. A.(2004). Moral development: The association between maltreatment and young children's prosocial behaviors and moral transgressions. *Social Development*, 13(1), 87-106.

Koltko-Rivera, M. E.(2006). Rediscovering the later version of Maslow's hierarchy of needs: Self-transcendence and opportunities for theory, research, and unification. *Review of General Psychology*, 10(4), 302-317.

Maslow, A. H.(1954). *Motivation and personality*. Harper and Row.

Maslow, A. H.(1969). The farther reaches of human nature. *Journal of Transpersonal Psychology*, 1(1), 1-9.

Maslow, A. H.(1971). *The farther reaches of human nature*. Viking.

Maslow, A. H.(1987). *Motivation and personality* (3rd ed.). Harper & Row.

Maslow, A. H.(1999). *Toward a psychology of being* (3rd ed.). New York, NY: Wiley.

McLeod, S. A.(2020). Maslow's hierarchy of needs. *Simply Psychology*, 1. http://www.simplypsychology.org/maslow.html

Miller, R.(2003). Education for a culture of peace. *Encounter*, 16(1), 25-30.

Moshman, D.(2009). The development of rationality. In H. Siegel(Ed.), *Oxford handbook of philosophy of education* (pp. 145-161). Oxford

University Press.

Murphy, T. P., Laible, D., & Augustine, M.(2017). The influences of parent and peer attachment on bullying. *Journal of Child and Family Studies*, 26(5), 1388–1397.

Mustakova-Possardt, E.(2004). Education for critical moral consciousness. *Journal of Moral Education*, 33(3), 245–269.

Narvaez, D.(2019). Moral development and moral values. In D. P. McAdams, R. L. Shiner, & J. L. Tackett, *Handbook of personality development*, (pp. 345–363). Guilford.

Narvaez, D.(2020a). Ecocentrism: Resetting baselines for virtue development. *Ethical Theory and Moral Practice*, 23(2), 391–406.

Narvaez, D.(2020b). Moral education in a time of human ecological devastation. *Journal of Moral Education*, 1–13.

Palm, G.(2014). Attachment theory and fathers: Moving from "being there" to "being with." *Journal of Family Theory & Review*, 6(4), 282–297.

Perry, B. D.(2001). Bonding and attachment in maltreated children. *The Child Trauma Center*, 3, 1–17.

Peters, R. S.(1975). Subjectivity and standards in the humanities. In D. Nyberg(Ed.), *The philosophy of open education* (pp. 91–109). Routledge.

Pinker, S.(2021). *Rationality: What it is, why it seems scarce, why it matters*. Viking.

Poehlmann, J.(2003). An attachment perspective on grandparents raising their very young grandchildren: Implications for intervention and research. *Infant Mental Health Journal: Official Publication of the World Association for Infant Mental Health*, 24(2), 149–173.

Rasmussen, P. D., & Storebø, O. J.(2019). Attachment as a core feature of resilience: A systematic review and meta-analysis. *Psychological Reports*, 122(4), 1259–1296.

Rosen, L. H., & Rubin, L. J.(2016). Bullying. In Naples et al.(Eds.), *Wiley Blackwell encyclopedia of gender and sexuality studies*. Wiley-Blackwell. https://doi org/10.1002/9781118663219.wbegss431

Savage, J.(2014). The association between attachment, parental bonds and physically aggressive and violent behavior: A comprehensive review. *Aggression and Violent Behavior*, 19(2), 164–178.

Sengsavang, S., & Krettenauer, T.(2020). Moral development in the family. In S. Hupp & J. D. Jewel(Eds.), *The encyclopedia of child and adolescent development* (pp. 1–11.). John Wiley.

Shapiro, V.(2009). Reflections on the work of Professor Selma Fraiberg. *Clinical Social Work Journal*, 37(1), 45–55.

Sheets-Johnstone, M.(2008). *The roots of morality*. Pennsylvania State University Press.

Sidi, R., & Shafran, D. A.(2020). Effects of kibbutz communal upbringing in adulthood: trait emotional intelligence and attachment patterns. *Heliyon*, 6(12), 1–11.

Skoe, E. E. A.(2013). The ethic of care: Theory and research. In B. J. Irby, G. Brown, R. Lara-Alecio, & S. Jackson(Eds.), *The handbook of educational theories* (pp. 615–628). IAP Information Age Publishing.

Van IJzendoorn, M. H.(1997). Attachment, emergent morality, and aggression: Toward a developmental socioemotional model of antisocial behaviour. *International Journal of Behavioral Development*, 21(4), 703–728.

Van IJzendoorn, M. H., Sagi, A., & Lambermon, M. W.(1992). The multiple caretaker paradox: Data from Holland and Israel. *New Directions for Child and Adolescent Development*, 1992(57), 5–24.

Vozzola, E. C.(2014). *Moral development: Theory and applications*. Routledge.

Weissbourd, R.(2009). *The parents we mean to be*. Houghton Mifflin Harcourt.

Wilson, J. Q.(1993). *The moral sense*. Free Press.

Winston, C. N.(2016). An existential-humanistic-positive theory of human motivation. *The Humanistic Psychologist*, 44(2), 142–163.

Zilberstein, K., & Messer, E. A.(2010). Building a secure base: Treatment of a child with disorganized attachment. *Clinical Social Work Journal*, 38(1), 85–97.

3장 도덕성 함양
: 감정과 추론

> 감정이 인지적 노력에 항상 적대적이라는 결론을 내릴 수는 없으며, 인지가 일반적으로 감정적 참여로부터 자유롭다고 단정할 수도 없습니다. 실제로, 인지 없는 감정은 맹목이고 감정 없는 인지는 공허합니다.
>
> —이스라엘 셰플러(1977), "인지적 감정에 대한 찬사", p. 172.

아이들이 도덕적 상상력과 윤리적 삶을 살아가는 데 필요한 자질을 습득하는 방법의 이해를 심화하는 도덕 발달 연구 분야가 존재한다. 그러나 도덕 발달은 "엄청난 변수"(Sherblom, 2012, p. 118)를 가진 복잡한 과정으로, 이 분야의 복잡성은 압도적으로 느껴질 수 있다. 따라서 연구자들이 사고, 감정, 경험의 특정 측면에 더욱 집중하기 위해 도덕 발달을 여러 영역으로 나눠 연구하는 것은 놀라운 일이 아니다. 그러한 두 영역이 감정과 추론이다. 도덕 발달 연구에서 밝힌 다양한 변수를 명확히 하려면 다음과 같은 근본적인 질문을 탐구할 필요가 있다.

- 감정은 도덕적 감수성과 도덕적 행동 능력에 어떤 영향을 미치는가?
- 인지와 도덕 발달의 관계는 무엇인가?

이 두 가지 관점은 아이들이 공감과 연민이라는 도덕적 감정을 가질 수 있도록 하고, 도덕적 추론과 성찰이라는 발달 과정을 수행하기 위해 충족해야 할 사회정서적 전제 조건을 제시한다. 다시 말해, 도덕 발달에 대한 여타의 설명들과 달리, 정서 발달 이론과 인지 발달 이론은 도덕 철학을 구현하며, 도덕 발달의 궁극적인 목표는 각각 배려 윤리와 합리적 도덕성이라고 주장한다(표 3.1 참조).

〈표 3.1〉 도덕 발달 이론: 정서와 인지

이론	강조점
사회정서적 전제 조건	사회정서적 욕구, 애착, 양육
정서적 발달	상호의존성, 배려와 연결성, 공감과 연민
정신분석 이론	동일시, 수치심과 죄책감, 양심, 충동 조절
인지적 도덕 발달	합리성과 추론, 관점 채택, 자율성과 인격, 정의

1. 도덕적 감정

도덕 발달의 복잡성을 이해하기 위한 적절한 출발점은 도덕적 감정 연구이다. 우리는 "인간 도덕성의 구성 요소는 감정"(Haidt, 2007, p. 998)이라는 관점에서 시작한다. 어린아이들은 윤리적 이상을 성찰하거나 문화적 가치를 이해하기 훨씬 전부터, 배려와 고통의 감정을 경험하며 도덕적 여정을 시작한다.

> 이성적 능력은 발현되기까지 시간이 걸리므로, 아기의 도덕적 삶은 필연적으로 제한적이다. 아기는 성향과 감정을 지니고 있으며, 고통받는 타인을 달래거나 잔인한 행동에 분노하며, 잘못을 저지른 사람에게 벌을

주는 사람을 편애하려는 동기를 가질 수 있다. 하지만 많은 것이 부족하다. 무엇보다도, 아기는 공동체 내 모든 사람에게 동등하게 적용되는 공정한 도덕 원칙, 금지 사항 또는 기준을 이해하지 못한다. (Bloom, 2013, p. 211)

"유아기부터 공감적 관심은 분명히 나타나며", 이는 타인을 배려하고 돕는 친사회적 행동의 기초를 형성한다. 그러나 결국 동정심과 죄책감 같은 더 다양한 형태의 도덕적 감정이 발현된다(Malti & Dys, 2018, p. 47). 아이들이 아직 타인의 고통을 덜어주기 위해 자신의 감정에 따라 행동할 준비가 되어 있지 않더라도, 이러한 감정은 도덕성의 초기 형태를 촉발한다. 유아기를 지나서도 도덕적 감정은 여전히 도덕적 감수성의 근간이며, "상황에 대한 우리의 도덕적 반응의 필수적인 부분"이다(Damon, 1990, p. 13).

정서적 영역에 먼저 주의를 기울여야 하는 또 다른 설득력 있는 이유는 감정이 도덕적 반응과 도덕적으로 살고자 하는 욕구를 자극함으로써 도덕적 기능에 절대적으로 중요하기 때문이다. 심리학자들은 도덕적 감정이 "도덕적 가치의 장기적 발전에 기여하고"(Damon, 1990, p. 13), "사회적 관계를 형성하고 영향을 미치며"(Lefebre & Krettenauer, 2019, p. 445), "개인이 자신의 도덕적 기준을 고수하거나 고수하지 못하는 이유를 이해하는 데 핵심적 역할을 한다"(Gutzwiller-Helfenfinger, 2018, p. 291)고 결론짓는다. 더욱이, 공감과 같은 도덕적 감정의 결여, 그리고 죄책감이나 수치심을 예측하지 못하는 것은 도덕적 이탈로 이어져 공격성과 괴롭힘 행동에 영향을 미친다(Campaert et al., 2017; Hymel & Bonanno, 2014; Rieffe & Camodeca, 2016).

도덕적 감정은 "도덕적 행동의 동기를 부여"하고 "도덕적 위반에 반응"한다(Haidt, 2003, p. 853). 이러한 다양한 감정에는 동정, 공감, 연민, 정의감, 후회, 분노, 혐오, 수치심, 죄책감이 있다(Turner & Stets, 2006). 일반적으로 도덕적 감정은 이원적으로 분류될 수 있다. 도덕적 행동을 촉진하는 긍정적 감정과 그릇된 행동이나 부도덕한 행동을 저지하는 부정적 감정이 존재한다(Damon, 1990; Haidt, 2003; Malti & Dys, 2015). 핵심적인 긍정적인 도덕적 감정은 공감, 동정, 연민이며, 부정적인 도덕적 감정은 수치심과 죄책감이다. 이러한 이분법적 분류의 유용성과 명확성에도 불구하고, 긍정적인 도덕적 감정과 부정적인 도덕적 감정을 좋거나 나쁘다고 오인해서는 안 된다. 두 감정 모두 도덕적 기능에 기여하기 때문이다.

긍정적인 도덕적 감정에 대한 인식은 시간이 지남에 따라 변화했다. 중세 시대부터 사람들은 연민, 즉 "타인의 고통이나 불행에 대한 슬픔"을 중요한 도덕적 감정으로 여겼다. 그러나 오늘날 우리는 연민을 "자신을 비참하게 여기거나 스스로 불행을 초래한 사람에게 자주 표현하는, 누군가에 대한 거만하거나 경멸적인 형태의 연민"으로 해석하는 경향이 있다(Gerdes, 2011, p. 233). 동정심이라는 또 다른 감정적 반응도 수백 년 동안 사용되어 왔다. 동정심의 원래 의미는 "감정과 상호 애정을 나누는 것"이었으나, 현재는 "한 사람의 삶에서 괴로운 사건에 대한 걱정이나 슬픔의 표현"으로 의미가 변했다(p. 233). 그럼에도 학자들은 동정심을 공감적 반응으로 보고 있지 않다. 그 이유는 동정심이 "상대방의 감정과 유사하지 않기" 때문이다(Gutzwiller-Helfenfinger, 2018, p. 292).

타인을 배려하고 싶어 하는 사람들의 욕구와 밀접한 관련이 있는 감정이 바로 공감이다. 이 개념은 20세기에 사회 및 학술 담론에 등장했다. 공감은 "타인의 관점과 주관적인 경험을 통해 세상을 느끼고 인식하는 것"(Gerdes, 2011, p. 233)을 의미하며, "타인의 감정 상태나 조건에 대한 이해에 대한 정서적 반응"(Gutzwiller-Helfenfinger, 2018, p. 292)이다. 공감은 타인의 고통에 대한 "자발적인 반응"으로 보이며 "타인이 겪고 있는 일을 '이해'할 수 있게 해 준다." 그러나 "우리는 삶의 경험을 통해 성장했기 때문에"(Sheets-Johnstone, 2008, p. 226) 그리고 "타인의 감정에 직접 노출되었을 때"(Eisenberg et al., 2014, p. 409) 더욱 공감할 수 있다. 어린아이들의 고통스러운 감정과는 달리, 공감은 단순한 감정적 반응이 아닌 통찰력을 포함하는 더욱 정교한 감정이다.

그러나 공감은 선택적이고, 변덕스러워 오해를 초래할 수 있기 때문에 도덕적 감정으로서의 한계가 있다. 직설적으로 말하자면, "공감하는 데 있어 실수를 할 수 있다. 당신은 상대방이 겪고 있는 일을 이해한다고 생각하지만, 완전히 틀릴 수도 있다"(Noddings, in Kawamura & Eisler, 2013, p. 6). 연구자들은 사람들이 "자신이 좋아하는 사람, 낯선 사람보다 더 유사한 사람, 그리고 부재하지 않고 멀리 있는 사람이 아닌 현재에 있는 사람에게 더 공감하는 경향이 있기 때문에" "공감 편향"의 존재를 지적한다(Hoffman, 1993, p. 173). 공감의 또 다른 문제점은 개인이 한 사람이나 집단에 공감을 느낄 때, 타인에 대한 관심이 결여될 수 있다는 점이다(Bregman, 2019, p. 215). 더욱 중요한 우려는 "공감은 우리를 덜 용서하게 만든다. 왜냐하면 피해자와 더 많이 동일시할수록 우리는 적에 대해 더 일반화하고" 그들의 관점을 이해하지 못하기 때문이다(p. 216). 마찬가지로 공감은 덧없을 수 있다. "우리 대부분은 무한히 큰 공감 능력을 가지고 있지 않다. 우리는 '공감 피로'에 시달리게 된다"(Churchland, 2019, p. 102). 공감은 "중요한 동기부여 요인"이지만, "도움이 되지 않는 일을 하도록 동기를 부여하는 데 악용될 수 있다"(Bloom, 2017, p. 27).

일부 학자들은 공감보다 연민이 긍정적인 도덕적 감정의 핵심 요소라고 강조한다. 연민은 "타인에 대한 공감적 관심을 포함"하며 "배려 행위를 이끄는 사려 깊은 감정"이다(Schubert & He, 2020, p. 2). 공감은 타인의 고통에 대한 감수성을 제공하지만, 연민은 또한 고통을 덜어주고 타인을 돕고자 하는 욕구를 포함한다(Bregman, 2019; Goetz et al., 2010). 특히, 연민은 "주목하기, 느끼기, 반응하기의 세 가지 측면으로 구성"(Strauss et al., 2016, p. 17)되어 있으며, "청소년을 양육하고 보호하기 위해 진화된 배려 시스템의 일부"(p. 16)이다. 더 나아가, "세계 대부분의 종교 전통은 연민을 신앙 체계의 중심으로 삼는다"(p. 16).

그럼에도 불구하고, 부정적인 감정은 도덕성을 증진시키는 역할을 한다. 수치심과 죄책감은 "도덕적 규제의 핵심"으로 작용한다(Sheikh & Janoff-Bulman, 2010, p. 213). 이 감정들은 위법 행위를 할 때 불편함을 유발하여 자존감의 상실을 초래하고, 심지어 자기 성찰을 촉진하기 때문이다. 수치심과 죄책감은 "책임감과 도덕적 기준을 위반했다는 느낌을 수반"하며, "자신의 행동이 타인에게 미치는 영향에 대한 우려에서 기인할 수 있다"(Eisenberg, 2000, p. 668). 이러한 부정적인 감정은 유사한 측면이 있지만 서로 다르다(Leach, 2017). 많은 연구자들은 이 두 감정을 "다른 감정으로 보고, 두 감정의 중요한 차이는 자기중심적인 정도에 있다"고 주장한다(Eisenberg, 2000, p. 267). 수치심과 죄책감은 "숨기거나 고치려는 서로 다른 행동 경향을 유발"한다. "수치심은 부정, 위축, 그리고 수치심을 유발하는 사건으로부터의 도피를 초래하지만, 죄책감은 사과, 고백, 그리고 친사회적 행동을 포함한 보상적 행동을 촉진한다"(Sheikh & Janoff-Bulman, 2010, p. 214).

수치심은 자신의 잘못이 타인에게 미치는 영향보다는 주로 개인의 굴욕감과 부족함에 초점을 맞추기 때문에 문제가 될 수 있다. 수치심을 경험할 때는 "약하고, 작고, 억제되고, 혼란스러운 느낌"이 들며(Elison, 2005, p. 18), 이러한 감정은 "자신 전체가 노출되고, 열등하며, 비하당한다고 느끼게" 한다(Eisenberg, 2000, p. 667). 수치심은 "초기 굴욕 경험에 뿌리를 두고 있기"(Weissbourd, 2009, p. 13) 때문에 심리학자들은 사람들이 수치스러운 열등감을 보상하려 할 때, 수치심이 자기애적 성향과 "굴욕적인 분노"에 의해 촉발되는 폭력적 행동을 악화시킬 수 있다고 경고한다. 마찬가지로, "무가치하고 결함이 있다고 느끼는 것은 너무 고통스러워서 비난을 외부로 돌리고 타인에게 분노를 느끼기 쉽게 만드는 요인이 된다"(Silfver-Kuhalampi et al., 2015, p. 214). 그러나 수치심은 또한 중요한 친사회적 역할을 할 수 있다. 사람들은 이 감정을 불편함과 당혹감으로 경험하기 때문에 "자신의 행동이 타인의 눈에 경멸받을 만하다"(Damon, 1990, p. 22)고 느끼고, 사람들은 공동체가 자신을 어떻게 생각할지 걱정하게 된다. 사람들은 "자의식을 느끼고 경멸을 두려워하기"(Eisenberg, 2000, p. 667) 때문에, 수치심은 "자아에게는 적응 신호 역할을 하며, 사회적 지위의 하락을 경고한다"(Elison, 2005, p. 17). 역사학자 브레그먼(R. Bregman)은 수치심을 전혀 느끼지 못하는 지도자들의 "대담한 행동"에 대해 언급하면서 "수치심이 없다면 사회가 어떨지 상상해 보세요."라고 묻고, "그것은 지옥일 것입니다"(Bregman, 2019, p. 239)라고 답한다.

다른 한편, 죄책감은 "수치심의 사촌"(Hacker, 2017, p. 218)으로 "그릇된 행동에 대한 후회"(Eisenberg, 2000, p. 667)를 의미하며, "외부, 즉 상대방의 감정에 초점을 둔다"고 말한다. 더 나아가 죄책감은 "사과, 배상 및 보상 제안, 향후 행동 변화에 대한 서약, 고백, 용서 구함, 관계의 회복 노력, 어려움에 처한 타인을 돕겠다는 제안"을 통해 어떤 행동을 취하게 한다(Dempsey, 2017, p. 2). 죄책감과 공감은 강한 연관성을 가지며, "공감적 관심은 죄책감의 전조"(Malti & Dys, 2018, p. 47)로 나타나고, 죄책감과 후회는 "공감 및 수단적 배상 행위와 높은 상관관계를 보인다"(Elison, 2005, p. 22)고 한다. 정신분석 이론에 따르면, 죄책감은 자신의 양심, 즉 옳고 그름에 대한 내면의 감각을 침해하는 데서 기인하며, 부모의 지시와 가치의 내면화에서 기인한 자기 조절 메커니즘으로 여겨진다(Berkowitz & Grych, 1998; Dempsey, 2017). 그럼에도, 과도한 죄책감이 신경증으로 이어질 경우, 죄책감은 해로운 감정으로 심각한 문제가 될 수 있다(Dempsey, 2017, p. 1). 또한 생존자 죄책감은 "의도성과는 무관하게 자신이 한 일에 대해 느끼는 것이 아니며, 자신이 겪은 일에 대해서 느끼는 것도 아니"라는 점에서, 가족이나 동료의 사망이라는 끔찍한 경험을 겪은 사람들에게 고통스러운 반응을 일으킬 수 있다(Hacker, 2017, p. 222). 그러나 현대 심리학자들 또한 죄책감을 "두 가지 도덕적 제약 감정"인 수치심과 죄책감 중에서 더 자율적이고 효과적인 것으로 긍정적으로 이해할 가능성이 높다(Damon, 1990, p. 22). 따라서 죄책감은 배려와 연민을 뒷받침하는 중요한 도덕적 감정으로 간주된다.

2. 배려 윤리

도덕 철학과 도덕 발달 연구에서 핵심 주제는 인간이 아동기와 성인기에 걸쳐 도덕적 기능에 필수적인 배려와 사랑을 할 수 있게 하는 환경과 관련이 있다. 배려 관계는 아동이 배려를 받는다는 사실과 타인을 배려하는 것의 의미를 인식하게 하므로 아동의 도덕 발달에 매우 중요하다. 유아기와 초기 아동기 동안 "배려하는 사람과 배려를 받는 사람" 간의 관계는(Niedermeyer, 2017, p. 186) 어른들이 아동들을 배려할 책임이 있다는 것을 의미한다. 하지만 결국 아동들은 "단순히 배려의 수혜자"에 그치지 않고 "이 관계 안에서 적극적인 행위자"로 성장하여 스스로 배려의 주체가 된다(Cockburn, 2005, pp. 73-74). 이러한 관계는 "양쪽 모두가 무언가를 기여해야 하며, 그렇지 않으면 연결이 끊어지고 배려가 이루어질 수 없다"는 점에서 상호적이다(Vozzola, 2014, p. 45). 이러한 역동성은 "타인에게 영향을 미칠 수 있고, 타인을 움직일 수 있으며, 타인의 영향을 받을 수 있는 자아에 대한 새로운 인식"을 만들어낸다(Gilligan & Wiggins, 1987, p. 280).

심리학자 길리건(C. Gilligan, 1998)과 철학자 나딩스(N. Noddings, 2002)는 이러한 상호 반응성과 감정을 배려 윤리로 정의했다. 배려 윤리는 "사람이 어린 시절 타인에 대한 애착을 경험하면서 발달하며, 사랑, 연결, 그리고 상호 반응의 이상을 반영한다"(Skoe, 2013, p. 615). 이 윤리는 완전한 자기희생을 요구하지 않는다. 배려에 기초한 도덕 발달은 자기 관심에서 타인에 대한 관심으로, 그리고 "균형 잡힌 자기 및 타인에 대한 관심"으로 나아가는 과정을 포함한다(Skoe, 2010, p. 193). 원래 페미니즘적 배려 윤리로 규정되었던 배려 윤리는 여성의 목소리와 "양육자, 보호자, 그리고 조력자이자 관계망의 형성 주체"(Gilligan, 1982, p. 17)의 경험에 초점을 맞춘다. 당시 도덕 발달 연구는 정의를 도덕적 이상으로 여기는 남성적 관점에 집중하였고, "여성은 도덕적 영역에서 남성보다 열등하다고 판단되는 경우가 많았다"(Owens & Ennis, 2005, p. 399). 특히 길리건은 도덕적 추론에서 분리되고 자율적인 "합리적 인간"이라는 개념과 "감정과의 단절 및 관계에 대한 무지"(Gilligan, 1998, p. 342)를 비판했다. "반면, 배려 윤리는 관계 속의 자아라는 개념을 의무와 책임에 대한 사고의 출발점으로 삼는다"(Sevenhuijsen, 2000, p. 10).

성별에 따른 도덕적 추론을 비교한 연구들은 대체로 여성이 남성보다 관계와 배려를 더 중시하거나, 적어도 도덕적 딜레마에 다르게 접근한다는 것을 보여준다. 나딩스는 "도덕적 딜레마에 직면했을 때, 여성은 종종 더 많은 정보를 요구하고, 참여자들과 대화하며, 그들의 눈빛과 표정을 보고, 그들이 느끼는 바를 수용하고자 한다"고 지적했다(Owens & Ennis, 2005, p. 399). 마찬가지로, 길리건의 연구에서도 "여성은 자신의 행동에 대한 이유를 제시할 수 있고 실제로 제시하지만, 그 이유는 종종 감정, 욕구, 인상, 그리고 개인적인 이상향을 포함한다"는 사실이 밝혀졌다(p. 399). 최근 연구들도 여성이 남성보다 "타인과의 관계를 형성하고 유지하는 것을 강조하고 촉진하는 가치, 태도, 관점"을 더 많이 가지고 있다고 시사한다(Forsyth, 2019, p. 53). 그러나 성별에 따라 상당히 다른 도덕적 지향의 특성을 아직 충분히 확인하지 못했다(Jaffee & Hyde, 2000; Juujärvi et al., 2012). 사실상, "연령, 성별, 민족", "소외" 경험 등 다양한 변수들이 사람들의 도덕적 문제 접근 방식에 영향을 미칠 수 있다(Garrod & Beal, 1993, p. 60).

사람들이 도덕적 딜레마를 고려할 때 배려 윤리와 정의 원칙을 동시에 활용한다고 믿는 학자들이 많다(Skoe, 2013; Walker, 2006). 나딩스는 배려가 거대한 삶의 과정이며, 남녀 모두가 종종 "자연스러운 배려"(Noddings, 2002, p. 2)를 표현한다고 주장했다. 심리학자 데이먼(W. Damon)은 "여성이 정의를 중시하는 것처럼 남성도 배려를 중시할 수 있다는 사실에는 누구도 이의를 제기할 수 없다"고 주장했다. 그러나 "사회적 경험의 변화로 인해 여아에게 더 양육적인 역할과 기대를 부여하는 문화적 환경에서는 여아가 남아보다 배려를, 남아는 정의를 중시하는 경향이 있을 수 있다"(Damon, 1990, p. 102). 그러나 지난 수십 년 동안 여성들이 "점점 더 공적 영역으로 활동을 이전하고", "남성들이 자녀, 배우자, 가족 구성원의 일상적인 배려에 더 많이 기여하고"(Sevenhuijsen, 2003, p. 181) 있다는 점에서, 남녀 간 배려 기회가 더욱 균형을 이루며 문화적 역할이 변화하였다(p. 182). 단순히 문화적 변화를 기다리는 것 외에도, 부모와 교사가 모든 아이들에게 정의와 배려의 원칙에 대한 이해를 심어주고, "인간의 잠재력을 최대한 발휘할 수 있도록 도덕적 지평을 넓혀주는 것"(Damon, 1990, pp. 102–103)에는 분명한 이점이 있다.

3. 도덕적 추론

인지 활동으로서의 도덕 발달은 "지난 2세기 동안 주요 연구 주제였다"(Sherblom, 2012, p. 129). 도덕적 인지 발달 이론은 현대 연구에서도 여전히 도덕 발달 연구에 영향을 미치고 있다(Carpendale, 2009; Lapsley, 2006; Sherblom, 2012; Snarey & Samuelson, 2008). 인지 발달 이론가들(Kohlberg, 1969; Piaget, 1932/1965)은 도덕 발달을 "도덕적 추론 능력의 발달, 즉 윤리적 이해와 원칙적인 판단의 획득"으로 설명했다. 이 합리주의 이론은 사람들이 도덕적 문제에 대해 어떻게 생각하는지가 그들의 결정과 후속 행동에 큰 영향을 미친다고 가정하며, "인지, 특히 추론이 도덕적 결정의 주요 동인"이라는 가정에 기초한다(Garrigan et al., 2018, p. 82).

> 합리주의 관점을 지지하는 사람들은 도덕적 추론이 도덕적 판단, 더 나아가 도덕적 행동의 기초라고 주장했다. 사람들은 상황에 대한 정보를 수집하고 분석하며, 특정 도덕 원칙에 따라 옳고 적합한 도덕적 평가를 내리는 심의적이고 규칙 기반적인 인지 과정을 통해 도덕적 결정을 내린다. (Stets, 2016, p. 348)

또한 인지적 도덕 발달은 "도덕 지능", 즉 "옳고 그름을 성찰하는 능력"을 깨닫는 과정으로 특징짓는 또 다른 방식이다(Coles, 1997, p. 3).

인지적 도덕 발달이란 아이들이 어른의 설득이나 강압이 아닌, 사회적 상호작용을 통해 도덕적 상황에서 올바르게 행동하는 방법을 배우면서 시간이 흐름에 따라 도덕성이 형성되는 과정이다. 이 관점은 "도덕성은 어른들이 아이들에게 강요한다"는 생각과 아이들이 "사회적 규범을 수동적으로 받아들이고 따른다"(Carpendale, 2009, p. 271)는 생각에 도전한다. 오히려 이 이론은 "관점 채택이 도덕적 발달에 중요하다는 점을 강조하며, 도덕적 결정을 내릴 때 타인의 생각과 감정을 고려할 수 있도록 한다"(Garrigan et al., 2018, p. 89). 연구자들은 관점 채택의 기회가 또래를 포함한 다층적인 사회 세계와의 상호작용을 통해 발생한다고 지적한다. 실제로 이 이론은 "또래와의 상호작용이 부모와의 상호작용보다 도덕적 성장을 촉진하는 데 더 강력하고 중요하다"(Walker et al., 2000, p. 1033)고 주장한다. 또한, 도덕적 추론은 고차원적 사고에 노출되고 혼란이나 불균형을 경험함으로써 자극을 받을 수 있다. 이러한 불균형은 "현재의 사고방식에 도전하고 고차원적 추론으로의 발달을 촉진하는 인지적 갈등상태"이다(p. 1034).

인지적 도덕 발달의 "선구적인"(Lapsley, 2006; Turiel, 2015) 연구자이자 이론가였던 심리학자 피아제(J. Piaget)는 아이들이 부모나 어른의 권위로부터 전수받은 도덕적 가치를 주로 내면화한다는 통념에 이의를 제기했다. 그는 "아이들이 환경과의 상호작용을 통해 내면에서 구성해 나감으로써 도덕적 가치를 습득한다"(Kamii, 1984, p. 112)고 주장했다. 피아제는 "아이들의 실천적 도덕 활동"(Carpendale, 2009, p. 281)에 관심을 갖게 되었고, 아이들이 게임을 하면서 규칙을 어떻게 사용하고 이해하는지에 대한 그의 연구는 그의 획기적인 저서 『아동의 도덕적 판단』(1932/1965)의 기초가 되었다. 피아제는 아이들이 결국에는 주관적인 게임 규칙을 따르는 것보다 "공정성에 대한 관심"과 "모두가 공정하다고 받아들일 해결책을 찾는 방법"이 훨씬 중요하다는 것을 깨달았다(Skitka et al., 2016, pp. 407-408).

피아제(1932/1965)는 아이들이 도덕적 사회화 과정 초기에는 부모의 권위를 수용하며 부모로부터 문화적 가치를 배운다는 것을 인정했지만, "도덕적 사회화는 거기서 끝나지 않는다"고 선언했다(Lapsley, 2006, p. 42):

> 아이들은 결국 상호적이고 평등한 새로운 형태의 사회적 관계에 참여한다. 이러한 관계에서 관계는 균형 잡히고 안정적인 균형을 이루며, 규칙은 새로운 의미를 가진다. 예를 들어, 또래 집단의 맥락에서, 우리는 공정성, 정의, 도덕적 책임에 대해 사고하게 되고, 사회생활에서 규칙이 수행하는 기능에 대해 사고하게 된다. 이러한 사고는 성인의 권위에 의해 강요되는 도덕적 이해와 다르고 발달적으로 더 진화된 것이다. (p. 42)

피아제는 "아이들이 6~7세쯤부터 또래와 협력할 기회를 가지면 상호 존중이 촉진되고, 그로 인해 자기중심적인 사고에서 벗어난다"고 확신하였다. 즉, 자신의 관점에만 집중하는 사고에서 탈피하게 되는 것이다(Garrigan et al., 2018, p. 82). 더 나아가 그는 도덕적 삶이 "민주적 협력"(Lapsley, 2006, p. 43)과 상호 이해를 통해 발달한다고 주장했다. 협력적 상호작용 관계에서는 "사고의 교환이 이루어지고"(Carpendale, 2009, pp. 278, 279), 아이들은 "공정하고 공평하다고 판단되는 방식으로 협력의 혜택과 부담을 구별한다"(Lapsley, 2006, p. 43).

피아제는 아이들과 타인들 간의 관계 경험을 통해 도덕 학습을 설명했다. 그는 상호 이해를 통한 학습 경험을 협력의 도덕성이라고 명명하며, "도덕성은 아이들이 타인의 관점을 수용할 수 있게 됨에 따라 발달한다"(Carpendale, 2000, p. 192)고 설명했다. 반면, 피아제는 제약의 도덕성을 아이들이 어른의 권위에 순응하는 관계로 보았다. 성인과 아동 간의 불평등으로 인해 "해당 관계에서 규칙을 공동으로 구성하는" 것이 불가능하며(Langdale, 1993, p. 32), 아동의 "정의에 대한 이해는 관련된 다른 관점을 완전히 이해하지 못하기 때문에 발달할 수 없다"(Carpendale, 2009, p. 279). 비록 제약과 협력이 "이분법"처럼 보일지라도, 피아제는 "대부분의 관계는 두 유형이 어느 정도 혼합되어 있으며, 그 비율은 부모에 따라 다르다"는 것을 깨달았다. 어떤 부모는 자녀와 협력적인 관계를 형성하는 반면, 어떤 부모는 더 권위적인 관계를 형성하기 때문이다(Carpendale, 2000, p. 192).

제약과 협력에 관한 피아제의 이론에서 또 다른 중요한 개념은 타율성과 자율성이다. 제약의 도덕성에서는 "어린아이가 어른들의 힘과 권위를 일방적으로 존중하고", "고정된 규칙을 고수하며", 어른들에게 복종하고 그들의 권위에 의문을 제기하지 않는 "타율적 지향성"이 나타난다. 반면, 협력의 도덕성을 통해 "자율적 지향성은 평등한 또래 사회 내에서 나타나며, 정의에 대한 더욱 균형 잡힌 이해를 가능하게 하는 협력의 도덕성을 형성한다"(Lapsley, 2006, p. 42). 피아제는 "자율적 도덕적 사고의 발달은 정의를 어른의 권위 및 관습의 힘으로부터 구별하는 것을 수반하며", "가장 높은 수준의 도덕적 판단들은 개인이 규범을 만드는 데 참여한다는 점에서 자율적이고 공정성, 평등, 그리고 협력의 필요성에 대한 이해를 바탕으로 판단한다"(Turiel, 2015, pp. 505-506)고 결론을 내렸다. 이러한 방식으로 피아제는 합리적 도덕성의 발달을 "외부의 불가침의 명령, 신성한 법, 또는 연장자나 전통의 엄격한 훈육에서 벗어나고 타율성과 일방적인 존중에서 벗어나서 자율성, 상호 존중, 그리고 민주적 협력으로 나아가는 것"(Lapsley, 2006, p. 43)으로 이해했다.

또 다른 저명한 인지 도덕 발달 연구자이자 이론가인 심리학자 콜버그는 도덕 발달을 "도덕적 추론 능력의 발달"(Schinkel & de Ruyter, 2017, p. 129)과 동일시했으며, 또한 도덕 발달을 촉진하는 데 필요한 교육 경험에 초점을 맞추었다. 피아제와 마찬가지로 콜버그는 도덕 발달을 "건설적인 다면적 사회 세계에서 아동의 상호작용을 통해 형성되는 과정"(Turiel, 2015, p. 504)으로 이해하고 "도덕적 영역을 정의의 개념과 연결"(Langdale, 1993, p. 32)시켰다. 그러나 피아제가 아동의 도덕 발달에 집중한 반면, 콜버그는 청소년 및 성인의 도덕 발달도 고려했으며(Garrigan et al., 2018), 순차적 단계라는 개념을 더욱 강조하며 "개인의 논리적 단계와 도덕적 단계 사이의 유사성"(Kohlberg, 1984, p. 171)을 강조했다.

콜버그는 아동이 자신의 욕구와 보상, 처벌이 우선시되는 인습 이전의 수준으로부터 규칙 준수에 대한 존중을 강조하는 인습 수준으로, 더 나아가 개인이 추론과 행동을 이끌어줄 도덕적 원칙을 파악하기 시작하는 인습 이후의 수준으로 이동한다고 가정했다. 그는 도덕적 진보를 여섯 단계로 설명하면서, "어려운 도덕적 문제에 대한 판단의 성숙도 또는 정교함이 점차 향상되는 발달적 순서", "도덕적 성찰"(Colby, 2002, p. 132)의 달성, 그리고 개인이 "감정에 좌우되지 않고" 그들의 행동이 "사회와 전통적 관습에 따라 결정되지 않는"(Schinkel & de Ruyter, 2017, pp. 129-130) 자율적 추론을 제시했다.

인지 발달적 도덕 연구는 큰 영향을 미쳤지만, 비판도 존재한다. 특히 비평가들은 방법론과 관련하여 이의를 제기한다. 콜버그의 가상적 도덕적 딜레마에 기초한 도덕적 추론 연구는 "이러한 딜레마가 개인의 경험 상황과는 상당히 동떨어져 있을 수 있기 때문에"(Stets, 2016, p. 348) 문제가 있다고 비판을 받는다. 또한, "피아제와 콜버그는 모두 남성을 대상으로 한 연구였기 때문에 자신의 발달 모델을 소녀와 여성에게 적용했을 때 문제가 발생했다"(Langdale, 1993, p. 32) 그리고 두 연구자 중 누구도 "남성 중심 이론의 문제"(p. 33)를 검토하지 않았다.

인지적 도덕 발달 이론에 대한 또 하나의 우려는 "개인이 사용하는 도덕적 추론 유형이 딜레마의 맥락과 내용에 매우 민감하다는 점"(Jaffee & Hyde, 2000, p. 721)이다. 이로 인해 문화에 대한 관심이 결여되고, 도덕 발달이 "특정 사회적, 문화적, 역사적 맥락에 고유하다는 사실"(Tappan, 1997, p. 95)이 간과되고 있다. 하이트는 "아이들이 해악에 대한 이해력을 키우면서 도덕성을 완전히 스스로 구성할 수는 없다. 문화적 학습이나 지도는 합리주의 이론이 부여했던 것보다 더 큰 역할을 해야 한다"(Haidt, 2012, p. 26)고 경고한다. 다른 학자들은 인간이 문화적으로 제약되어 있기 때문에 도덕적 자율성이라는 개념에 의문을 제기하며, 인간이 도덕적 원칙을 선택하고 그에 따라 행동하는 데 완전히 자율적이라고 상상하는 것은 비현실적이라고 주장한다. "도덕적 행동, 그 상대적 중요성, 그리고 그에 따른 제재는 문화적으로 결정된다"(Bandura, 2006, p. 171). 따라서 도덕적 가능성의 범위는 유아기부터 성인기까지 인간을 형성하는 도덕적 규칙과 위법 행위에 대한 반응의 본질에 따라 달라진다. 더 나아가, 사람 사는 사회에 따라 자율적인 신념과 행동은 용인될 수도 있고, 반대로 "집단적 침묵에 따라 엄중하게 처벌받거나 검열될 수도 있다"(Bowers, 2012, p. 306).

또한 인지적 도덕 발달 이론이 합리적 사고를 도덕적 존재의 결정적 요인으로 강조한다고 비판한 학자들이 있다. 그들은 "도덕적 판단의 중요성에도 불구하고, 인지적 도덕 발달 이론은 도덕성의 일부일 뿐"(Colby, 2002, p. 134)이고, "완전히 포괄적인 도덕성 혹은 도덕 발달 이론"(Rest et al., 2000, p. 384)을 제시하지 못한다고 비판한다. 예를 들어, "피아제-콜버그 모델은 인간 존재의 비이성적 측면을 고려하지 않는다"(Cuypers, 2021, p. 126). "우리가 완전히 합리적 존재이거나, 심지어 그럴 수 있다는 원칙은 시간의 시험을 통과하지 못한다"(Alderice, 2021, p. 15). 또한 인지적 도덕 발달 이론에는 "암묵적, 무의식적 도식이나 해석 습관"(Colby, 2002, p. 134), 성향 요인(Narvaez & Lapsley, 2009, p. 241), 그리고 공감(Stets, 2016, p. 348)이 부족하다. 더욱이, "추론을 우리의 거의 모든 도덕적 인식 수단의 일부라고 주장할 수 있지만, 다른 인식 수단과 분리되어 작용한다고 할 수 없을 것이다"(Sherblom, 2012, p. 129).

다시 말해 학자들은 피아제와 콜버그의 단계 이론의 여러 측면과 이러한 이론의 실생활 적용 가능성에 의문을 제기한다. 최근의 연구에 따르면, "어린이의 초기 도덕적 추론이 주로 권위, 기존 사회적 규칙 또는 처벌의 회피에 기반을 둔다는 설명에 의문을 제기한다"(Helwig & Chang, 2019, p. 2).

> 어른과 마찬가지로 아이도 자신의 사회적 세계에 대해 도덕적 판단을 내리는 성찰적인 존재이다. 이는 다른 아이와 어른의 행동, 자신이 성장하는 사회의 조직 제도와 규칙 체계, 그리고 갈등 상황에서 자신의 이익과 타인의 이익 사이에서 어떻게 균형을 맞춰야 할지에 대한 일상적인 고민을 포함한다. (p. 9)

현대 연구자들은 도덕 발달이 일관되고 "순차적인 단계"로 특징지어진다는 점을 비판하며, "더 높은 추론 단계가 미성숙 단계를 대체하여 완전히 분리된 인지 단계를 형성한다"는 주장에 반대한다. 즉, "개인은 추론 단계에서 일관성을 유지하지 못하며 … 미성숙 단계가 성숙 단계와 공존할 수 있다"고 한다(Garrigan et al., 2018, p. 85). 또한 콜버그가 사람들이 도덕 원칙을 믿지만 그에 따라 "살지" 못할 수도 있음을 인정했음에도(Kohlberg, 1975, p. 672), 최근 학자들은 도덕적 추론과 행동 사이의 단절에 대해 우려를 표명하며 "도덕적 추론과 도덕적 행동 사이에는 약한 연관성만 있을 뿐"이라고 강조한다. 이로 인해 "심리학 분야 전반에서 앎과 행동 사이의 불균형이 점점 더 뚜렷해지고 있다"(Narvaez, 2008, p. 311). 마지막으로, 도덕 발달 연구자들은 "도덕적 삶의 여러 구성 요소들이 도덕적 감수성, 판단력, 동기, 그리고 인격을 포함하는 과정을 나타낸다"며, "우리는 도덕 발달을 고정된 단계를 거치는 단선적 움직임이 아니라 여러 경로를 따라 복잡성과 통합이 증가하는 과정으로 생각해야 한다"고 주장한다(Strain, 2005, pp. 64-65).

4. 합리적 도덕성과 정의의 윤리

인지적 도덕 발달 관점에서는 합리적 도덕성과 정의의 윤리라는 철학이 서로 밀접하게 연관되어 있다. 학자들은 인지적 도덕 이론이 단순히 발달 과정을 설명하는 것이 아니라 특정 윤리적 목표를 구체화한다는 것을 인식하게 되었다. "도덕 심리학자들은 해악, 복지, 그리고 권리에 대한 의식적인 추론이 도덕적 판단에 수반되는 핵심 과정이라는 '합리주의적' 입장을 채택했다"(McAuliffe, 2019, p. 207). 이는 정의에 대한 이해를 넓히는 데 기여했다(Garrigan et al., 2018, p. 82). 도덕적 발달의 궁극적인 결과는 "정의로운 사람, 즉 정의의 원칙을 자율적으로 수용하고 그에 따라 행동하는 사람"이 되는 것이다(Schinkel & de Ruyter, 2017, p. 129). 합리적 도덕주의 철학자들(Baier, 1958; Peters, 1962)은 개인이 의식적이고 이성적인 선택을 할 수 있으며, 순전히 감정적인 본능에 저항하고, 윤리적 원칙과 의무에 따라 살 수 있고 살아야 한다고 믿었다. 이러한 관점에서 볼 때, "도덕적 삶은 대체로 합리적 판단의 문제"(Bailey, 1980, p. 114)이며, "판단과 성찰을 할 수 있는 존재가 없는 세상은 비도덕적 세상이 아니라, 단순히 도덕적 자원이 존재하지 않는 세상일 것이다"(p. 115).

이와 같이 콜버그는 도덕 발달의 마지막 단계에서 윤리적 목표를 제시했다. 그 목표는 "보편적 윤리 원칙 지향"으로, "추상적이고 윤리적인 원칙"에 의해 이끌리며, 이는 "정의, 인권의 상호성과 평등, 그리고 개인으로서 인간 존엄성 존중의 보편적 원칙"이다(Kohlberg, 1975, p. 671). 콜버그는 "도덕 원칙은 궁극적으로 정의의 원칙"이며 "정의의 핵심은 자유, 평등, 상호성의 요구"라고 단언했다(p. 673). 이와 같이, 합리적 도덕 철학은 "인간이란 무엇보다도 이성적 존재"(Nussbaum,

1999, p. 71)라는 개념과, 개인이란 설득이나 강압보다는 정의의 원칙에 입각한 추론과 성찰에 기초하여 도덕적 결정을 내릴 수 있고 또 그렇게 해야 한다는 개념에 기초한다.

인지적 도덕 이론에서 합리적 능력의 목표는 현실, 즉 타인의 상황, 환경, 그리고 행동과 결과의 관계에 대해서 더 깊이 이해하는 것이다. 결과적으로, 합리적 도덕성은 개인이 검증 가능한 증거를 인식하고 도덕적 상황에 접근하며 현실적인 인식에 따라 행동할 것을 요구한다. 듀이는 "지적 행동은 알려진 것의 단순한 결과와 관련된 것이 아니라, 지식에 기초한 행동을 통해 실현될 결과와 관련이 있다"(Dewey, 1922, p. 299)고 설명한다. 합리적 도덕성은 또한 자신에 대한 지식과 자신의 행동이 타인에게 미치는 영향에 대한 이해, 즉 "비판적 자기 정직성"(Sherblom, 2012, p. 130)을 갖춘 자기 인식과 "자신의 욕망을 성찰하고 그에 대한 판단을 내리는"(Narvaez & Lapsley, 2009, p. 239) "자기 성찰 능력"에 달려 있다.

합리적 도덕성과 상응하는 교리는 사람들이 추론을 통해 어떻게 자율성을 형성하는지를 다룬다(Johnson, 2013, p. 11). 사람들이 "긍정적(또는 사회적) 도덕성 개념에서 물러나 그 일부를 수용할지 거부할지 결정하려고 노력할 때", 독립적 또는 자율적인 도덕성이 생겨난다(Cooper, 1966, p. 23). 더 나아가, 개인이 특정인에 대한 편견과 부당한 대우 때문에 사회의 신념이 부도덕하다는 것을 인식하게 되면, "이러한 관습적 도덕성은 변화해야 하며, 그 변화는 더 합리적이고 공평하며 정당한 방향으로 이루어져야 한다"는 것을 깨닫게 된다(Singer, 2002, p. 7).

하지만 철학자들은 도덕적 가치를 선택하고 그에 따라 행동할 수 있는 무조건적인 자유로 해석되는 자율성 개념에 대해 신중한 태도를 보인다. 그들은 "자율적이라는 것은 제약 없이 행동하는 것이 아니"라고 지적하며, "자율성의 발달은 타인의 자율성을 인식하고 존중하는 태도의 증가와 함께 이루어지고"(Moshman, 2009, p. 155), "서로의 존엄성에 대한 인식"(Morse, 1997, p. 40)도 중요한 요소라고 지적한다. 따라서 자율적 도덕성, 즉 권위에 대한 무조건적인 복종을 제거하는 것이 항상 합리적 도덕성과 일치하는 것은 아니다. 자율성은 선택의 자유를 의미하지만, 그 선택이 반드시 옳은 것은 아니다(Frankena, 1958, p. 308). 그리고 "특이함이 반드시 열린 마음을 가져야 하는 것을 의미하지는 않는다. 개인은 자신만의 도덕적 신념을 가질 수 있지만, 동시에 폐쇄적인 사고방식을 가질 수도 있다"(Barrow, 1975, p. 211). 따라서 성찰은 자율적인 도덕성으로 이어지지만, 그 과정에서 형성된 개인적 가치가 반드시 합리적이거나 도덕적이지 않을 수 있다. 이러한 관점에서 합리적 도덕성은 "각 개인이 무엇을 할지를 개별적으로 결정할 수 있는 도덕적 자유"를 제공한다(Singer, 2002, p. 13). 하지만 이 철학은 어떤 도덕적 신념이나 모든 도덕적 신념을 수용하라는 제안은 아니다.

합리적 도덕성과 나른 도덕적 시향 간의 중요한 차이점은 신념의 검토와 자율적인 도덕적 추론의 문제이다. 전통적인 도덕성은 (맹목적으로 행사될 때조차도) 신앙의 질을 강조하는 반면, 합리적 도덕성은 철학자 바이어(K. Baier)가 다음과 같이 선언했듯이 의문을 제기한다.

> 우리는 공동체에 널리 퍼져있는 규칙의 옳고 그름, 진실과 거짓에 대한 의문이 제기되기 전까지는, 다시 말해 널리 펴져있는 규칙들은 특정 검증을 받기 전까지는 인습, 관습 또는 법의 체계와 대조되는 도덕성을

> 적절히 말할 수 없다. 현재의 규칙들이 더 이상 신성불가침하다고 여겨지지 않을 때, 즉 변경이나 개선이 불가능하다고 여겨지지 않을 때, 그리고 현재의 규칙들이 다른 가능한, 개선된 이상적인 규칙들과 대조될 때에만, 비로소 어떤 집단이 단순한 금기가 아닌 도덕성을 가지고 있다고 말할 수 있다. (Baier, 1958, p. 174)

추론은 "도덕적 문제에 대한 생각의 변화"를 가능하게 하여, 사람들은 스스로에게 "예전에는 그것이 옳다고 생각했는데, 이제는 그것이 틀렸다는 것을 알았다"라고 말하게 한다(Singer, 2002, p. 7). 요컨대, 합리적 도덕성의 주요 주제는 사람들이 윤리 규범을 합리적으로 채택하고 변화하는 상황에 맞춰 도덕 규칙을 적용할 수 있게 해주는 성찰적 사고의 힘에 대한 믿음이다.

하지만 합리적 도덕주의자들에게 추론은 단순한 인지적 활동이 아니다. 이성을 활용한다는 것은 인간 조건의 개선을 목표로 도덕적 결정을 내리고자 하는 것을 의미한다. 심리학자 핑커(S. Pinker)가 주장하듯이, 합리성은 "단순히 인지적 덕이 아니라 도덕적 덕"이다(Pinker, 2021, p. 317). 합리적 도덕주의자들은 자율성이 합리적 도덕성을 형성하는 데 중요한 역할을 하지만, 그것 자체가 최종 목적은 아니라고 주장한다. 오히려 합리적 도덕주의자들은 정의를 도덕적 숙의와 행동의 궁극적인 목표로 수용하고(Singer, 2002), 합리적 도덕성이 정의의 윤리, 즉 "자율적이고 객관적이며 공평한 행위자로서 행동하는 개인", "보편적인 원칙과 규칙에 기초한 윤리적 결정", 그리고 "모든 사람에 대한 공정하고 공평한 대우를 보장하는" 목표에 기초한다고 주장한다(Botes, 2000, p. 1072).

5. 머리와 마음의 통합

학자들은 종종 "적대적인 분리된 세계"(Scheffler, 1977, p. 171), 또는 "머리와 마음"(Joseph, 1990)의 이분법을 언급하지만, 다양한 분야의 연구자들은 감정과 추론이 어떻게 상호 연결되어 있고, 둘 다 도덕적 기능에 필수적이라는 점을 논의한다. 발달 연구자들은 감정과 인지가 "정보를 처리하고 행동을 실행하기 위해 함께 작용한다"(Bell & Wolfe, 2004, p. 366)고 주장하며, "일반적인 도덕 개념과 도덕적 감정은 다면적으로 연결되어 있다"(Malti & Ongley, 2014, p. 165)고 주장한다. 인지적 도덕 발달과 합리적 도덕성에 초점을 맞춘 연구자 및 이론가조차도 정서의 역할을 명확하게 부정하지는 않는다. "합리주의적 관점에서 볼 때, 감정이 도덕적 판단에서 완전히 배제되는 것은 아니다"(Stets, 2016, p. 348):

> 특정 상황은 감정적 각성(예: 타인이 어떻게 대우받고 있는지에 대한 동정이나 분노)을 유발할 수 있으며, 이는 상황의 도덕적 관계성에 주의를 기울일 수 있게 한다. 이로 인해 도덕적 추론이 활성화될 수 있으며, 도덕적 추론은 자극된 감정을 고려하여 어떤 도덕적 행동이 가장 적절한지를 결정하는 핵심으로 남는다. (p. 348)

실제로 피아제는 "아동의 강력한 도덕적 감정"(Piaget, 1968, p. 57)에 주목했고, 콜버그(Kohlberg, 1986)는 도덕적 동기 단계를 개념화할 때 긍정적 감정과 부정적 감정의 영향을 포함시켰으며, 도덕적 감정과 인지 사이의 상응관계를 분별했다. 이는 사람들이 지적인 수준에서만 기능하지 않는다는 점을 분명히 했다. 결국, 연구는 "사회적 인지 영역을 확장"했고, 배려 윤리가 "정의의 영역과 함께 존재할 수 있다"는 것을 보여주었다(Jorgensen, 2006, p. 187).

타인을 이해하고 그들의 복지를 바라는 마음은 사람들이 자신의 지적 능력을 활용하여 도덕적 통찰력, 즉 "이웃의 감정에 대한 상상력 있는 실현"(Frankena, 1966, pp. 242-243)을 개발하도록 장려한다. 하지만 배려 윤리와 이러한 도덕관이 어떻게 타인의 고통에 대해 무언가를 하도록 우리를 이끄는지 생각해 볼 때, 단순히 걱정하는 것만으로는 충분하지 않다. 고통의 본질과 원인에 대한 현실적인 인식 또한 필요하다. "우리는 실제로 이성을 개입시키고, 이러한 상황에서 무엇을 하는 것이 최선인지 생각하고 싶어 한다."(Singer, 2009, p. 66) 그래서 개인은 일관되고 효과적인 도덕적 행동을 할 수 있는 능력을 키울 수 있다. 따라서 도덕적 상상력의 핵심 요소는 지각, 추론, 비판적 성찰, 그리고 관습적 사고의 초월을 포함하는 인지적 영역을 드러낸다.

하지만 일부 학자들은 개인이 지적인 지각과 자기 통제를 통해 자신의 열정을 조절할 수 있다고 주장하며, 이로 인해 합리성을 도덕성과 동일시한다(Pinker, 2021; Rieff, 1959). 반면에, 다른 학자들은 감정이 합리적인 윤리적 결정을 내리는 데 필수적이라고 결론짓는다(Ellett, 1986; Rawls, 1971). 많은 도덕 철학자들은 도덕적 발달이 오로지 인지적 발달에 국한된다는 관점을 비판한다. 피터스는 악의적인 사람들에게는 동정심이 결여되어 있다고 지적했다.

> 사악한 사람은 자신의 잘못을 인식하면서도 행동에 대한 양심의 가책이나 죄책감을 거의 느끼지 않는 경우로 묘사될 수 있다. 양심의 가책은 대개 타인에게 끔찍한 결과를 초래하는 행동에서 느끼게 된다. 따라서 양심의 가책을 느끼는 능력은 우리가 그 행동에 대해 동정심을 가지고

있다는 것을 전제로 한다. (Peters, 1962, p. 53)

듀이와 터프츠는 도덕적 행동 능력이 감정적 영역에 위치한다고 보았다. 그들은 성찰만으로는 도덕성이나 도덕적 문제에 대한 현실적인 인식을 촉진하지 못할 수 있다고 경고했다. 사람들이 관심을 가져야 할 상황에 대해 "반감이나 무관심"을 느낀다면 "행동으로 옮겨가지 않을 것"이라고 했다(Dewey & Tufts, 1932, p. 296). 더욱이, 그린은 "저항하는 세상에서 행동하거나 사람들이 선택할 수 있는 가능성의 영역을 여는 데 있어서 추론만으로는 충분하지 않다"고 주장했다(Greene, 1988, p. 199).

결론적으로, 감정과 인지는 서로 밀접하게 연결되어 있다. 둘 다 "도덕적 행동 경향의 초기 발달"과 "도덕적 능력"의 함양에 매우 중요하다(Malti & Latzko, 2010, pp. 2, 5). 따라서 "감정과 사고는 도덕성과 관련된 개인의 지향성의 상호 연관된 두 가지 특징"이며 "서로 영향을 주고받는다"(Turiel & Dahl, 2019, p. 266). 추론이 도덕성에 중요한 만큼, "감정은 어린이와 청소년이 사회도덕적 사건의 결과를 예상하고, 그에 따라 도덕적 행동 경향을 조절하는 데 도움을 준다"(Malti & Ongley, 2014, p. 164). 결과적으로, 자녀를 도덕적 인간으로 키우기 위해서는 육아 관행과 도덕교육을 이해하기 위한 통합적인 도덕 발달 이론에 대한 지식이 필요하다.

참고문헌

Alderdice, J.(2021). Morality, complexity and relationships. *Journal of Moral Education*, 50(1), 13-20.

Baier, K.(1958). *The moral point of view: A rational basis of ethics*. Cornell

University Press.

Bailey, C.(1980). Morality reason and feeling. *Journal of Moral Education*, 9(2), 114-121.

Bandura, A.(2006). Toward a psychology of human agency. *Perspectives on Psychological Science*, 1(2), 164-180.

Barrow, R.(1975). *Moral philosophy for education*. George Allen and Unwin.

Bell, M. A., & Wolfe, C. D.(2004). Emotion and cognition: An intricately bound developmental process. *Child development*, 75(2), 366-370.

Berkowitz, M. W., & Grych, J. H.(1998). Fostering goodness: Teaching parents to facilitate children's moral development. *Journal of Moral Education*, 27(3), 371-391.

Bloom, P.(2013). *Just babies: The origins of good and evil*. Crown/Random House.

Bloom, P.(2017). Empathy and its discontents. *Trends in Cognitive Sciences*, 21(1), 24-31.

Botes, A.(2000). A comparison between the ethics of justice and the ethics of care. *Journal of Advanced Nursing*, 32(5), 1071-1075.

Bowers, C. A. (2012). Questioning the idea of the individual as an autonomous moral agent. Journal of Moral Education, 41(3), 301-310.

Bregman, R.(2019). *Humankind-A hopeful history*. Little Brown and Company.

Campaert, K., Nocentini, A., & Menesini, E.(2017). The efficacy of teachers' responses to incidents of bullying and victimization: The mediational role of moral disengagement for bullying. *Aggressive Be-*

havior, 43(5), 483–492.

Carpendale, J. I.(2000). Kohlberg and Piaget on stages and moral reasoning. *Developmental Review*, 20(2), 181–205.

Carpendale, J. I.(2009). Piaget's theory of moral development. In U. Müller, J. I. Carpendale, & L. Smith(Eds.), *The Cambridge companion to Piaget* (pp. 270–286). Cambridge University Press.

Churchland, P.(2019). *Conscience: The origins of moral intuition*. WW Norton & Company.

Cockburn, T.(2005). Children and the feminist ethic of care. *Childhood,* 12(1), 71–89.

Colby, A.(2002). Moral understanding, motivation, and identity. *Human Development*, 45(2), 130–135.

Coles, R.(1997). *The moral intelligence of children*. Random House.

Cooper, N.(1966). Two concepts of morality. *Philosophy*, 41(155), 19–33.

Cuypers, S. E.(2021). R.S. Peters' philosophy of moral education in relation to his Freudian psychology. *Journal of Moral Education*, 50(2), 122–139.

Damon, W.(1990). *The moral child: Nurturing children's natural moral growth*. New York, NY: Free Press.

Dempsey, H. L.(2017). A comparison of the social-adaptive perspective and functionalist perspective on guilt and shame. *Behavioral Sciences*, 7(4), 1–19.

Dewey, J., & Tufts, J. H.(1932). *Ethics* (rev. ed.). Henry Holt.

Eisenberg, N.(2000). Emotion, regulation, and moral development. *Annual Review of Psychology*, 51(1), 665–697.

Eisenberg, N., Spinrad, T. L., & Taylor, Z. E.(2014). Sympathy. In S. van Hooft(Ed.), *The Handbook of Virtue Ethics* (pp. 417–425). Acumen Publishing.

Ellison, J.(2005). Shame and guilt: A hundred years of apples and oranges. *New Ideas in Psychology*, 23(1), 5–32.

Ellett, Jr., F. S.(1986). Research on emotion: How can it be done? *Educational Theory*, 36(2), 115–124.

Forsyth, D. R.(2019). *Making moral judgments: Psychological perspectives on morality, ethics, and decision-making*. Routledge.

Frankena, W. K.(1958). Toward a philosophy of moral education. *Harvard Educational Review*, 28(4), 300–313.

Frankena, W. K.(1966). Toward a philosophy of moral education. In I. Scheffler(Ed.), *Philosophy and education: Modern readings* (2nd ed.). Allyn and Bacon.

Garrigan, B., Adlam, A. L., & Langdon, P. E.(2018). Moral decision-making and moral development: Toward an integrative framework. *Developmental Review*, 49, 80–100.

Garrod, A., & Beal, C. R.(1993). Voices of care and justice in children's responses to fable dilemmas. In A. Garrod(Ed.), *Approaches to moral development: New research and emerging themes* (pp. 59–71). Teachers College Press.

Gerdes, K. E.(2011). Empathy, sympathy, and pity: 21st-century definitions and implications for practice and research, *Journal of Social Service Research*, 37(3), 230–241.

Gilligan, C.(1982). *In a different voice: Psychological theory and women's development*. Harvard University Press.

Gilligan, C., & Wiggins, G.(1987). The origins of morality in early childhood relationships. In J. Kagan & S. Lamb(Eds.), *The emergence of morality in young children* (pp. 277–305). University of Chicago Press.

Gilligan, C.(1998). "Hearing the difference: Theorizing connection." In M. Rogers(Ed.), *Contemporary feminist theory: A text/reader* (pp. 341–346). McGraw-Hill.

Goetz, J. L., Keltner, D., & Simon-Thomas, E.(2010). Compassion: An evolutionary analysis and empirical review. *Psychological Bulletin*, 136(3), 351–374.

Greene, M.(1988). *The dialectic of freedom*. Teachers College Press.

Gutzwiller-Helfenfinger, E.(2018). Not unlearning to care-Positive moral development as a cornerstone of nonkilling. *Journal of Peace Education*, 15(3), 288–308.

Hacker, P.(2017). Shame, embarrassment, and guilt. *Midwest Studies in Philosophy*, 41, 202–224.

Haidt, J.(2003). The moral emotions. In R. J. Davidson, K. Scherer, & H. H. Goldsmith(Eds.), *Handbook of affective sciences* (pp. 852–870). Oxford University Press.

Haidt, J.(2007). The new synthesis in moral psychology. *Science*, 316, 998–1002.

Haidt, J.(2012). *The righteous mind: Why good people are divided by politics and religion*. Pantheon Books.

Helwig, C. C., & Chang, X. M.(2019). Moral reasoning. In S. Hupp & J.

D. Jewell(Eds.), *The encyclopedia of child and adolescent development* (pp. 1–11). Wiley. https://doi.org/10.1002/9781119171492.wecad144

Hoffman, M. L.(1993). Empathy, social cognition, and moral education. In A. Garrod(Ed.), *Approaches to moral development: New research and emerging themes* (pp. 157–179). Teachers College Press.

Hymel, S., & Bonanno, R. A.(2014). Moral disengagement processes in bullying. *Theory into Practice*, 53(4), 278–285.

Jaffee, S., & Hyde, J. S.(2000). Gender differences in moral orientation: A meta-analysis. *Psychological Bulletin*, 126, 703–726.

Johnson, R.(2013). *Rational morality: A science of right and wrong*. Dangerous Little Books.

Jorgensen, G.(2006). Kohlberg and Gilligan: Duet or duel? *Journal of Moral Education*, 35(2), 179–196.

Joseph, P. B.(1990). Charts and layers/heads and hearts: Toward an integrated theory of moral education. *Theory & Research in Social Education*, 18(1), 7–26.

Juujärvi, S., Myyry, L., & Pesso, K.(2012). Empathy and values as predictors of care development. *Scandinavian Journal of Psychology*, 53(5), 413–420.

Kamii, C. (1984). Autonomy: The aim of education envisioned by Piaget. *Phi Delta Kappan*, 65(6) 410–415.

Kawamura, K. M., & Eisler, R.(2013). An interview with Nel Noddings, PhD. *Cross Cultural Management: An International Journal*, 20(2), 1–6.

Kohlberg, L.(1969). Stage and sequence: The cognitive-developmental approach to socialization. In D. A. Goslin(Ed.), *Handbook of socialization theory and research* (pp. 347–480). Academic Press.

Kohlberg, L.(1975). The cognitive-developmental approach to moral education. *The Phi Delta Kappan*, 56(10), 670–677.

Kohlberg, L.(1984). *The psychology or moral development: The nature and validity of moral stages*, 2. Harper and Row.

Kohlberg, L.(1986). A current statement on some theoretical issues. In S. Modgil & C. Modgil(Eds.), *Lawrence Kohlberg: Consensus and controversy* (pp. 485–546). The Falmer Press.

Langdale, S.(1993). Moral development, gender, identity, and peer relationships in early and middle childhood. In A. Garrod (Ed.), *Approaches to moral development: New research and emerging themes* (pp. 30–58). Teachers College Press.

Lapsley, D. K.(2006). Moral stage theory. In M. Killen & J. Smetana (Eds.), *Handbook of moral development* (pp. 37–66). Lawrence Erlbaum.

Leach, C. W.(2017). Understanding shame and guilt. In L. Woodyatt, E. Worthington, Jr., M. Wenzel, & B. Griffin(Eds.), *Handbook of the psychology of self-forgiveness* (pp. 17–28). Springer.

Lefebvre, J. P., & Krettenauer, T.(2019). Linking moral identity with moral emotions: A meta-analysis. *Review of General Psychology*, 23(4), 444–457.

Malti, T., & Dys, S. P.(2015). A developmental perspective on moral emotions. *Topoi*, 34(2), 453–459.

Malti, T., & Dys, S. P.(2018). From being nice to being kind: Development of prosocial behaviors. *Current Opinions in Psychology*, 20, 45-49.

Malti, T., & Latzko, B.(2010). Children's moral emotions and moral cognition: Towards an integrative perspective. In B. Latzko & T. Malti(Eds.), *Children's moral emotions and moral cognition: Developmental and educational perspectives* (vol. 129, pp. 1-10). Jossey-Bass.

Malti, T., & Ongley, S.(2014). The development of moral emotions and moral reasoning. In M. Killen & J. Smetana(Eds.), Handbook of moral development (pp. 163-183). Taylor & Francis.

McAuliffe, W. H.(2019). Do emotions play an essential role in moral judgments?. *Thinking and Reasoning*, 25(2), 207-230.

Morse, J. F.(1997). Fostering autonomy. *Educational Theory*, 47(1), 31-50.

Moshman, D.(2009). The development of rationality. In H. Siegel(Ed.), *Oxford handbook of philosophy of education* (pp. 145-161). Oxford University Press.

Narvaez, D.(2008). Human flourishing and moral development: Cognitive and neurobiological perspectives of virtue development. In L. Nucci & D. Narvaez(Eds.), *Handbook of moral and character education* (2nd ed.; pp. 326-343). Routledge.

Narvaez, D., & Lapsley, D. K.(2009). Moral identity, functioning, and the development of moral character. *Psychology of Learning and Motivation*, 50, 237-274.

Niedermeyer, W. J.(2017). Why do we care?: A natural history of Noddings' ethical theory. *Between the Species*, 22(1), 185-213.

Noddings, N.(2002). *Educating moral people: A caring alternative to char-*

acter education. Teachers College Press.

Nussbaum, M. C.(1999). *Sex and social justice*. Oxford University Press.

Owens, L. M., & Ennis, C. D.(2005). The ethic of care in teaching: An overview of supportive literature. *Quest*, 57(4), 392–425.

Park, J., & Barron, R. W.(1977). Can morality be taught?. In L. J. Stiles & B. D. Johnson(Eds.), *Morality examined: Guidelines for teachers* (pp. 3–23). Princeton Book Company.

Peters, R. S.(1962). Moral education and the psychology of character. *Philosophy*, 37(139), 37–56.

Piaget, J.(1932/1965). *The moral judgment of the child*. Kegan Paul.

Piaget, J.(1968). *Six psychological studies*. Vintage Books.

Pinker, S.(2021). *Rationality: What it is, why it seems scarce, why it matters*. Viking Press.

Rawls, J.(1971). *A theory of justice*. Belknap Press.

Rest, J. R., Narvaez, D., Thoma, S. J., & Bebeau, M. J.(2000). A neo-Kohlbergian approach to morality research. *Journal of Moral Education*, 29(4), 381–395.

Rieff, P.(1959). *Freud, the mind of the moralist*. Viking Press.

Rieffe, C., & Camodeca, M.(2016). Empathy in adolescence: Relations with emotion awareness and social roles. *British Journal of Developmental Psychology*, 34(3), 340–353.

Scheffler, I.(1977). In praise of the cognitive emotions. *Teachers College Record*, 79, 171–186.

Schinkel, A., & de Ruyter, D. J.(2017). Individual moral development and moral progress. *Ethical Theory and Moral Practice*, 20(1), 121–136.

Schubert, W. H., & He, M. F.(2020). Practicing care and compassion. In M. F. Fang & W. Schubert(Eds.), *Oxford research encyclopedia of curriculum studies*. Oxford University Press. https://doi.org/10.1093/acrefore/9780190264093.013.619

Sevenhuijsen, S.(2000). Caring in the third way: the relation between obligation, responsibility and care in Third Way discourse. *Critical Social Policy*, 20(1), 5-37.

Sevenhuijsen, S.(2003). The place of care: The relevance of the feminist ethic of care for social policy. *Feminist Theory*, 4(2), 179-197.

Sheets-Johnstone, M.(2008). *The roots of morality*. Pennsylvania State University Press.

Sheikh, S., & Janoff-Bulman, R.(2010). The "shoulds" and "should nots" of moral emotions: A self-regulatory perspective on shame and guilt. *Personality and Social Psychology Bulletin*, 36(2), 213-224.

Sherblom, S. A.(2012). What develops in moral development? A model of moral sensibility. *Journal of Moral Education*, 41(1), 117-142.

Sherblom, S. A.(2015). A moral experience feedback loop: Modeling a system of moral self-cultivation in everyday life. *Journal of Moral Education*, 44(3), 364-381.

Silfver-Kuhalampi, M., Figueiredo, A., Sortheix, F., & Fontaine, J.(2015). Humiliated self, bad self or bad behavior? The relations between moral appraisals and moral motivation. *Journal of Moral Education*, 44(2), 213-231.

Simpson, E. L.(1976). A holistic approach to moral development and behavior. In T. Lickona(Ed.), *Moral development and behavior: Theo-*

ry, research and social issues (pp. 159–170). Holt, Rinehart and Winston.

Singer, P.(2009). Ethics. In A. Taylor(Ed.), *Examined life: Excursions with contemporary thinkers* (pp. 61–86). The New Press.

Skitka, L. J., Bauman, C. W., & Mullen, E.(2016). Morality and justice. In C. Sabbagh & M. Schmitt(Eds.), *Handbook of social justice theory and research* (pp. 407–423). Springer.

Skoe, E. E.(2010). The relationship between empathy-related constructs and care-based moral development in young adulthood. *Journal of Moral Education*, 39(2), 191–211.

Skoe, E. E. A.(2013). The ethic of care: Theory and research. In B. J. Irby, G. Brown, R. Lara-Alecio, & S. Jackson(Eds.), *The handbook of educational theories* (pp. 615–628). IAP Information Age Publishing.

Snarey, J., & Samuelson, P.(2008). Moral education in the cognitive development tradition: Lawrence Kohlberg's revolutionary ideas. In L. Nucci & D. Narvaez(Eds.), Handbook of moral and character education (pp. 69–95). Routledge.

Stets, J. E.(2016). Rationalist vs. intuitionist views on morality: a sociological perspective. In C. Brand(Ed.), *Dual-process theories in moral psychology* (pp. 345–366). Springer VS.

Strain, C. R.(2005). Pedagogy and practice: Service-learning and students' moral development. *New Directions for Teaching and Learning*, 2005(103), 61–72.

Strauss, C., Taylor, B. L., Gu, J., Kuyken, W., Baer, R., Jones, F., & Cavanagh, K.(2016). What is compassion and how can we measure it?

A review of definitions and measures. *Clinical Psychology Review*, 47, 15-27.

Tappan, M. B.(1997). Language, culture, and moral development: A Vygotskian perspective. *Developmental Review*, 17(1), 78-100.

Turiel, E.(2015). Moral development. In R. M. Lerner(Ed.), *Handbook of child psychology and developmental science. Vol. 1. Theory and method* (7th ed., pp. 484-522). Wiley.

Turiel, E., & Dahl, A.(2019). The development of domains of moral and conventional norms, coordination in decision-making, and the implications of social opposition. In K. Bayertz & N. Roughley (Eds.), *The normative animal?: On the anthropological significance of social, moral and linguistic norms* (pp. 195-213). Oxford University Press.

Turner, J. H., & Stets, J. E.(2006). Moral emotions. In Stets, J. E., & Turner, J. H.(Eds.), *Handbook of the sociology of emotions* (pp. 544-566). Springer.

Vozzola, E. C.(2014). *Moral development: theory and applications*. Routledge.

Walker, L. J.(2006). Gender and morality. In M. Killen & J. Smetana (Eds.), *Handbook of moral development* (pp. 93-115). Lawrence Erlbaum.

Walker, L. J., Hennig, K. H., & Krettenauer, T.(2000). Parent and peer contexts for children's moral reasoning development. *Child Development*, 71(4), 1033-1048.

Weissbourd, R.(2009). The parents we mean to be. Houghton Mifflin Harcourt.

4장 도덕성 함양
: 문화와 사회화

> 아이는 인간다운 삶의 방식을 배우며, 미묘하고 복잡한 행동 패턴과 다양한 의사소통 방식을 익혀야 합니다. 매 세대의 아이들은 이러한 패턴을 습득하고 다양한 변화를 경험하면서 … 인류가 태초부터 겪어온 도전들을 극복하기 위해 노력해야 합니다.
>
> —로렌스 K. 프랭크(1956), "사회 시스템과 문화", p. 208.

감정적 이론과 인지적 이론은 도덕성 발달의 필수 기준을 조명하지만, 이러한 관점만으로는 도덕성에 대한 사회문화적 영향과 가정 및 문화에서 다음 세대로의 도덕규범 전수를 함께 탐구하지 않는 한, 완전한 지식 기반을 제공할 수 없다. 따라서 이 장에서는 다음과 같은 질문을 고찰한다.

- 아이들은 어떻게 자신이 속한 문화의 도덕 기준을 배우는가?
- 가정은 어떻게 도덕적 가치와 행동을 가르치는가?
- 또래 집단과 미디어는 아동의 도덕적 가치와 행동에 어떤 영향을 미치는가?

사회화와 문화에 관한 연구에 따르면, 아동은 다양한 출처, 특히 가족을 통해 도덕적 가치를 습득한다. 예를 들면, 가족의 암묵적인 도덕적 가르침과 아동의 실수나 잘못에 대한 반응, 그리고 깊이 뿌리내린 문화적 신념을 드러내는 일탈 행동을 통해 도덕적 가치를 학습한다. 보호자는 도덕적으로 그른 행동을 바로잡는 데 다양한 방식을 사용한다. 그중에는 공감과 성찰을 장려하는 방식도 있고, 단순히 권력과 공격성을 보여주는 방식도 있다. 결국 또래 집단, 미디어, 그리고 교사는 아동과 청소년에게 수많은 도덕적 메시지를 전달한다. 그러나 정서적, 인지적 도덕 발달에 관한 문헌과는 달리, 이 학문 분야는 도덕 철학을 구체화하는 것이 아니라 문화적, 사회적 기준을 배우는 과정에 초점을 맞추고 있다(표 4.1 참조).

〈표 4.1〉 도덕 발달 이론: 문화와 사회화

이론	강조점
문화-감정적 도덕 학습	육아, 문화적 규범, 감정, 가치의 내면화
행동주의	관리, 자기조절, 보상과 처벌
사회 학습 이론	사회화의 주체, 관찰, 모델링
사회 영역 이론	사회적 상호작용, 상호 관계, 복잡성

1. 문화와 도덕

도덕적 가치 학습에 대한 중요한 관점은 문화가 타인과의 상호작용 및 도덕적 결정을 포함하여 개인의 삶에 대한 기본적인 지향에 지대한 영향을 미치며, 문화적 정체성이 "중요한 도덕적 차원"을 지닌다는 것이다(Pillutla, 2011, p. 351). 문화적 정체성은 더 넓은 문화 또는 하위문화에서 기인할 수 있으며(Singer, 2002, pp. 8-9), 이러한 측면에서 "문화는 국가나 민족성을 단순히 의미하는 것이 아니라, 구성원들이 핵심적 신념, 가치, 행동, 관습, 제도를 공유하는 공동체를 설명한다"(Jensen, 2015, p. 9). 따라서 우리는 문화를 단일한 개념으로 간주할 수 없으며, 특히 다양한 사회에서 다양한 도덕적 메시지를 공유하는 경우, 개인이 특정 문화의 도덕적 가치에만 동일시한다고 가정할 수는 없다(Jensen, 2008, p. 307).

1.1 문화가 가치에 미치는 영향

"전 세계의 젊은이들에게 전달되는 가치의 불일치"(Damon, 1990, p. 96)에 주목하는 학자들은 문화적 가치가 개인의 행동에 어떤 영향을 미치는지에 대한 다양한 사례를 제시한다. 예를 들어, 문화는 "다양한 것을 다양한 방식으로 억누르고 억압"하여 사람들이 만족을 추구할 수 있는 다양한 경로를 제공한다(Hollan, 2012, p. 380). 일부 연구자들은 문화가 개인의 전쟁 성공이나 부의 축적을 통해 성취를 인정하는 경향이 있다고 주장한다(Mead, 1971, p. 130). 또한 문화는 공격성을 표출할 수 있는 수단을 제공하지만, 폭력을 정상적인 행동 시스템 내에서 제한적으로 용인하도록 한다. 어떤 문화가 스스로를 평화롭다고 정의하더라도, 험담이나 비방처럼 물리적 충돌보다 덜 명확하게 공격성을 표출할 수 있는 수단이 있을 수 있다. 마찬가지로, 특정 문화는 아이들의 호전적 행동을 다른 문화보다 더 용인하기도 하고, 특정 유형의 공격성만을 용인하기도 한다(Hall, 1976, p. 137). 따라서 문화는 "행동을 도덕적으로 간주하는 기준에 따라 다르다"는 점과, 문화의 윤리적 추론 체계에 따라 사람들은 "다른 종류의 추론을 사용하지 않는 사람들이 도덕적 의미를 거의 또는 전혀 부여하지 않는 여러 행동을 도덕적으로 간주할 가능성이 높다"(Jensen, 2008, p. 304)고 할 수 있다.

문화에 대한 또 다른 관점은 현실을 인식하고 처리하기 위한 선택적 선별 과정, 즉 필터링 과정이다. "문화는 우리가 무엇에 주의를 기울이고 무엇을 무시하는지를 나타낸다"(Hall, 1976, p. 85). 사람들의 사고 및 의사소통 체계, 그리고 그들의 감정적 반응은 문화적 패턴에 따라 형성되며, 이러한 패턴은 신념과 행동에 영향을 미친다. 예를 들어, 문화는 사람들이 문제를 해결하는 방식을 결정한다(Wallace, 1961, p. 6). 도덕의 본성과 관련한 의사 결정은 "어떻게 결정을 내리고 어떤 상황에서 어떤 결정을 내려야 하는지에 대한 지식"에서 비롯된다(Güss & Robinson, 2014, p. 2). 판단은 "특이하지" 않고 "적어도 부분적으로는 그 순간 접할 수 있는 문화적 사고방식에 따라 달라진다"(Arieli & Sagiv, 2018, p. 789). 또한 도덕적 기능은 개인이 도덕적 행위자로서 "도덕적 사고, 감정, 행동을 심오하게 형성하는 단어, 언어, 담론 형식"을 포함한 "도덕적 중재적 수단"을 활용하는 "중재적 행동의 한 형태"로 간주될 수 있다(Tappan, 2006, p. 6). 특히 도덕적 행동에 대한 판단은 문화의 "개인과 집단 간의 관계에 대한 관점"에 따라 영향을 받는다(Arieli & Sagiv, 2018, p. 790). 다음과 같이, 결정은 개인이나 집단을 위한 행동의 정당성에 대한 신념, 심지어 누가 의사 결정 과정에 참여해야 하는지에 대한 신념에 의해 좌우된다.

더욱이, 많은 인류학자와 심리학자들은 개별 문화가 특정 목표와 가치에 대한 공유된 도덕적 투자 에토스(ethos)를 가지고 있으며 "도덕적 영역은 문화에 따라 다르다"(Haidt, 2012, p. 26)는 가설을 제시한다. 여러 학자들은 도덕적 추론 또는 "윤리 체계"(Jensen, 2015)에서 세 가지 포괄적인 주제를 강조한다.

- 자율성의 윤리는 개인으로서의 자아에 초점을 맞춘다. 이 윤리 내의 도덕적 이유로는 개인(자신 또는 타인)의 이익, 복지, 권리,

그리고 개인 간의 공정성을 들 수 있다.

- 공동체의 윤리는 사회 집단의 구성원으로서의 개인에 초점을 맞춘다. 도덕적 이유로는 타인에 대한 의무와 집단의 관습, 이익, 복지에 대한 관심과 같은 부수적인 이유를 들 수 있다.
- 신성의 윤리는 영적 또는 종교적 실체로서의 인간에 초점을 맞춘다. 도덕적 이유로는 신법과 자연법, 신성한 교훈, 그리고 영적 순수함을 들 수 있다. (Jensen, 2015, p. 3)

이러한 "도덕적 토대의 삼위일체"(Bloom, 2013, p. 175)는 합리적 도덕 철학뿐만 아니라 공동체와 영성의 도덕성을 모두 존중한다. 삼두체제의 윤리 체계를 제시함으로써 다양한 관점을 존중하고 "도덕적 삶에 대한 지배적인 서구적 개념에 의문을 제기한다"고 할 수 있다 (Mattingly & Throop, 2018, p. 477).

그러나 일부 학자들은 "동질적인 지향"을 지닌 명확한 문화적 에토스의 존재에 의문을 제기하며(Turiel, 2014, p. 13), "문화 내 차이를 축소하는 것"(Wainryb & Recchia, 2014, p. 260)에 대한 우려를 표명한다. 이는 "한 문화권 내 개인들이 모순적 관점을 발전시키고 서로 심각한 갈등에 빠질 가능성"(p. 261)을 고려해야 함을 시사한다.

> 동일 문화권의 사람들은 자기 문화의 산물이 되고 자기 문화 속의 다른 사람들과 대체가능한 존재가 되기보다는, 자신의 경험을 이해하려는 노력을 기울이고, 이러한 경험의 의미와 가치에 대해 서로 다른 의견을 나누며, 또한 이러한 경험에 대해 비판적 역할을 맡고, 때로는 문화의 규범과 관행에 저항하거나 전복하려고 시도하며, 심지어 이를 변화시키는데 성공하기도 한다. (p. 259)

이러한 비판은 "개인이 사회·문화적 과정에서 수동적인 수용자가 아니라 능동적인 행위자"라는 관점에 기초한다(Haste & Abrahams, 2008, p. 379). 따라서 아이들이 지배적인 가치에 대한 대안을 보지 못한다고 가정하는 것은 도덕 발달에 대한 문화 이론을 지나치게 단순화하는 것이다.

1.2 자녀 양육: 문화적 도덕 학습

문화적 도덕 학습의 관점은 "우리가 문화 속에서 태어나 언어를 습득하는 것처럼 그 문화의 도덕적 관점을 습득한다"(Singer, 2002, p. 8)는 전제와 "아이들이 타인들과 소통하고 사회적 상호작용에 대해 추론할 수 있게 되자마자, 그들은 이미 자기 문화의 가치 및 신념에 접근할 수 있게 된다"(Damon, 1990, p. 3)는 전제에서 출발한다. 문화적 교육은 아이들이 깊이 느끼는 도덕적 가치뿐만 아니라 사회적 관습의 규칙도 발달시키는 데 영향을 미친다.

> 우리의 문화는 우리가 어떤 관행을 집단 구성원으로서 매우 중요하고 필수적인 것으로 여겨, 어떤 관행이 도덕적 기준에 부합하는지, 아니면 식탁 예절처럼 사회적 관습에 부합하는지를 판단하는 데 큰 영향을 미친다. (Churchland, 2019, p. 175)

도덕적 감정, 신념, 행동에 대한 사회문화적 영향은 어린 시절부터 시작되며, 부모를 비롯한 중요한 타인이 특정 신념과 행동을 어떻게 인정하고 본보기로 삼는지에 따라 달라진다. 이러한 "양육 전략은 문화적 신념과 가치를 반영"하며, "아이가 사회화 전략에 부여하는 의미"에도 영향을 미친다(Grusec et al., 2014, p. 120). 또한, 아이들은 행동과 실수에 대한 자발적인 반응을 통해 옳고 그름, 또는 무엇이 옳거나 관습적인 것인지를 배운다. 특정 가치들을 존중하고, 직접 가르치며, 의도적이든 무의식적이든 모델로 삼음으로써, 가족과 양육 참여자들은 어린아이들에게 상당한 도덕적 지침을 제공한다. 이는 심지어 아이들이 스스로 도덕성에 대한 이해를 적극적으로 구성하는 순간에도 해당된다.

문화-정서적 도덕 학습 이론 이론에서, 인류학자 홀(1973, 1976)은 형식적(formal), 비형식적(informal), 기술적(technical) 문화의 세 가지 수준을 설명하며, 아이들에게 각 수준이 다르게 가르쳐지고 있다는 점을 관찰했다. 홀이 제시한 개념화는 아이들이 미묘하고 복잡한 문화적 규범을 어떻게 배우는지 보여준다. 더 나아가, 아이들에게 가치를 전수하는 것은 (보통 질책이나 처벌을 수반하는 일탈의 경우) 특정한 도덕적 규범 뒤에 특정한 힘이나 에너지를 부여할 수 있다.

홀은 아이들이 형식적 수준의 문화를 배우는 시점이 대개 어른이 "아이를 나무랄 때 … 상상할 수도 없는 행동을 저질렀다고 지적하며 폭력적 언어로 꾸짖을 때"(Hall, 1973, p. 68)라고 밝혔다. 형식적 학습의 원리에는 다른 대안이 없다. 형식적 학습은 깊이 뿌리내려 있고 아이들에게 강력하게 전달되는 방식이기 때문에 "형식적 규범을 위반하면 감정적 영향을 크게 받는다"(p. 74). 때로는 형식적 시스템이 너무 강해서 다른 행동 방식이 "불가능하지는 않더라도 부자연스럽게" 느껴질 수도 있다(p. 75). 그러나 형식적 가치를 주입하지 않으면 아이들은 무엇이 도덕적이고 무엇이 비도덕적인지에 대해 깊이 인식하지 못하며, 내적 도덕 규제의 전제 조건을 갖추지 못한다.

비형식적 학습은 형식적 학습과 달리, 모델링 과정을 수반한다. "관련 활동들의 전체 집합을 동시에 학습하는데, 많은 경우 학습하고 있다는 사실이나 이를 지배하는 규칙 패턴이 존재한다는 사실조차 인지하지 못한 채 이루어진다."(Hall, 1973, p. 69). 홀은 비형식 학습을 통해 "수십만 개의 세부 사항으로 구성된 행동 체계가 세대를 거쳐 전수되며, 아무도 이 과정에 대한 규칙을 정할 수 없다."고 설명했다. 또한 "규칙이 무너졌을 때 비로소 우리는 규칙의 존재를 깨닫게 된다."(p. 70)고 덧붙였다. 비형식적 학습은 형식적 학습과 병행되며, 사람을 성이나 이름으로 부르는 적절한 시기와 같은 행동의 미묘한 차이를 포함한다. 사람들은 비형식적인 규칙에서 벗어날 때 불편함이나 불안을 느낄 수 있지만, 도덕적 분노는 느끼지 않는다(p. 76).

홀의 세 번째 문화적 수준은 기술적인 것으로, 어른들이 어린아이들에게(또는 서로에게) 특정한 기술을 가르칠 때 발생한다. 학습은 명시적이고 의식적이며 "일관된 개요 형식"을 따른다. 또한, "기술적 수준에서는 다른 두 체계의 규범을 위반하지 않고도 쉽게 변화할 수 있다." 우리는 이러한 변화를 관찰하고, 언어화하며, 타인들에게 전달할 수 있다(Hall, 1973, p. 71). 사람들, 특히 전문가들은 기술적 규칙을 따르는 방법을 명확히 알고 있으며, 절차에 옳고 그른 방식이 있을 수 있음을 인식하 있지만, 이는 도덕적 규칙이 아니다.

그러나 문화 간 상호작용에서 형식적, 비형식적, 기술적 수준에 대한 가정은 어려움을 동반할 수 있다. 한 문화권에서는 비형식적인 관습일지라도 다른 문화권에서는 도덕적 규칙을 위반할 수 있고, 한 문화권에서는 기술적 규칙이 다른 문화권의 종교적 또는 영적 신념(예: 땅의 신성함)과 충돌할 수 있기 때문이다. 다른 문화권의 가치 체계에 대한 깊은 지식이 없으면, 사람들은 선을 넘고 무례하게 행동할 때 그 의미를 모를 수 있다. 홀은 "규범에서 벗어나는 문제는 매우 복잡하다"고 지적했다.

> 예를 들어, 아이들은 선을 넘을 때야 그 선을 알 수 있다. 아이들이 꾸중을 받을 때 이러한 도덕 체계의 중요성을 인식하게 된다. 아이들은 시행착오를 통해 자신이 형식적, 비형식적, 또는 기술적 규범을 어겼다는 것을 깨달을 때 그 사실을 알 수 있다. (Hall, 1973, p. 77)

홀은 형식적 문화적 가치와 비형식적 문화적 가치의 구분이 무의식적으로 이루어진다고 주장하지만, 최근 연구에 따르면 아이들은 어린 시절부터 사회적 규범과 도덕적 규범의 차이를 배운다. "아이들은 도덕 철학자처럼 말할 수는 없지만, 정교하게 사회적 정보를 분류하는 데 열중하며", "모든 문화에서 아이들은 여전히 도덕적 규칙과 관습적 규칙을 구별한다"(Haidt, 2012, p. 10)고 한다. 또한 연구자들은 "사회적 영역의 규범에 대한 이해는 아동기에 시작해 청소년기와 성인기까지 계속 발달한다"고 주장한다(Turiel & Dahl, 2019, p. 200).

요컨대, 양육 방식은 명시적인 가르침뿐만 아니라 도덕적 행동에 대한 격려와 금지라는 감정적 측면을 통해 가치를 전수한다. 도덕적 위반에 대한 반응은 내용과 강도에서 다양하며, 성인의 도덕적 가르침을 이해하고 내면화하는 과정에 영향을 미친다. 한편, 아동과 청소년은 자신의 문화에서 지배적인 도덕적 가치를 수동적으로 수용하는 존재가 아니라, 그 가치들을 숙의하고, 긍정하며, 반박할 수 있는 능력을 지닌 존재이다.

2. 도덕적 사회화

사회화는 아동이 모델로부터 배우고 보호자, 또래, 미디어, 교사와 상호작용하면서 수용 가능한 가치 체계와 용인되는 행동 양식에 익숙해지는 과정과 이러한 경험을 이해하는 과정을 설명한다. 사회화는 "개인이 자신이 속한 사회 집단의 기준, 신념, 가치, 그리고 행동에 따라 행동하게 되는 방식"(Grusec & Davidov, 2021)으로 정의되며, "사회 집단의 새로운 구성원이 더 경험이 많은 구성원에게 도움을 받는 과정"(Vinik et al., 2013, p. 475)으로 볼 수 있다. "이 과정은 청소년기 내내 지속되며", 지역 사회와 직장에서 "선배"들이 "신입에게 사회 공동체의 일원이 되는 데 필요한 가치, 행동, 동기를 개발하도록 도움을 주는"(Arnett, 2015, pp. 97, 87) "성인이 되어가는 과정"까지 확장된다. 사회화 과정은 시간이 소요되며, "특정 사회적 기준, 규칙, 가치에 반복적으로 노출되어야 개인적으로 자리 잡을 수 있다"(Genner & Süss, 2017, p. 1). 더욱이, 이는 단순한 하향식 가치 전수 과정이 아니라 "상호 작용하는 중첩적 체계로 구성된 역동적 체계"이다(Sherblom, 2015, p. 369). 도덕 발달을 위한 사회화가 어떻게 이루어지는지에 대한 다양한 설명이 존재하지만, **행동주의**, **사회 학습 이론**, 그리고 **사회 영역 이론**이라는 세 가지 핵심 이론이 중심을 이룬다.

2.1 주요 사회화 이론

20세기 초 등장한 주요 사회화 이론인 **행동주의**는 "도덕 이론에 큰 영향을 미쳤다"(Smetana et al., 2019, p. 124). 행동주의의 기본 전제는 "모든 학습은 행동과 환경적 반응 사이의 연결의 결과이다"(Bryant et al., 2013, p. 94)라는 것이다. 이 이론의 저명한 이론가인 스키너(1953, 1971)는 행동이 "조작적 조건화와 행동에 영향을 미치는 환경 내 강화 또는 처벌의 역할"의 결과라고 믿었다(Albaiz & Ernest, 2015, p. 344). 스키너는 "도덕성이란 문화적 규범과 관련된 가치 판단으로 (긍정적이든 부정적이든) 행동의 강화를 반영한다"는 "엄격한 행동주의적 도덕 습득 개념"을 제시했다. 따라서 모든 행동은 "강화에 수반되어 우연히 일어나는 사건의 결과"이며(Turiel, 2015, p. 488), 사람들이 자신의 원칙이나 공감에 영향을 받는 도덕적 행위자로서의 결과가 아니다. 시간이 흐르면서 학자들은 사회화에 대한 이러한 설명이 "기계론적 함의를 지닌다"(Howell, 2005, p. 162)고 비판하며, "강화와 처벌은 인간 사회 상호작용의 풍부함을 포괄하기에는 너무 제한적이다"(Grusec et al., 2014, p. 115)라는 사실을 깨달았다. 따라서 학습을 강화하기 위해 보상과 처벌을 사용한다는 행동주의에 대한 믿음이 여전히 존재함에도 불구하고, 이 이론은 아이들이 도덕적인 사람으로 성장하도록 돕는 방법에 대한 해답을 제시하지 못하며, 윤리, 도덕적 상상력, 성찰, 도덕적 책임감, 연민과는 거의 관련이 없다.

그리고 사회화 개념인 사회 학습 이론은 행동 강화라는 개념을 부정하지 않으면서도, "모방과 관찰"이 아동의 행동에 어떻게 영향을 미치는지를 강조한다. 그리고 아동이 "더 강력하고 더 양육적인 모델로부터 올바른 행동을 모델링하고 학습할 가능성이 더 높다"는 점을 강조한다(Smetana et al., 2019, p. 124). 모델링이 친사회적 행동과 공격적 행동에 미치는 영향을 탐구한 사회심리학자 반두라(A. Bandura, 1977)는 사회 학습이 여러 단계로 구성된 인지적 차원이 있다고 생각했다. 첫 번째 단계는 (a) "살아있는 모델 또는 텔레비전과 같은 매개체를 통해 간접적으로" 주의를 기울이는 것이고, 두 번째 단계는 "관찰된 행동에 대한 지식을 습득하고 유지하는 것"이다. 결국, (c) 관찰된 행동을 모방하는 것뿐만 아니라 (d) 자신의 행동 지침으로 "모델의 행동을 수용할지 여부를 선택하는 것"이 가능하다(Kunkel et al., 2005, p. 262). 이러한 방식으로 가치 학습은 "아이들이 상충하는 정보에 주의를 기울이고" 규범 자체와 "사회화 주체"에 대한 인식을 바탕으로 "어떤 행동이나 규범을 채택할지 선택하는 것"처럼 "엄격한 수동적인 과정"이 아니다(Smetana et al., 2019, p. 124). 그러나 시간이 지나면서 학자들은 사회 학습 이론이 "일방적이고 결정론적"(Kuczynski et al., 2014, p. 135)이라는 이유로 비판하고, 더 나아가 "사회화 과정에서 아동의 주체성을 더욱 명확히 인정해야 한다"(Smetana et al., 2019, p. 127)는 이유로 비판하기 시작했다.

마지막으로, 세 번째 사회화 설명인 사회 영역 이론(Nucci, 1989; Turiel, 1983 참조)은 도덕적 사회화를 "어른 및 또래와의 상호 작용"을 통해 배우는 과정으로 기술한다(Turiel, 2014, p. 3). 이 관점은 "다양한 사회적 상호작용 경험을 통한 아이들의 복합적인 삶과 발달"을 강조함으로써 도덕적 사회화의 복잡성을 인정한다(Carpendale, 2009, p. 281). "양육자가 도덕적 위반에 대한 피드백(도덕적 규범과 그른 것의 구성에 대한 피드백)"을 제공하는 것 외에도, 아이들의 사회적 경험과 이러한 경험에 대한 해석은 "도덕적 개념의 구축으로 이어진다"(Smetana, 1999, pp. 313-314). 특히 아이들은 또래와의 상호작용을 통해 "도덕적 이해를 형성"하며, 이는 공격성 피해자들의 반응과 "도덕적 위반의 피해자"가 되는 경험적 지식을 통해 이루어진다(Essler & Paulus, 2021, p. 330). 더욱이, 사회 영역 이론을 지지하는 연구는 "개인이 사회생활에서 도덕적 문제로 어려움을 겪는다"(Turiel, 2014, p. 3)는 점을 확인시켜 주며, 이는 도덕적 학습이 지속적이고 복잡한 현상임을 시사한다.

2.2 자녀 양육: 도덕적 사회화

상당수의 도덕적 사회화 연구는 부모와 주요 양육자의 장기적인 목표, 즉 "자녀가 유능한 성인이 되도록 돕는 것"(Holden et al., 2011, p. 130)과 사회와 문화의 "가치와 태도를 내면화하는 것"(Grusec & Davidov, 2021, pp. 3-4)에 중점을 두고 있다. "작은 사회 체계"(Damon, 1990, p. 51)로 여겨지는 가족 내에서 어린아이들은 평생 다양한 집단으로 사회화되지만, 문화적으로 적합한 가치와 신념을 배운다. 사회화 연구들은 부모와 자녀 간의 초기 유대감과 유년기 내내 지속되는 관계 및 상호작용 덕분에 "부모는 다른 어떤 사회화 주체보다 더 중요하다"고 강조한다(Grusec & Davidov, 2021, p. 2). "친밀한 가족 환경" 내에서 상호성 관계가 "부모의 가치를 기꺼이 받아들이는 것"을 촉진하기 때문에(Barni et al., 2011, p. 117), 부모는 유년기 후반과 청소년기까지도 자녀의 도덕적 추론 발달에 (Caravita et al., 2014, p. 194) 영향을 크게 미칠 수 있다. 그럼에도, 이러한 논의는 종종 부모를 거론하지만, "가족은 동질적이지 않으며 단순한 구조로 이루어져 있지 않다"(Walker, 1999, p. 262). 따라서 자녀에게 사랑과 도덕적 지침을 제공할 수 있는 다양한 양육자의 존재를 인식해야 한다.

사회화 연구는 부모가 도덕적 발달에 미치는 영향과 그 이유를 보여준다. "조화로운 부모-자녀 관계"를 경험한 어린이들은 "부모의 사회화 노력에 더욱 협조하고 반응하며"(Thompson, 2014, p. 285), "부모의 메시지와 타인의 요구를 더 열린 마음으로 수용한다"(Smetana et al., 2019, p. 133). 연구자들은 또한 아이들이 "부모의 따뜻함, 애정, 그리고 반응"(p. 133)을 경험할 때 "더 높은 수준의 도덕적 추론, 동정심, 그리고 친사회적 행동"(Mounts & Allen, 2019, p. 4)을 보인다고 강조한다. 이러한 상호 수용적인 관계는 부모가 "존중적 참여"(Berkowitz & Grych, 1998, p. 382) 관계를 형성하는 데서 기인하며, 이러한 관계는 "부모가 자녀의 바람을 배려할 때"(Grusec, 2019, p. 8) 형성된다.

모델링 역시 사회화의 필수적인 측면이지만, 이 개념은 단순히 부모를 롤모델로 삼는 것 이상의 복잡성을 가진다. 부모가 사회적으로 인정받는 선하고 고귀한 사람일지라도, 그것만으로는 도덕적 발달을 이끌어내지는 못한다. 자녀는 일상생활에서 "도덕적 문제에 대한 부모와의 상호작용"을 통해 부모를 관찰하고, 부모의 "양육과 지지"의 과정을 통해 타인 존중과 연민의 본보기를 경험하며, 공감과 도덕적 추론의 중요한 역할을 모델링하게 된다(Berkowitz & Grych, 1998, p. 385). 부모는 또한 "자녀의 환경을 모니터링"하고, 자녀가 "긍정적인 사회적 행동"의 사례를 접하도록 장려하며(Grusec, 2019, p. 9), "자녀가 타인에 대한 책임감을 드러낼 기회를 만들어 주는"(Berkowitz & Grych, 1998, p. 378) 활동을 지원한다.

롤 모델링은 도덕적 사회화의 여러 단계로 구성된다. 첫째, 부모는 자신이 도덕성에 진정으로 관심이 있음을 보여줘야 한다. "아이들은 어른들도 '공정성'과 '옳고 그름'에 관심이 있다는 것을 깨닫는 것이 중요하다"(Kuhmerker, 1976, p. 265). 또한, 연구들은 "아이들이 부모와 다른 어른들의 친사회적 행동을 본받는다"(Eisenberg et al., 2015, p. 122)는 것을 확인한다. 예를 들어, 부모가 "친사회적 자원봉사 활동"에 참여하여 배려하는 모습을 본 아이들은 청소년기와 청년기에 스스로 자원봉사자가 될 가능성이 높다(Grusec et al., 2014, p. 125). 마지막으로, 아이들은 "어른들이 주변의 크고 작은 불의에 대처할 수 있고, 화가 나거나 실망하더라도 자제력을 잃지 않고, 긍정적인 방법으로 불의를 바로잡을 수 있다는 것을 이해할" 필요가 있다(Kuhmerker, 1976, p. 264). 이러한 부모 모델은 "자신과 타인이 겪는 고통에 적절하게 반응"(Grusec, 2019, p. 9)하며, 합리성, 자기 통제력, 그리고 "적합한 갈등 해결 기술"(Mounts & Allen, 2019, p. 7)을 보여준다.

자녀 양육에서의 도덕적 사회화 연구에서 연구자들은 아이들과의 대화의 중요성을 강조하며, "가치를 가르치는 장기적인 목표"에는 추론 능력이 포함된다고 말한다(Grusec et al., 2017, p. 465). 가장 중요한 도덕적 사회화 실천은 아이들의 행동을 교정할 때, "아이들의 행동이 타인에게 미치는 결과를 논의하는" 귀납법이다. 귀납법은 "아이들이 타인에게 가한 피해에 대한 경각심을 높이고", "고통을 최소화하여 아이들이 부모의 메시지에 더 집중할 가능성을 높이는 것"에 초점을 맞춘다(Mounts & Allen, 2019, p. 6). 이러한 귀납적 추론을 통해 "부모는 아이들이 타인의 감정 상태에 대한 배려와 연민, 감정적 이해와 관점 채택을 촉진하도록 돕는다"(Laible et al., 2019, p. 289). 결과적으로 "부모의 유도는 자녀의 높은 수준의 공감과 친사회적 행동을 포함한 도덕적 능력과 밀접한 관련이 있다"(p. 288).

그러나 일부 부모는 도덕적 추론을 제한적으로 모델링하며, 동시에 "합리적이고, 협상 가능하며, 결과 지향적이고, 자녀의 행동을 규제하는 데 관심이 있는 대결적 힘"을 보여주는 비강압적 훈육 방식을 사용한다. 이 시나리오에서 "아이들은 순응, 부모와의 만족스러운 타협안 협상, 또는 불복종에 대한 정해진 대가를 지불한다"(Baumrind, 2012, p. 36). 물론 부모가 "가혹하거나 반응이 없거나 무자격적인 힘에 의존하지 않는"(p. 36) 경우, 부모는 더욱 "지원적이고 유연한" 모델이 된다(p. 40). 강압적인 권력 주장과는 달리, 행동 교정을 위한 부모의 사회화 실천은 "적당하고 적절한 수준의 처벌과 함께 특정 행동이 용납될 수 없는 이유나 설명이 함께 제공될 때"(Grusec, 2019, p. 13) 더욱 효과적이다.

부모는 자녀가 훌륭한 행동의 이유를 완전히 이해하기 전에 타인에게 해를 끼치지 않도록 협조적이고 동정적으로, 또는 최소한으로 행동하기를 원하기 때문에 보상과 처벌 시스템에 의존할 수 있다. 행동을 인정하고 칭찬하는 것, 애정 표현, 그리고 관찰되거나 미래에 나타날 수 있는 행동에 대한 특권이나 물질적 보상과 같은 긍정적인 유인책은 훌륭한 행동을 강화한다. 연구에 따르면, 칭찬은 "동정심을 발달시켜 친사회적 행동의 내면화를 촉진"할 수 있지만, "물질적 보상 제공은 본래적으로 동기 부여된 행동을 약화시킬 수 있다"(Mounts & Allen, 2019, p. 9). 하지만 자녀의 비행에 대한 부모의 반응은 쾌락이나 특권의 거부 혹은 언어적 질책과 같은 부정적 강화의 형태로 나타날 수도 있다. 이는 아이들의 행동을 자극했던 상황이나 사물로부터 아이들이 잠시 벗어나게 할 수 있다. "부정적 강화는 종종 처벌과 혼동되지만"(Troutman, 2015, p. 4), 잘못한 아이를 상황에서 떼어놓는 것은 처벌적인 반응과는 매우 다르다. 처벌은 "요청에 대한 즉각적인 순응을 얻기 위해"(Grusec et al., 2017, p. 465) 사용될 수 있다. 이는 자녀나 타인에게 해를 끼칠 수 있는 부적절한 행동의 경우와 관련이 있다.

보상과 처벌을 통한 도덕적 사회화를 비판하는 학자들은 다음과 같은 우려를 제기한다. 그들은 "보상과 긍정적인 피드백에 대한 과도한 의존이 아동의 도덕적 동기를 저해할" 수 있기 때문에, 보상이 본래적 동기를 방해한다고 주장한다(Nucci, 2006, p. 720). 더욱이, 부정적 강화는 그러한 결과가 "행동과 논리적 연관성이 없고" 친사회적 발달의 기회를 제공하지 않기 때문에 도덕적 학습을 허용하지 않는다(p. 721). 처벌은 "도덕적 성장을 유도하는 것"이 아니다. "개인적인 해를 피하는 것은 도덕적 이유가 아니다"(Watson, 2008, p. 191). 또한 그러한 "관행은 아동에게 외재적이며, 선천적인 옳고 그름에 대한 감각을 함양하는 데 효과적이지 않을 수 있다"(Albaiz & Ernest, 2015, p. 342). 훈육에 대한 처벌적 접근은 "민주적 협력"(Lapsley, 2006, p. 43)과 관점에 대한 상호 이해를 통한 도덕적 삶의 발달을 저해한다. 정신과 의사 드라이쿠르스(R. Dreikurs)는 행동주의적 훈육이 권위주의적 전술이라고 주장했다.

> 보상과 처벌은 모두 상하 관계가 존재하는 사회적 환경에서만 가능하고, 우월한 권한을 가진 사람이 집행한다. 그리고 보상과 처벌은 적절한 시점을 결정하고 그에 따라 적절한 보상을 내릴 수 있는 사람이 없다면 집행 불가능하다. 한 사람이 타인보다 우월하다는 것은 "자연스러운" 것이 아니며, 권위주의 사회의 독재 체제를 통해 사회적으로 확립될 뿐이다. 민주주의 사회에서는 사회의 모든 구성원이 평등하다. (Dreikurs, 1958, p. 171)

또한 부모나 중요한 양육자는 자녀나 다른 가족 구성원에게 "해롭거나 학대적인 행동"을 보여줌으로써 부정적인 영향을 미칠 수 있다(Berkowitz & Grych, 1998, p. 385). 이들의 교정 방법은 "임의적이고, 독단적이며, 가족 관계에서 위계적 지위를 유지하는 데 중점을 두고, 아이에게 순응할 수밖에 없는" 강압적인 권력을 수반한다(Baumrind, 2012, p. 36). 이러한 훈육은 "특권 박탈이나 심리적 공격"(p. 39)을 포함하며, 아이에게 그들이 나쁘거나 무가치하다고 말하고 화를 내는 것을 의미한다. "가혹하고 거부적인 양육"을 경험하고 "부모 간 폭력"을 포함한 부모의 공격성을 목격한 아이들은 반사회적 행동을 보일 가능성이 더 높다(Hyde et al., 2010, p. 199). 이러한 아이들은 "부모의 분노 폭발을 자신의 행동으로 모방"(Damon, 1990, p. 55)할 가능성도 크다. 다시 말해, "또래를 괴롭히는 아이들은 부모가 권위적이고 가혹하며 징벌적인 양육 방식을 사용하는 가정에서 자랐을 가능성이 크다"(Georgiou & Stavrinides, 2013, p. 166). "공격성을 모델로 삼는" 부모는 아이들에게 "분노와 좌절감과 같은 부정적인 감정"을 조절하는 방법을 가르치지 않기 때문이다(Van IJzendoorn, 1997, p. 721).

체벌, 즉 신체적 고통을 가하는 것은 강압적 훈육의 일반적인 형태이다. 부모는 스트레스가 많은 상황에서 체벌을 사용할 가능성이 높으며(Simons & Wurtele, 2010, p. 640), 통제력 부족이나 분노가 이러한 훈육 방식을 부추긴다. 이러한 훈육은 자녀의 그릇된 행동을 막을 수는 있지만, 분노와 원망을 유발할 수 있다. 전반적으로 "상대적으로 화가 난 부모의 신체적, 언어적 압박으로 정의되는 부모의 권력 주장은 도덕적 기능을 저해한다"(Smetana et al., 2019, p. 136). 여러 연구자들은 자녀를 때리거나 처벌하는 것은 단기적인 순응을 유도할 수 있지만, 장기적인 행동 변화를 가져오거나 도덕적 학습에 기여하지 못하는 비효과적 교정 방식이라고 결론짓는다(Gershoff, 2013; Kish & Newcombe, 2015). 또한, 아이들은 "또래 및 형제자매와의 갈등을 해결하기 위해" 때리는 행동을 하도록 사회화되기 때문에 신체적 해를 가하는 것을 용인할 수 있다(Simons & Wurtele, 2010, p. 645). 그럼에도, 어떤 문화권에서는 다른 문화권보다 체벌을 더 자주 사용하지만, 반드시 분노의 반응으로 나타나는 것은 아니다. 이러한 사회에서는 아이들이 "체벌이 불쾌하더라도, 아이들의 최선의 이익을 염두에 두고 신중하게 이루어진다"고 생각할 수 있다(Lansford, 2010, p. 96).

마지막으로, 부모는 도덕적 이탈을 유발할 수 있는 환경을 조성함으로써 도덕적 발달을 저해할 수 있다. 이는 부모가 "아이들의 반항적인 행동을 최소화하거나 긍정적으로 반응"(Bussey, 2020, p. 317)하여 아이들이 자신의 행동에 대한 책임을 지지 않도록 부추길 때 발생할 수 있다. 부모가 자신의 반사회적 또는 부도덕한 행동에 대해 무관심하다고 믿도록 사회화되면, 공감 발달이 저해되고, 결과적으로 아이들은 죄책감이나 수치심을 느끼지 못할 수 있다. 이러한 양육 방식은 "아무런 양심의 가책 없이 부도덕하고 반사회적인 행동을 저지르도록 하는 도덕적 기준의 선택적 이탈"(p. 307)을 촉진한다. 즉, "누군가에게 해를 끼칠 경우 스스로 제재를 받을 것을 예상하게 하는 내적 자기조절 과정을 차단하는 것"(Campaert et al., 2017, p. 483)이다. 도덕적 이탈은 "방관자로서 괴롭힘에 더 수동적으로 참여하는"(Hymel & Bonanno, 2014, pp. 280–281) 사람들뿐만 아니라 가해 아동과 청소년에게서 흔히 나타나는 현상이다(Bandura, 2016).

2.3 도덕적 사회화: 또래와 미디어

부모나 다른 중요한 성인 가족 구성원은 더 이상 사회화의 주요 주체로 남아 있지 않다. 아이들이 놀이 친구 및 급우와의 관계를 통해 사회적 세계를 확장해 나가면서, 도덕적 사회화 과정은 "상호 존중, 공정성, 정의, 협력에 대한 관심"을 포함하는 또래와의 "상호적 관계"를 통해 더욱 풍부해진다(Turiel, 2014, p. 7). 더욱이, 아이들은 청소년기로 접어들면서 또래와의 강한 애착을 형성하게 된다. 이러한 애착은 "공감과 관점 채택 능력 발달에서 중요한"(Murphy et al., 2017, p. 1390) 것이며, 중요한 "사회적 및 인지적 기술"(Lynn et al., 2019, p. 9)에 해당한다.

청소년기 초기에는 또래 상호작용이 더 빈번해지고 감독의 필요성이 줄어들게 된다(Espelage et al., 2003, p. 205). 이 시기에는 또래의 영향력이 점점 더 커지며, 청소년들은 가족보다 친구들과 더 많은 시간을 보내고 더 가까워지게 된다(Arnett, 2015, p. 97). 청소년들은 "또래 집단 내에서 자신의 사회적 지위를 확립하는 데 더 많은 투자를 한다"(Boniel-Nissim & Sasson, 2018, p. 177). 마찬가지로, 청소년들(다른 연령대도 마찬가지지만)은 "여러 면에서 자신과 비슷한 친구를 선택하는 경향이 있는데, 이를 선택적 교제라 부른다"(Arnett, 2015, p. 97). 또한 이러한 선택은 성별과 인종뿐만 아니라 장소적 근접성을 기준으로 이루어진다(Espelage et al., 2003, p. 205). 특히 연구는 청소년기에 "사람들의 행동과 친구 간의 높은 상관관계"를 확증한다(Faris & Ennett, 2012, p. 371).

하지만 청소년기에는 또래 집단이 정체성 발달에 훨씬 더 큰 영향을 미치며, "정체성 형성은 사회 집단에 대한 소속감과 밀접하게 연관되어 있기" 때문이다(Genner & Süss, 2017, p. 6). 청소년들은 또래 집단 구성원들과 비슷하게 행동하도록 사회화된다. "청소년 친구들은 서로에게 영향을 미치고 그 영향은 복잡하다"(Arnett, 2015, p. 97):

> 청소년기 친구의 영향력은 종종 부정적으로 여겨지고, 자기 조절과 권위자에 대한 순응이라는 사회화 결과를 위반하는 경향(예: 불법 약물 사용)을 보이지만, 실제로 청소년 친구들은 기존의 유사성을 강화하는 경향이 있다. 즉, 일탈 행동을 보이는 청소년 친구들은 서로에게 그러한 일탈을 부추기는 반면, 규칙을 따르는 청소년 친구들은 서로의 경향을 강화한다… (p. 97)

부정적인 측면에서 볼 때, "또래는 반사회적 행동의 발달에 주요한 영향을 미친다"(Sijtsema & Lindenberg, 2018, p. 140). 첫째, 또래는 이미 "세상을 위험하고 무관심한 곳"으로 인식하는 청소년들의 견해를 "확증하고 강화"하여 괴롭힘과 도덕적 이탈에 기여할 수 있다(Hyde et al., 2010, p. 199). 그 결과로, 청소년들은 공격적인 행동을 실행하고 모방하는 우정과 파벌에 끌릴 수 있다. "결과적으로, 친구들은 서로 간의 공격성 수준이 유사하고 특정 또래를 대상으로 한 공격을 공유할 수 있다." 더욱이, "괴롭힘은 지위와 권력을 얻는 데 유용할 뿐만 아니라, 괴롭힘을 가하는 아이들 사이에 소속감을 형성하는 데에도 기여할 수 있다"(Salmivalli, 2010, p. 116). 그러나 또래 집단은 긍정적인 영향을 미칠 수도 있으며, 괴롭힘 피해자에게 맞서고 옹호할 때 서로를 지지할 수도 있다. "따라서 서로의 친사회적 행동을 장려하고 긍정적인 본보기가 될 수 있다"(p. 116). 연구는 또래 집단이 반사회적이라는 고정관념을 지지하지 않는다.

또래 집단과 함께 텔레비전, 비디오 게임, 음악, 소셜 미디어와 같은 다양한 미디어 형태는 인식, 감정, 신념, 행동에 영향을 미친다(Prot et al., 2015, p. 276). 미디어는 나이가 많은 아동과 청소년의 정체성 탐구 및 발달에 중요한 역할을 한다. 소셜 미디어는 "사회 집단에 대한 소속감"과 "또래 집단의 요구"를 강화한다(Genner & Süss, 2017, pp. 5, 6). 또한, 또래 집단과 소셜 미디어는 상호 연관되어 있으며, 미디어 경험이 시너지 효과를 발휘함에 따라 미디어 제작자와 사용자 간의 경계가 점점 모호해지고 있다(p. 3). 그러나 사회화에서 미디어의 역할은 가족, 친구, 맥락, 그리고 어린이와 청소년이 미디어에 참여하는 동기를 포함한 "다양한 영향의 상호작용"에 달려 있다(Genner & Süss, 2017, p. 2). 미디어는 여전히 사회화의 매개체이지만, 일부 청소년은 "회복력이 강하고" "부정적인 미디어 효과에 더 잘 대처한다"(p. 10). 반면 "사회적으로 더 고립된" 사람들은 특히 소셜 미디어에 의존하여 "행동 중독"을 경험하기도 한다(Boniel-Nissim & Sasson, 2018, p. 176). 이는 소셜 미디어를 통해 정서적 만족감을 경험하지 못함에도 불구하고 나타난다(Ballarotto et al., 2021, p. 1). 그럼에도 불구하고, 젊은이들은 단순히 수동적인 미디어의 소비자가 아니다. "그들은 미디어가 속한 사회 및 문화적 환경과의 상호작용을 통해 세상에 대해 적극적으로 이해한다"(Genner & Süss, 2017, pp. 4–5).

또래 집단의 영향과 마찬가지로 "미디어 효과는 복잡하며"(Prot et al., 2015, p. 291), 미디어 사용은 "친사회적 행동과 공격적 행동 모두와 연관되어 있다"(Padilla-Walker et al., 2020, p. 181). 친사회적 미디어는 도움과 돌봄의 역할 모델 사례를 제공하며(Greitemeyer, 2022, p. 136), 고정관념에 얽매이지 않는 젠더 특성화에 기여한다(Prot et al., 2015, p. 287). 그러나 대부분의 연구는 미디어가 공격성을 유발하고 성별 및 인종에 대한 고정관념을 조장함으로써 부정적인 영향을 미친다는 점에 집중하고 있다(Chakroff & Nathanson, 2008, p. 552; Prot et al., 2015, p. 283). 연구자들은 폭력적인 TV 프로그램이 어린이의 도덕적 추론에 부정적인 영향을 미치고(Bajovic, 2013, p. 177), 폭력적인 비디오 게임을 장시간 플레이하면 "하나 이상의 도덕적 이탈 메커니즘이 활성화된다"(Bussey, 2020, p. 312)고 주장한다. 젊은이들이 "폭력에 무감각해지고" 도움이 필요한 사람들에 대한 공감 능력이 감소하기 때문이다(Brockmyer, 2013, pp. 3, 9). 위에서 언급했듯이, 도덕적 이탈은 피해자를 배려하는 능력에 영향을 미치며, 이는 괴롭힘의 중요한 요인으로 작용한다. 그러나 사이버 괴롭힘은 "익명성, 홍보, 그리고 메시지나 다양한 시청각 콘텐츠의 대량 유포 가능성"으로 인해 "대면 상황에서는 발생하지 않을 특정 학대 행위의 원인이 될 수 있다"(Cuadrado-Gordillo & Fernández-Antelo, 2019, p. 3).

부모도 미디어 사회화의 영향에서 중요한 역할을 해야 한다. 부모가 미디어 노출을 모니터링하면 공격성 모델링을 줄이고 친사회적 행동을 장려할 수 있다(Padilla-Walker et al., 2020, p. 181). 모니터링에는 제한적 모니터링과 적극적 모니터링이라는 여러 유형이 있다. 제한적 중재는 "특정 콘텐츠에 대한 아동의 접근을 규제하거나 미디어 이용 시간을 제한하는 것"을 포함한다(Meeus et al., 2018, p. 270). 그러나 지나치게 제한할 경우, 아동과 청소년은 "부모의 높은 수준의 제한에 저항"하고 부모에 대해 "부정적인 태도"를 형성할 수 있으며, 이는 때때로 "새로운 형태의 미디어에 대한 부모와 자녀 간의 지식 및 실무 능력의 상당한 차이"로 인해 더욱 심화된다(p. 271). 연구자들은 적극적인 감시 또는 중재를 설명하면서, 부모와 교사가 미디어의 폭력 및 고정관념 묘사에 주의를 기울이고(Genner & Süss, 2017, p. 10), 청소년들이 "미디어 콘텐츠에 대해 더욱 비판적인 소비자"가 되도록 돕는(Fikkers et al., 2017, p. 407) 역할을 강조한다. 부모와 교육자는 저항을 유발할 수 있는 권위주의적 접근을 피하기 위해 청소년들이 "미디어 사용 및 그 영향에 관한 대화에 적극적으로 참여하도록" 해야 한다(Padilla-Walker et al., 2020, p. 195). 이러한 대화는 아이들이 성찰 능력을 개발하고, 부모와 자녀가 서로의 관점에서 배우면서 "상호 작용하는 파트너로서 자신의 역할을 실천할"(Kuczynski et al., 2014, p. 141) 기회를 제공한다.

참고문헌

Albaiz, N. E., & Ernest, J. M.(2015). Between kindergartners' stickers and adolescents' fancy cars: How to build an autonomous generation. *Childhood Education*, 91(5), 342–350.

Arieli, S., & Sagiv, L.(2018). Culture and problem-solving: Congruency between the cultural mindset of individualism versus collectivism and problem type. *Journal of Experimental Psychology: General*,

147(6), 789.

Arnett, J. J.(2015). Socialization in emerging adulthood: From the family to the wider world, from socialization to self-socialization. In J. E. Grusec & P. D. Hastings(Eds.), *Handbook of socialization: Theory and research* (pp. 85-108). The Guilford Press.

Bajovic, M.(2013). Violent video gaming and moral reasoning in adolescents: Is there an association?. *Educational Media International*, 50(3), 177-191.

Ballarotto, G., Volpi, B., & Tambelli, R.(2021). Adolescent attachment to parents and peers and the use of Instagram: The mediation role of psycho-pathological risk. *International Journal of Environmental Research and Public Health*, 18(8). https://doi.org/10.3390/ijerph18083965

Bandura, A.(1977). *Social learning theory*. Prentice-Hall.

Bandura, A.(2016). *Moral disengagement: How people do harm and live with themselves*. Worth Publishers.

Barni, D., Ranieri, S., Scabini, E., & Rosnati, R.(2011). Value transmission in the family: Do adolescents accept the values their parents want to transmit?. *Journal of Moral Education*, 40(1), 105-121.

Baumrind, D.(2012). Differentiating between confrontive and coercive kinds of parental power-assertive disciplinary practices. *Human Development*, 55(2), 35-51.

Berkowitz, M. W., & Grych, J. H.(1998). Fostering goodness: Teaching parents to facilitate children's moral development. *Journal of Moral Education*, 27(3), 371-391.

Bloom, P.(2013). *Just babies: The origins of good and evil*. Crown/Random

House.

Boniel-Nissim, M., & Sasson, H.(2018). Bullying victimization and poor relationships with parents as risk factors of problematic internet use in adolescence. *Computers in Human Behavior*, 88, 176-183.

Brint, S., Contreras, M. F., & Matthews, M. T.(2001). Socialization messages in primary schools: An organizational analysis. *Sociology of Education*, 157-180.

Brockmyer, J. F.(2013). Media violence, desensitization, and psychological engagement. In K. E. Dill(Ed.), *The Oxford handbook of media psychology* (pp. 212-222). Oxford University Press. https://doi.org/10.1093/oxfordhb/9780195398809.013.0012

Bryant, L. C., Vincent, R., Shaqlaih, A., & Moss, G.(2013). Behaviour and behavioural learning theory. In B. Irly, G. H. Brown, R. Lara-Alecio, & S. Jackson(Eds.), *The handbook of educational theories* (pp. 91-104). Information Age Publishing.

Bussey, K. (2020), Development of moral disengagement. The Oxford handbook of moral development: An interdisciplinary perspective, 306-326, https://doi org/10.1093/oxfordhb/9780190676049.013.17

Campaert, K., Nocentini, A., & Menesini, E.(2017). The efficacy of teachers' responses to incidents of bullying and victimization: The mediational role of moral disengagement for bullying. *Aggressive Behavior*, 43(5), 483-492.

Caravita, S., Sijtsema, J. J., Rambaran, J. A., & Gini, G.(2014). Peer influences on moral disengagement in late childhood and early adolescence. *Journal of Youth and Adolescence*, 43(2), 193-207.

Carpendale, J. I. M.(2009). Piaget's theory of moral development. In U. Müller, J. I. M. Carpendale, & L. Smith(Eds.), *The Cambridge companion to Piaget* (pp. 270-286). Cambridge University Press.

Chakroff, J. L., & Nathanson, A. I.(2008). Parent and school interventions: Mediation and media literacy. *The handbook of children, media, and development*, 552-576.

Churchland, P.(2019). *Conscience: The origins of moral intuition*. WW Norton & Company.

Cuadrado-Gordillo, I., & Fernández-Antelo, I.(2019). Analysis of moral disengagement as a modulating factor in adolescents' perception of cyber-bullying. *Frontiers in Psychology*, 10, 1-12. https://doi.org/10.3389/fpsyg.2019.01222

Damon, W.(1990). *The moral child: Nurturing children's natural moral growth*. Free Press.

Dreikurs, R. (1958). The cultural implications of reward and punishment. *International Journal of Social Psychiatry*, 4(3), 171-178.

Eisenberg, N., Eggum-Wilkens, N. D., & Spinrad, T. L.(2015). The development of prosocial behavior. In D. A. Schroeder & W. G. Graziano(Eds.), *The Oxford handbook of prosocial behavior* (pp. 114-136). Oxford University Press.

Espelage, D. L., Holt, M. K., & Henkel, R. R.(2003). Examination of peer-group contextual effects on aggression during early adolescence. *Child Development*, 74(1), 205-220.

Essler, S., & Paulus, M.(2021). When do caregivers begin to view their child as a moral agent? Comparing moral and non-moral reactions to young children's moral transgressions. *Journal of Moral Education*, 50(3), 330–342.

Faris, R., & Ennett, S.(2012). Adolescent aggression: The role of peer group status motives, peer aggression, and group characteristics. *Social Networks*, 34(4), 371–378.

Fikkers, K. M., Piotrowski, J. T., & Valkenburg, P. M. (2017). A matter of style? Exploring the effects of parental mediation styles on early adolescents' media violence exposure and aggression. *Computers in Human Behavior*, 70, 407–415.

Frank, L. K.(1956), Social systems and culture. In R. R. Grinker(Ed.), *Toward a unified theory of human behavior*. Basic Books.

Genner, S., & Süss, D.(2017). Socialization as media effect. In P. Rössler (Ed.), *The international encyclopedia of media effects*. Wiley–Blackwell. https://doi.org/10.1002/9781118783764.wbieme0138

Georgiou, S. N., & Stavrinides, P.(2013). Parenting at home and bullying at school. *Social Psychology of Education*, 16(2), 165–179.

Gershoff, E. T.(2013). Spanking and child development: We know enough now to stop hitting our children. *Child Development Perspectives*, 7(3), 133–137.

Greitemeyer, T.(2022). Prosocial modeling: person role models and the media. *Current Opinion in Psychology*, 44, 135–139.

Grusec, J. E.(2019). Domains of socialization. In D. J. Laible, G. Carlo, L. M. Padilla–Walker(Eds.), *The Oxford handbook of parenting and moral development* (pp. 72–90). Oxford University Press.

Grusec, J. E., Chaparro, M. P., Johnston, M., & Sherman, A.(2014). The development of moral behavior from a socialization perspective. In M. Killen & J. G. Smetana(Eds.), *Handbook of moral development* (pp. 113–134). Psychology Press.

Grusec, J. E., & Davidov, M.(2021). *Socializing children*. Cambridge University Press.

Grusec, J. E., Danyliuk, T., Kil, H., & O'Neill, D.(2017). Perspectives on parent discipline and child outcomes. *International Journal of Behavioral Development*, 41(4), 465–471.

Güss, C. D., & Robinson, B.(2014). Predicted causality in decision making: the role of culture. *Frontiers in Psychology*, 5(479), 1–4.

Haidt, J.(2012). *The righteous mind: Why good people are divided by politics and religion*. Pantheon Books.

Hall, E. T.(1973). *The silent language*. Anchor Press/Doubleday.

Hall, E. T.(1976). *Beyond culture*. Anchor Books/Doubleday.

Haste, H., & Abrahams, S.(2008). Morality, culture and the dialogic self: Taking cultural pluralism seriously. *Journal of Moral Education*, 37(3), 377–394.

Holden, G. W., Vittrup, B., & Rosen, L. H.(2011). Families, parenting, and discipline. In M. K. Underwood & L. H. Rosen(Eds.), *Social development: Relationships in infancy, childhood, and adolescence* (pp. 127–152). Guilford Press.

Hollan, D.(2012). Cultures and their discontents: On the cultural mediation of shame and guilt. *Psychoanalytic Inquiry*, 32(6), 570–581.

Howell, C.(2005). Democratic education and social learning theory. *Philosophy of Education 2005*, 161–170.

Hyde, L. W., Shaw, D. S., & Moilanen, K. L.(2010). Developmental precursors of moral disengagement and the role of moral disengagement in the development of antisocial behavior. *Journal of Abnormal Child Psychology*, 38(2), 197–209.

Hymel, S., & Bonanno, R. A.(2014). Moral disengagement processes in bullying. *Theory into Practice*, 53(4), 278–285.

Jensen, L. A.(2008). Through two lenses: A cultural-developmental approach to moral psychology. *Developmental Review*, 28(3), 289–315.

Jensen, L. A.(2015). Theorizing and researching moral development in a global world. In L. A. Jensen(Ed.), *The Oxford handbook of human development and culture: An interdisciplinary perspective* (pp. 1–19). Oxford Library of Psychology.

Kish, A., & Newcombe, P.(2015). "Smacking never hurt me!" Identifying myths surrounding the use of corporal punishment. *Personality and Individual Differences*, 87, 121–129.

Kuczynski, L., Parkin, C. M., & Pitman, R.(2014). Socialization as dynamic process. In J. E. Grusec & P. D. Hastings(Eds.), *Handbook of socialization: Theory and research* (pp. 135–157). Guilford Publications.

Kuhmerker, L.(1976). Social interaction and the development of a sense of right and wrong in young children. *Journal of Moral Education*, 5(3), 257–264.

Kunkel, A., Hummert, M. L., & Dennis, M. R.(2005). Social learning: Modeling and communication in the family context. In D. O. Braithwaite & L. A. Baxter(Eds.), *Engaging theories in family communica-*

tion: Multiple perspectives (pp. 260–275). Sage.

Laible, D. J., Karahuta, E., Van Norden, C., Interra, V., & Stout, W.(2019). The socialization of children's moral understanding in the context of everyday discourse. *The Oxford handbook of parenting and moral development* (pp. 287–300). Oxford University Press.

Lansford, J. E.(2010). The special problem of cultural differences in effects of corporal punishment. *Law and Contemporary Problems*, 73(2), 89–106.

Lapsley, D. K.(2006). Moral stage theory. In M. Killen & J. Smetana (Eds.), *Handbook of moral development* (pp. 37–66). Lawrence Erlbaum.

Lynn, S., Carroll, A., Houghton, S., & Bower, J. M.(2019). Emotion socialization in peer groups. *The encyclopedia of child and adolescent development* (pp. 1–12). Wiley.

Mattingly, C., & Throop, J.(2018). The anthropology of ethics and morality. *Annual Review of Anthropology*, 47, 475–492.

Mead, M.(1971). Guilt, ritual, and culture: Some anthropological considerations concerning guilt. In R. W. Smith(Ed.), *Guilt: Man and society* (pp. 117–134). Doubleday.

Meeus, A., Beyens, I., Geusens, F., Sodermans, A. K., & Beullens, K.(2018). Managing positive and negative media effects among adolescents: Parental mediation matters—but not always. *Journal of Family Communication*, 18(4), 270–285.

Mounts, N. S., & Allen, C.(2019). Parenting styles and practices. In D. J. Laible, G. Carlo, & L. M. Padilla-Walker, *The Oxford handbook of parenting and moral development*. Oxford University Press. https://doi.org/10.1093/oxfordhb/9780190638696.013.4

Murphy, T. P., Laible, D., & Augustine, M.(2017). The influences of parent and peer attachment on bullying. *Journal of Child and Family Studies*, 26(5), 1388–1397.

Nucci, L. P.(1989). Challenging conventional wisdom about morality: The domain approach to values education. In L. P. Nucci(Ed.), *Moral development and character education: A dialogue* (pp. 183–203), McCutcheon.

Nucci, L.(2006). Classroom management for moral and social development. In C. M. Evertson & C. S. Weinstein(Eds.), *Handbook of classroom management: Research, practice, and contemporary issues* (pp. 711–731). Lawrence Erlbaum.

Padilla-Walker, L. M., Stockdale, L. A., Son, D., Coyne, S. M., & Stinnett, S. C.(2020). Associations between parental media monitoring style, information management, and prosocial and aggressive behaviors. *Journal of Social and Personal Relationships*, 37(1), 180–200.

Pillutla, M. M.(2011). When good people do wrong: Morality, social identity, and ethical behavior. *Social Psychology and Organizations*, 353–368.

Prot, S., Anderson, C. A., Gentile, D. A., Warburton, W., Saleem, M., Groves, C. L., & Brown, S. C.(2015). Media as agents of socialization. In J. E. Grusec, & P. D. Hastings(Eds.), *Handbook of socialization: Theory and research* (2nd ed.; pp. 276–300). Guilford Press.

Salmivalli, C.(2010). Bullying and the peer group: A review. *Aggression and Violent Behavior*, 15(2), 112–120.

Sherblom, S. A.(2015). A moral experience feedback loop: Modeling a system of moral self-cultivation in everyday life. *Journal of Moral Education*, 44(3), 364–381.

Sijtsema, J. J., & Lindenberg, S. M.(2018). Peer influence in the development of adolescent antisocial behavior: Advances from dynamic social network studies. *Developmental Review*, 50, 140–154.

Simons, D. A., & Wurtele, S. K.(2010). Relationships between parents' use of corporal punishment and their children's endorsement of spanking and hitting other children. *Child Abuse & Neglect*, 34(9), 639–646.

Singer, M. G.(2002). *The ideal of rational morality: Philosophical compositions*. Oxford University Press.

Skinner, B. F.(1953). *Science and human behavior*. Free Press.

Skinner, B. F.(1971). *Beyond freedom and dignity*. Knopf.

Smetana, J. G.(1999). The role of parents in moral development: A social domain analysis. *Journal of Moral Education*, 28(3), 311–321.

Smetana, J. G., Ball, C. L., & Yoo, H. N.(2019). Parenting and moral development. In M. H. Bornstein(Ed.), *Handbook of parenting, Vol 5: The practice of parenting* (3rd ed.; pp. 122–155). Routledge.

Tappan, M.(2006). Moral functioning as mediated action, *Journal of Moral Education*, 35(1), 1–18.

Thompson, R. A.(2012). Whither the preconventional child? Toward a life-span moral development theory. *Child Development Perspectives*, 6(4), 423–429.

Thompson, R. A.(2014), The Development of Virtue: A Perspective from Developmental Psychology. in Snow, N. E.(Ed.), *Cultivating Virtue: Perspectives from Philosophy, Theology, and Psychology*. (pp. 278-306). New York.

Troutman, B.(2015). Viewing parent-child interactions through the lens of behaviorism. In B. Troutman(Ed.), *Integrating behaviorism and attachment theory in parent coaching* (pp. 3-20). Springer.

Turiel, E.(1983). *Development of social knowledge*. Cambridge University Press.

Turiel, E.(2014). Morality: Epistemology, development, and social opposition. In M. Killen & J. G. Smetana(Eds.), *Handbook of moral development* (2nd ed.; pp. 3-22). Psychology Press.

Turiel, E.(2015). Moral development. In R. M. Lerner, W. F. Overton, & P. C. Molenaar(Eds.), *Handbook of child psychology and developmental science* (7th ed., pp. 484-522), Wiley.

Turiel, E., & Dahl, A.(2019). The development of domains of moral and conventional norms, coordination in decision-making, and the implications of social opposition. In N. Roughley & K. Bayertz (Eds.), *The normative animal? On the anthropological significance of social, moral, and linguistic norms* (pp. 195-213). Oxford University Press.

Van IJzendoorn, M. H.(1997). Attachment, emergent morality, and aggression: Toward a developmental socioemotional model of antisocial behaviour. *International Journal of Behavioral Development*, 21(4), 703-728.

Vinik, J., Johnston, M., Grusec, J. E., & Farrell, R.(2013). Understanding the learning of values using a domains-of-socialization framework. *Journal of Moral Education*, 42(4), 475-493.

Wainryb, C., & Recchia, H.(2014). Moral lives across cultures: Heterogeneity and conflict. In M. Killen & J. G. Smetana(Eds.), *Handbook of moral development* (2nd ed.; pp. 259-278). Psychology Press.

Walker, L. J.(1999). The family context for moral development. *Journal of Moral Education*, 28(3), 261-264.

Wallace, A. F. C.(1961). *Culture and personality*. Random House.

Watson, M.(2008). Developmental discipline and moral education. In L. P. Nucci, & D. Narvaez(Eds.), *Handbook of moral and character education* (pp. 175-203). Routledge.

5장 도덕적 사회화와 학교 문화

> 의미 이해의 방식으로 문화를 바라보는 관점은 교육 실천의 과정에서 행동 패턴과 기본적인 가정을 드러낸다. 이러한 가정은 종종 간과되기도 하고 너무 흔해 사소하게 여겨질 수도 있습니다.
>
> —프레드릭 에릭슨(1987), "학교 문화의 개념: 개요", p. 23.

가족은 주요한 도덕 교사의 역할을 하고, 또래 집단과 미디어 또한 도덕적 신념과 행동 발달에 기여하며, 학교교육 역시 도덕적 사회화에 중요한 역할을 한다. 학교는 학생들에게 일상생활 속에서 도덕 개념을 접하게 한다. 학교가 적극 장려하는 가치는 "선과 악의 개념에 기초한 판단"(Veugelers & Vedder, 2003, p. 379)을 포함한 것이며, 문화와 사회가 옳고 적절하다고 여기는 것이다. 또한 문화적 신념과 행동 패턴은 암묵적으로 깊이 뿌리박혀 있으며 의심의 여지가 없이 존재한다.

학교에서의 도덕적 사회화는 "도덕적·윤리적 특성과 기준"을 전수하는 과정이다(Zajda, 2014, p. 836). 학교는 도덕교육과 학교 문화(Brint et al., 2001; Cohen et al., 2009; Jackson, Boostrom, & Hansen, 1993)를 통해서, "개인이 서로에게 마땅히 행해야 하는 규범에 대한 이해"를 제공하는 도덕적 가치를 함양한다(Smetana, 1999, p. 312). 연구자들은 "6세부터 17세 혹은 21세까지의 학교교육을 통해서 아이들의 도덕적 문제에 대한 사고와 행동 방식에 영향을 미치지 않을 수 없다"(Purpel & Ryan, 1975, p. 662)고 주장한다. 이와 같이, 교육자들은 "도덕적 성장에 영향을 미치치 않는 것이 불가능하며, 부득이 해야 할 일을 하지 말아야 한다고 주장하는 것은 터무니없는 일"이라고 말한다(Barrow, 1975, p. 199).

도덕적 사회화에 기여하는 의도적이거나 부주의한 교실 및 학교의 관행을 조사하기 위해, 우리는 주로 커리큘럼 연구, 교육심리학, 인류학, 사회학 분야를 통해 다음과 같은 질문을 탐구한다.

- 도덕적 사회화는 교실과 학교에서 어떻게 이루어지는가?
- 도덕적 사회화에서 훈육은 어떤 역할을 하는가?
- 학교 문화는 어떤 방식으로 가치와 규범을 전달하는가?

이러한 질문을 통해 우리는 교사와 행정가들이 지지하는 다양한 도덕적 메시지와 기준, 그리고 성인과 학생 간의 관계, 학생들 간의 상호작용, 그리고 교실과 학교의 사회적 환경이 미치는 도덕적 영향력에 대해 고민해 볼 수 있다. 하지만 도덕적 상상력을 위해서는 교실과 학교를 도덕적 공동체로 상상하기 위해, 사회화 노력과 학교 문화가 도덕적 발달을 어떻게 저해할 수 있는지를 비판적으로 성찰할 필요가 있다.

1. 도덕적 사회화와 학교교육

학교교육에서 도덕적 사회화에 대한 연구는 "교육이 항상 학생들의 기본적인 학문적 지식과 기술을 개발하는 것 이상의 의미를 지닌다"(Battistich, 2010, p. 115)는 점을 밝혀낸다. 학교교육의 주요 목적은 "직접적이고 명백하며/또는 미묘하고, 교활하며, 무의식적인" 수단을 통해 문화적 "태도, 신념, 행동"을 전수하는 것이다(Saldana, 2013, p. 228). 사회화 과정을 통해 학교는 "국가 정체성과 문화"(O'Flaherty & McCormack, 2022, p. 6), "개인주의와 성취"(Brint et al., 2001) 또는 "사회적 조화"(Yang et al., 2013)와 같은 국가적 가치를 전수하고 행동 강령에 대한 신념을 형성할 수 있다. 연구자들은 학교가 "허용 가능하고 바람직한 행동"(Brint et al., 2001, p. 161), "기존의 사회적 관계 패턴"(Johnson, 1982, p. 32), 그리고 시민성을 위한 정치적 사회화(Althof & Berkowitz, 2006; Wiseman et al., 2011)를 수행한다고 강조한다.

도덕적 사회화가 사회적 규범을 전달하는 "다면적인 과정"(Zajda, 2014, p. 835)이며, "대체로 은밀히 작용"(Kapferer, 1981, p. 258)한다고 강조하는 학자들이 있다. 이는 "학교생활의 자연적이고 일상적인 특징"(Margolis et al., 2001, p. 7)을 통해 실현된다. 도덕적 가치는 "커리큘럼과 교사와 학생의 활동에 내재된" 것이지만(Veugelers, 2021, p. 113), 명시적으로 드러나지 않으며 암묵적으로 "교실과 학교 환경을 통해"(Cornbleth, 1984, p. 29) 그리고 "교실 내 상호작용"(Brint et al., 2001, p. 161)을 통해 전수된다. 이러한 암묵적인 커리큘럼은 "사회적, 문화적 규범"을 모두 포함하며 "한 세대에서 다음 세대로 복제된다"(Brownwell, 2017, p. 211).

학교교육에서의 도덕적 사회화는 "아이들에게 행동하고, 협력적으로 함께 일하며, 중요한 친사회적 혹은 도덕적으로 용인되는 태도를 갖는 방법을 가르치는 것"이다(Copp, 2016, p. 156). 이러한 연구들은 아이들의 학교생활을 아동기와 성인기 사이의 전환기로 본다. 이는

"아이들이 (특수주의적인) 가정을 떠나는 것으로 시작하여 우리의 산업적이고 관료적인 사회문화 시스템에 참여할 준비가 된 (보편주의적인) 성인으로의 준비로 마무리가 된다"(Johnson, 1982, p. 33).

> 대부분의 아이들에게 학교 입학은 크고 복잡한 사회 조직과 그에 따른 규칙, 규범, 절차와의 첫 만남을 의미한다. 사람들은 대부분 (적어도 처음에는) 낯선 사람들이며, 감정적 유대감보다는 사회적 역할과 공동 목표 추구에 기초해서 관계를 맺는다. (Battistich, 2010, p. 115)

이러한 맥락에서 "학교 환경은 아동의 미래 시민 및 근로자 역할에 핵심적인 특정 기술에 초점을 맞춘다는 점에서 비교적 독특하다." (Wentzel, 2015, p. 251) 이러한 관점에서 아동은 성취와 생산성을 위해 협력이 필수적임을 배우지만, 이러한 목표는 배려나 공감과는 거의 관련이 없기 때문에 도덕적 가치보다는 사회적 가치를 전수한다.

초등학교의 사회화 메시지를 조사한 연구자들은 교사들이 학생들에게 "과제에 집중하고, 제시간에 끝내고, 더 빨리 공부하라"는 말을 자주 한다는 것을 발견했다. 이러한 교실 소통은 "직장 준비로서의 학교교육이라는 강력한 문화적 규범"(Joseph et al., 2011, pp. 44-45)을 반영하며, "성과 지향적 관료 조직으로서 학교는 질서와 노력에 근본적인 관심을 둔다고 주장하는 사회학자들의 결론을 뒷받침한다"(Brint et al., 2001, p. 161). 대다수 학교에서 가르치는 가치는 "순응적이고 근면한 노동력을 중시하는 경제 시스템의 요구 사항에 부합한다"(Purpel, 1999, p. 89). 이러한 경제 시스템은 "성취 가치의 지향"을 강조하고 (Johnson, 1982, p. 33), "학교가 경쟁에 대비하여 개인을 훈련시키는 것과 보상 시스템 내에서 그들의 가치 감각을 촉진시키는 것을 적합하고 규범적인 것"으로 수용한다(Joseph et al., 2011, p. 45). 따라서 학자들은 학업 성취가 주요 동기가 될 경우, 학교교육이 협력적, 동정적 행동에 미치는 도덕적 영향력에 의문을 제기한다(Stewart, 1974).

학교 사회화에 관한 문헌에서는 한 가지 관점으로 학교가 의식적으로 "명확하게 정의한 일련의 사회화 목표"가 부족할 수 있다는 점을 지적한다. 특히 교육에 대한 다양한 가치와 목표를 가진 "이질적인 집단"을 대상으로 하는 공립학교의 경우에 이러한 경향이 더욱 두드러진다. 이로 인해 사회화 노력은 "무계획적이고, 조율되지 않으며, 집중되지 않을 수 있다"(Kapferer, 1981, p. 259). 반면, 종교 학교에 대한 연구는 "도덕적 사회화를 명확한 목표"로 설정하고 있다(Tuastad, 2016, p. 70). 이는 종교 학교가 "학생에게 가족, 신앙 공동체, 사회, 문화가 공유하는 관습, 가치, 태도, 그리고 세상 인식의 방식을 사회화하는" 것을 목표로 삼기 때문이다(Johnson & Johnson, 2010, p. 827). 신앙 기반 학교에서는 성경과 전통적 관습에서 기인하는 명시적인 수업을 하며, 이를 통해 도덕적 신념과 관습을 대대로 전수하려는 의도를 가지고(Boland, 2000; Woocher & Woocher, 2014), "[종교적] 관습과 가르침이 … 일상 학습에 통합될 수 있는 환경을 제공"한다(Hussain & Read, 2015, p. 558). 부모가 자녀를 위해 신앙 기반 학교를 선택하는 주요 이유는 종교적 사회화와 종교적 정체성의 유지를 원하기 때문이다(Hussain & Read, 2015, p. 561; Samson, 2018, p. 233; Woocher & Woocher, 2014). 부모는 학교가 "자신의 신념과 일치하는 교육을 제공하기를"(Carper & Layman, 2002) 원한다. 종교 학교는 "자녀가 가정에서 양육하는 전통과 학교에서 가르치는 전통 사이의 일관성"을 허용한다(de Ruyter, 1999, p. 223). 더욱이, 이러한 학교들은 "인격 형성"(Bryk et al., 1993, p. 134)이나 "각 학생이 어떤 사람이 될지에 대한 관심"(p. 97)을 강조하고, "도덕에 대한 지식을 일상생활로 전이하고자 하는"(Efron, 1996, p. 6) 욕구를 부각시킬 수도 있다. 그러나 종교에 대한 강조에도 불구하고, 신앙 기반 학교에 대한 연구는 사회화 노력이 더 광범위함을 시사한다. 종교 학교의 학생들은 더 넓은 사회에서 살아가고 시민성을 획득하도록 사회화된다(Cross et al., 2018, p. 28; Hussain & Read, 2015, p. 566; Tuastad, 2016, p. 66).

하지만 학교 사회화 이론의 여러 측면이 "개인이 어떻게 무엇을 배우는지 설명하지 못한다"(Bowles & Gintis, 2002, p. 12)고 비판하는 학자들이 있다. 예를 들어, 시민성을 위한 사회화 과정과 "이 과정이 실제로 학교를 통해 어떻게 이루어지는지는" "시민성 생산이 국가의 핵심 과제"임을 보여주는 다양한 연구에도 불구하고 여전히 잘 이해되지 않고 있다(Wiseman et al., 2011, p. 562). 또한, 학교교육은 사회화의 한 요소일 뿐이며, 학교에서 강조하는 가치가 부모의 도덕성과 일치할 수도 있고 그렇지 않을 수도 있기 때문에, 연구자들은 학교교육이 가족 및 또래 집단과 고립된 상태에서 학생들의 태도, 신념, 행동에 미치는 영향력을 단순히 "학교교육"으로만 한정해서는 안 된다고 지적한다. 학교교육이 "가정에서 배운 기술과 가치를 어느 정도까지 다듬고 강화하는지" 측정할 수는 없으며(Wentzel, 2015, p. 266), 연구자들 또한 학교 사회화 과정에서 또래 집단의 역할을 완전히 이해하지 못하고 있다(p. 267).

마지막으로, 학교 사회화 이론에 대한 통찰력 있는 비판은 이 이론이 "개인을 완전히 수동적인 역할"(Bowles & Gintis, 2002)로 한정짓는다는 점이다.

> 사회화 과정에 능동적으로 참여하는 것이 아니라 사회화의 내용을 단

순히 수용하는 존재로 만든다는 것이다. 이러한 이유로 사회화 이론은 우리의 합리성, 지능, 목표 달성을 위한 합당한 지식에 기초한 선택 능력을 강조하는 널리 받아들여진 인간 주도성 개념과 상충하는 것으로 보인다. (p. 12)

하지만 연구에 따르면, 주요 사회적 가치에 대한 순응이 반드시 학교교육의 결과는 아니다. "학교교육을 많이 받은 사람들은 그렇지 않은 사람들보다 자유주의적 가치를 가질 가능성이 훨씬 더 높다"(Pallas, 2000, p. 517). "학교교육은 활동 폭을 넓히는 활동"으로, 학생들이 "가족이나 주변 환경에서 관찰하는 것 너머의"(p. 518) 더 넓은 범위의 가치를 고려하도록 장려하기 때문이다. 또한 학교는 학생들이 더 수용적이고 관대해지며 "소수 민족에 대한 편견을 가지지 않도록" 사회화할 수 있도록 돕는다(Hello et al., 2004, p. 253). 게다가, 가치의 주입은 확실하지 않다. "학생들이 학습에 적극적으로 적응하고 때로는 거부할 수도 있기 때문이다"(Orón Semper & Blasco, 2018, p. 482).

의심할 여지 없이 도덕적 사회화와 학교교육을 연구할 수 있는 방법은 많지만, 단순한 설명에 그쳐서는 안 된다. 우리는 어린이와 청소년이 도덕적 사회화 과정에서 접하는 다양한 가치들을 인식해야 한다. 그 가치 중에는 가족의 가치와 상호 보완적인 가치도 있고, 불화하는 가치도 있다. 그리고 젊은이들은 가치에 대해 비판적으로 성찰하고 자신의 도덕적 정체성을 형성하는 능력이 점점 더 향상된다는 점을 알아야 한다.

2. 도덕적 사회화와 훈육

학교교육에서 도덕적 사회화의 중요한 요소는 훈육이다. 도덕적 사회화 활동에서 훈육의 역할을 분석함으로써, 우리는 학교가 학생들의 가치와 행동에 어떻게 영향을 미치거나 통제할 수 있는지에 대한 이해를 제고할 수 있다. 더 나아가, 교실과 학교에서 훈육의 근거를 파악하면서, 우리는 도덕 발달과 사회화에 대한 학문적 연구가 교육자의 실천에 어떤 기여를 할 수 있는지 탐구할 수 있고, 훈육이 "민속 페다고지"(Bruner, 1996, p. 49), 즉 "교육에 대해 깊숙이 뿌리내린 문화적 지식"(Joseph, 2011, p. 9)에서 기인한 것인지 탐구할 수 있다. 민속 페다고지는 우리가 아이들의 필요와 능력에 대한 평범하고 깊이 뿌리내린 관념을 수용하게 한다.

실용적인 관점에서, 학교는 "학생 수와 미성숙한 수준으로 인해 교사가 통제력을 행사할 필요가 있고"(Watson, 2008, p. 183), 다양한 이유로 그릇된 행동이 발생하기 때문에(p. 189), 훈육 시스템을 구축한다. 하지만 무엇보다도 학자들은 훈육이 도덕적 사회화 노력을 지원하고 성인의 권위를 확립한다고 주장한다(Arum & Way, 2005, p. 168). 학생이 "도덕적, 사회적 기술을 습득하여 훌륭한 시민으로 성장하도록" 가르치기 위해 "학생 행동을 규제하는 것은 일상적인 학교생활의 필수적인 요소"이다(Thornberg, 2009, p. 245). 실제로 학생들 스스로도 "학교가 도덕적 위법 행위를 규제하는 규칙을 갖기를 기대"하며, "학교나 교사가 사람들에게 해를 끼치는 행동을 허용하는 것은 그릇된 일"이라고 주장한다(Nucci, 2009, p. 66).

학교는 "비행 가능성을 제한하고 바람직한 행동의 확률을 높이기 위해"(Watson, 2008, p. 183) 절차와 규칙을 제정한다. 규칙은 "적절한 행동"을 규정하며, 이는 "훌륭한 학생"이 되는 것의 의미를 포함한다(Thornberg, 2009, pp. 251-252). 또한 차별이나 인종차별에 대한 이의 제기와 같은 "특정 쟁점을 언제, 무엇을 제기해야 하는지를 아는 지배 문화의 사회적 예절"을 반영한다(Castagno, 2008, p. 325). 그러나 학자들은 "학교(및 사회)의 도덕적 토대를 훼손하는" 규칙 및 부정행위와 "단순히 기관의 원활한 운영에 수단이 되는" 규칙 및 부정행위를 구분한다(Goodman, 2006, p. 214). 다시 말해, 훈육은 도덕적 사회화와 관련이 있거나 "학교 일상에 기여하는 것"(p. 219)과 관련이 있을 수 있다. 그러나 학교가 모든 부정행위에 도덕적 의미를 부여할 때, 정말로 해로운 행동은 단지 경솔하거나 학교 일상을 방해하는 위반 행위와 동일시된다(Boostrom, 1991, p. 221).

> 모든 규칙이 도덕적 의무이고 모든 위반 행위가 도덕적 비난을 초래할 때, 학생들은 행정적으로 효율적인 것과 도덕적으로 해로운 것을 구분할 준비가 되어 있지 않으며, 어떤 경우든 시도하려는 동기를 거의 갖지 못할 것이다. 왜냐하면 그렇게 되면, 도덕성은 하찮게 여겨지기 때문이다. (Goodman, 2006, p. 227)

규칙과 제재가 사회적 규범 위반과 도덕적 위배를 혼동하면, 학생들의 도덕적 의식에 기여하지 못한다.

교육자들이 교실과 학교의 훈육 시스템을 구축할 때 여러 이론을 활용할 수 있지만, 행동주의는 학교교육을 주도하는 교육자들에게 보상과 처벌을 통해 아이들에게 권력을 행사해야 한다는 이론적 근거를 제공할 수 있다(Kamii, 1984, p. 12). 행동주의적 신념과 전략이 교육, 특히 특수교육에 "만연"하는 것처럼(Althof & Berkowitz, 2013, p. 571),

"대부분의 미국 학교는 학생들을 행동주의에 길들이고 있다"(Kohn, 1999, p. 91). 게다가 "영국 교육 시스템에서는 행동주의 접근법을 널리 사용하고 지원"하였다(Woods, 2008, p. 182). 반면, 아시아 국가에서는 학생들이 교사를 존중하는 경향이 있어서, 교육자들은 행동주의적 훈육을 사용하지 않고 "학생들에게 동기를 부여하고 그들이 의식해서 주의 깊게 관찰하도록 하는 데" 중점을 두지 않았다(Postholm, 2013, p. 395).

시간이 지남에 따라 보상과 처벌에 대해 미묘한 입장을 보인 학자들이 있다. 예를 들어, 도덕 철학자 피터스(R. S. Peters)는 아이들이 "자신만의 도덕규범을 발달시키면서" "충동을 조절하는 법을 배우고" "그렇게 해야 할 이유를 이해해야 한다"고 주장했다. 그러나 문제는 도덕 학습의 "초기 단계"에서는 아이들이 "그 진짜 이유가 무엇인지 제대로 이해하지 못한다"는 것이다(Peters, 1962, p. 49). 그는 이성과 습관의 이분법을 검토하여 이 딜레마를 다루었다. 그는 타인에 대한 해악, 거짓말, 도둑질의 금지 규칙의 준수와 같은 도덕적 습관이, 그 습관의 유익함 때문에 아이들이 이유를 이해하기에는 아직 어릴 때, 깊이 각인되도록 해야 한다고 결론지었다. 피터스는 결국 외재적 동기보다는 내재적 동기가 도덕성 발달에 더 큰 영향을 미칠 것이라고 믿었다. 예를 들어, 물질적 보상이나 처벌로 인해 옳은 일을 하도록 설득당한 아이들은 결국 선행에 대한 보상을 스스로 찾게 된다. 그러나 그는 다음과 같은 역설에 고민한다. 외재적 동기 없이도 내재적 동기가 발달할 수 있을까? 반대로, 아이들이 외재적 동기에 의존하게 되면 도덕적 기능 수준이 낮아져 도덕적 발달이 저해될까?

아동 정신분석학자 베텔하임(B. Bettelheim)도 피터스가 언급한 문제, 즉 도덕성의 이유를 이해할 만큼 인지적으로 준비되지 않은 아이들에게 어떻게 도덕적 인간이 되도록 가르칠 것인가를 유사하게 인식했다. 그는 쾌락을 미루는 능력이 없다면 아이들은 특별히 도덕적이지도, 학습 동기를 갖지도 못할 것이라고 주장했다. 아이들이 이기주의 수준에 머물면, 자기 이익만으로는 학습을 촉진하기에 충분하지 않으므로, 배려하는 사람은 설득력 있는 인센티브를 제공해야 한다(Bettelheim, 1970, p. 87). 배려하는 사람과 교사로서 우리는 아이들이 착한 행동의 이유를 완전히 이해하기 전에 타인에게 해를 끼치지 않도록 협력적이고, 동정적으로, 또는 최소한으로 행동하기를 바란다. 이러한 입장은 보상과 처벌을 일시적 수단으로만 사용할 수 있으며 도덕적 사회화를 위한 훈육의 핵심이 될 수 없다는 것을 함축한다.

그럼에도, 행동주의 훈육은 교사에게 "통제력"을 부여하는 학교 시스템에서 교사의 경험 및 훈련과 가장 잘 부합한다. 그리고 "통제적인 교사가 자율성을 지원하는 교사보다 더 유능하다고 여겨지기" 때문에, "교육자들은 학생들의 자율성과 자기 결정적 동기를 유발하는 교육 방식을 개발하라는 요구를 받지 않으며, 그러한 방식을 활용할 준비도 되어 있지 않다"(Althof & Berkowitz, 2013, p. 571). 그러나 일부 연구에서는 "행동 접근 방식이 사회적, 감정적, 행동적 어려움을 겪거나 주의력결핍 과잉행동장애(ADHD)가 있는 아동의 과제 수행 능력을 증가시키는 것으로 보인다"고 결론짓는다. 하지만 "개입이 종료되면 그 효과가 빠르게 사라질 수 있다"는 경고도 있다(Woods, 2008, p. 182).

행동주의의 영향을 받은 교육자들은 "생물은 긍정적인 결과를 가져오는 행동을 반복하는 경향이 있다"는 기본 원리를 강조한다. 따라서 "교사는 보상과 칭찬을 적극적인 통제의 한 형태로 자주 사용한다"(Watson, 2008, p. 186). 이는 친사회적 행동에 대한 주의가 도덕적 발달을 촉진할 것이라는 믿음에서 비롯된다. 학교에서는 "스티커, 사탕, 간식, 추가 특권"(Moberly et al., 2005, p. 260)이나 "실제적인 보상이나 특권과 교환할 수 있는"(Bear, 2013, p. 319) 티켓이나 토큰을 사용하여 보상한다. 긍정적 강화는 물질적인 보상에 국한될 필요가 없다. 교사는 칭찬을 통해 학생들에게 바람직한 행동을 가르칠 수 있다.

"외적 강화, 특히 언어적 강화가 학생의 능력과 연계되었을 때 큰 단점이 없다"(Postholm, 2013, p. 392)고 지적하는 연구도 있지만, 칭찬이 "아이들의 내재적 동기를 해치고" "지속적인 성과에 대한 압박감을 조성하며, 위험 감수 능력을 저해하고, 자율성 인식을 감소시킬 수 있다"(Henderlong & Lepper, 2002, p. 776)고 주장하는 연구도 있다. 일부 학자들은 "학생이 어른의 규칙과 행동 기대를 따르도록 유도하기 위해" 칭찬할 경우, 조작적인 것으로 간주하며, 학생들도 그렇게 인식한다고 주장한다(Bear et al., 2017, p. 77). 행동주의 비평가들은 칭찬과 보상이 "아이들이 스스로 옳고 그름을 판단하는 것을 방해한다"(Kamii, 1984, p. 12)고 주장하며, "도덕적 행동은 도덕적 근거에 의거해 이루어져야 한다"고 경고한다. "칭찬은 학생들이 긍정적으로 행동할 기회를 박탈하게 되며, 이는 학생들이 어른의 규칙과 행동 기대를 따르는 것이 더 도움이 되고, 더 사려 깊고, 더 공정하다고 생각하기 때문이다"(Watson, 2008, p. 187). 더욱이, 교육자의 목표가 학생들이 공동체를 형성하고 서로를 배려하도록 격려하는 것이라면, 보상을 주는 것은 "아이들이 제한된 상을 놓고 경쟁해야 한다"는 의미를 내포할 수 있으며, 이는 반 친구들을 "경쟁자"로 만들 수 있다(p. 187). 분명히, 아이들(혹은 그들이 성장할 성인)이 보상을 얻기 위해서만 친사회적이거나 친절한 행동을 한다고 믿는 것은 인간의 동기에 대한 매우 제한적인 관점이다(Kohn, 1999, p. 25).

행동주의의 또 다른 측면은 부정적 강화 또는 처벌이다. 처벌에 대한 사고를 자극하는 개념 정의 중 하나는 "해악에 대한 반응으로 그 해를 입힌 사람에게 의도적으로 행하는 해악"이다. 따라서 "그 목적은 보복, 응징 또는 교훈을 주어 향후 해를 입힐 가능성을 줄이는 것일 수 있다"(Watson, 2008, p. 191). 때때로 부정적 강화는 벌칙(예: 지각에 대한 벌점이나 도서관 도서 연체에 대한 벌금)을 수반하지만, 그러한 제재 중 상당수는 "비도덕적 잘못에 대해 부과"되며 "도덕적 비난"을 불러일으키지 않는 경우가 많다(Goodman, 2006, p. 223). 다른 경우에는 "도덕적 위반"에 대한 반응으로 처벌을 부과하며, 이는 "처벌을 받는 사람이 책임을 인정하고 양심의 가책을 느끼게" 하는 것이 목적이다. 하지만 일부 학생들은 훈육에 무관심하거나 "불복종을 자랑스러워" 할 수 있기 때문에, 이러한 훈육은 "징벌적 의도는 있지만 징벌적 효과는 없다"고 할 수 있다(p. 222).

행동주의에서 유래한 훈육 시스템 중 하나로, 미국의 교실 교사들이 널리 채택하고 있는 가장 효과적인 훈육 전략은 단호한 훈육(assertive discipline)이다(Moberly et al., 2005). 이 전략은 예상되는 행동 및 비행에 대한 처벌과 관련하여 명확한 지침을 제시한다. 일반적으로 "경고로 시작하여 타임아웃, 결국 학부모에게 전화하고 학생을 교장실로 데려가는 최대 다섯 가지 처벌"을 적용한다(Canter, 1989, p. 58). 단호한 훈육에 대한 비판론자들은 이 시스템이 "처벌보다는 격려"가 필요한 "아이들에게 유연성을 허용하지 않는다"고 지적하며, 교사들이 "교사의 요구를 충족시키기 위해 [학생들과] 조작적인 관계에 빠지게 한다"고 지적한다(Robinson & Maines, 1994, pp. 198-199). 또한 이 방법에 대한 체계적 연구가 부족하다는 점도 지적한다(Render et al., 1989, p. 616).

그러나 훈육을 바라보는 다른 관점도 존재한다. 심리학자 피아제(1932/1965)는 훈육을 두 가지 유형, **속죄적 처벌**[1]과 **상호적 처벌**[2]로 구분했다. 속죄적 처벌은 잘못에 대한 전통적인 처벌로, 예를 들어 방과 후 잡아두기나 똑같은 문장을 여러 번 쓰기와 같은 부정적 강화이다. 이러한 처벌은 "행동과 논리적 연관성이 없기 때문에 학생의 사회적 발달에 기여할 정보를 거의 제공하지 못한다"(Nucci, 2006, p. 721). 피아제는 "비행과 자연적, 논리적 연관성을 지닌"(Barchard & Atkins, 1991, p. 109) 상호적 처벌을 선호했다. 이는 "처벌의 회복적 측면과 잘못을 바로잡는 것"(Leman & Björnberg, 2010, p. 959)에 초점을 맞추었기 때문이다. 결과적으로 학생들은 가해진 피해를 회복하거나 자기 행동의 결과를 이해할 수 있다.

또 다른 처벌 형태는 **배제적 훈육**이다. 이는 서구 국가에서 양육 및 교육의 정상적인 측면으로 여겨지지만 "모든 문화권에서 일반적으로 사용하지는 않는다"(Prochner & Hwang, 2008, p. 522). 학교에서의 배제적 훈육은 학교 내 정학과 퇴학을 통해 "비행을 저지르는 학생들을"

---

1 [옮긴이 주] 아동들이 옳고 그름을 판단할 때는 결과를 바탕으로 판단한다. 어떤 아이가 우연히 15개의 컵을 깬 것이 다른 아이가 몰래 꺼내려다가 1개의 컵을 깬 것보다 더 나쁘다고 생각한다. 이 시기의 아동들이 믿는 속죄적 처벌은 위반의 종류나 경중에 상관없이 속죄하기 위한 처벌이 필요하다는 것이다. 즉 창문을 깼을 때 창문값을 변상하는 것보다는 처벌을 받아야 한다고 생각하는 것이다. 이러한 속죄적 처벌은 아이가 잘못을 수정하거나 상황을 개선시키기 위한 처벌이 아니라 처벌 그 자체로서의 처벌이다.

2 [옮긴이 주] 상호적 처벌 개념을 가진 아동은 처벌이란 위반 내용에 따라 결정되며, 교훈을 가르치기 위해 사용될 수 있다는 것을 이해한다. 아동들은 "내가 너를 도와주었으니 나도 너를 도와줄게"식의 초보적인 "되갚기" 상호보상 원칙으로부터 "대접을 받고자 하는 대로 남을 대접하라"와 같은 이상적 상호보상 원칙의 중요성을 이해하게 된다. 이러한 이상적 상호 호혜 원칙을 이해함으로써 아동들은 규칙이라는 것은 개인의 동기나 상황에 맞추어 재해석되고 적용되어야 함을 이해하게 된다.

고립시키거나 "교실에서 쫓아내거나 … 학교를 완전히 떠나게 하는 것"을 목표로 한다(Perguero & Bracy, 2015, p. 414). 타임아웃과 같은 훈육 방식은 아이들이 자제력을 회복하거나 자신의 행동에 대한 결과를 성찰할 때까지 어려운 상황에서 벗어나게 하는 "안전망"으로 여길 우려가 있었다. 그러나 배제적 훈육은 고통스러운 결과를 초래한다. "잘못 행동한 아이들을 고립시키고 또래와의 상호작용을 박탈한다"(Goodman, 2006, p. 223). 청소년의 경우, "학교 훈육을 받는 것은 실제로 성공으로 가는 정당한 길에서 단절되어 교육적 소외와 실패로 이어지는 길로 학생들을 이끌 수 있다"(Perguero & Bracy, 2015, p. 414). "아이들은 대부분 일정 기간 사회적 접촉을 강제로 차단당하는 강제적인 고립을 싫어하는 것 같다". 이는 "일종의 가짜 유기/추방으로, 어른들이 아이들의 관계를 규율할 수 있다는 것을 아이들에게 가르치고 아이들에게 강한 감정을 유발할 수 있다"(Prochner & Hwang, 2008, p. 522).

교육자들은 배제적 훈육을 행동주의적 기법으로 본다. 이는 상식적으로 학교 내 고립과 퇴학을 다른 학생들과 교육자들에게는 안전을 제공하는, 그릇된 행동의 자연스러운 결과로 보는 것이다. 이러한 이유로 배제적 처벌은 학생들의 "정상 참작 사유"나 교사의 재량과는 무관하게 운영하는 무관용 정책의 주요 내용이 되었다(Walker & Snarey, 2004, p. 113). 이러한 정책을 "처음에는 폭력적이고 심각한 행동 문제에 대응하고자 시행하였지만", 점차 "사소한 행동 위반에도" 적용하고 있다(Hwang et al., 2022, p. 3). 다시 말해, "무관용 정책은 학생들에게 학교에서 적절한 행동을 가르치고 장려하는 데 필요한 전략과 서비스를 제공하지 않는다"(Kline, 2016, p. 99). 전반적으로, 배제적 훈육은 지나치게 처벌적이며 도덕성 발달과 무관하다는 것이 분명하다.

마지막으로, 체벌은 "아이들이 신체적 고통이나 불편함을 느껴 행동을 교정하게 하거나 아이를 처벌하기 위해 물리적 힘을 행사하는 것"(Straus, 1994, p. 4)으로, 일반적인 행동주의 학습 이론의 범주에서 벗어난다. 오히려 체벌은 "문화와 종교에 깊이 뿌리박혀 있으며" "아이들에게 옳고 그름을 가르치기 위한 용납 가능하고 효과적인 훈육 방법으로 인식된다"(Atiles et al., 2017, p. 9). 현대의 많은 학교에서는 체벌이 불법이고 권장하지 않는다. 그런데 "이러한 훈육 수단이 효과적이지 않다는 연구 결과에도 불구하고, 여전히 일반적인 관행으로 남아 있다"(Albaiz & Ernest, 2015, p. 342). 3분의 1 이상의 국가에서 체벌을 허용하고 있으며(Gershoff, 2017, p. 225), 미국 내 3분의 1 이상의 학교, 특히 남부 및 농촌 지역에서 체벌이 이루어지고 있다(Font & Gershoff, 2017, p. 408). 체벌은 널리 사용되고 부정적인 결과를 초래하기 때문에, "전 세계 연구자들과 정책 입안자들 사이에서 우려의 대상이 되고 있다"(Gershoff, 2017, p. 224)

체벌은 "아동에 대한 제도화된 폭력의 한 형태"(Heekes et al., 2022, p. 52)이다. 체벌은 손, 나무판, 막대기 등을 사용하여 학생의 "온몸을 때리는"(Gershoff, 2017, p. 224) 행위와 "고통스러운 자세로 서 있도록 강요하거나, 무거운 물건을 나르도록 강요하거나, 돌이나 쌀과 같은 작은 물건 위에 무릎을 꿇도록 강요하거나, 휴식이나 물 없이 과도한 운동을 하도록 강요하는 등 여러 가지 고통을 가하는"(p. 225) 행위로 나타난다. 이러한 훈육은 "장기적인 장점이 없으며"(Kaltenbach et al., 2018, p. 37) "아이들은 학교에서 교사로부터 신체적 해를 입을 수 있다는 두려움"(Gershoff, 2017, p. 232)을 느끼게 된다. 부정적 강화가 비행을 멈추게 하더라도, "학교 소외, 자존감 손상, 향후 비행 증가와 같은 처벌의 장기적인 결과"가 있을 수 있다(Althof & Berkowitz, 2013, p.

571). 더욱이 체벌이 "우울 장애, 자살 시도, 공격성, 반사회적 행동, 약물 남용" 등의 "다양한 해악의 위험을 수반"하며 "아동의 행동 문제를 없애기보다는 악화시킬" 우려가 있다(Heekes et al., 2022, p. 52).

또한, 구성주의 학습 이론의 관점에서 볼 때, 징벌적 훈육은 합리적인 도덕성 발달에 해로운 영향을 미친다고 할 수 있다.

> 피아제는 부모와 교사에게 도덕교육의 수단으로 강압과 세뇌를 사용하는 것에 대해 경고했다. 교화는 아이들의 자연스러운 성향이라 할 수 있는 외적 규제에 대한 타율적 의존성을 강화한다. 강압은 반항, 무분별한 복종, 또는 계산된 행동으로 이어질 수 있다(아이들은 어른이 지켜보고 있을 때만 어른의 규칙을 따르고 순종한다). (Hildebrandt & Zan, 2014, p. 355)

전반적으로 효과적인 훈육은 "정당성과 도덕적 권위"를 필요로 하며, "학교 훈육의 효능은 학생들이 규칙을 공정하고 정당한 것으로 내면화하는 정도에 달려 있다"(Arum & Way, 2005, p. 159).

그러나 전통적인 훈육 전략을 거부한다고 해서 교육자가 비행에 대응할 책임을 포기하는 것은 아니다. 교사들은 징벌적이고 조작적인 훈육을 삼가면서, 훈육을 도덕적 사회화 발달 과정으로 이해하고 지도하는 자신의 역할을 수행해야 한다. 그들은 학생이 비행을 용납할 수 없다는 사실과 "그것이 초래한 피해"(Watson, 2008, p. 192)의 결과를 배우도록 도와주어야 한다. 더 나아가, 교육자들은 여전히 자신의 '도덕적 현존감'을 확립하고 "진정한 도덕적 분노"(p. 194)를 전할 수 있다. 그러면 학생들은 교육자를 잔혹한 행동으로 상처받거나 불쾌감을 느끼고, 해를 당한 사람들에게 동정심을 느끼는 사람으로 보게 된다.

아이들의 도덕적 이해력 발달에 대해 연구하는 학자들은 "공감, 도덕적 추론, 도덕교육"의 방식인 귀납법의 개념을 강조한다. 이는 "잘못을 저지른 학생이 피해를 회복하도록 돕는 것"(Watson, 2008, p. 194)을 의미한다. 발달적 훈육은 아동들의 자율성 욕구를 존중하는 관련 "개념적 틀"이며(Flicker & Hoffman, 2002, p. 87), "어른들이 불필요한 권위 행사를 최소화할 때, 아동들이 규칙 및 기타 사회적 관계에 대해 스스로의 이유와 필요성을 구성할 가능성이 더 커진다"(Hildebrandt & Zan, 2014, p. 355)라는 원칙에 기초한다.

> 지침과 구조가 일단 확립되면 통제력을 발휘하게 될 것이다. 이런 지침과 구조를 학생들이 직접 결정하도록 하는 것은 발달적 관점에서 이상적이다. 학생들이 교실의 원활한 운영을 촉진하기 위해 필요한 구조를 만드는 데 참여할 때, 학생들은 자율성을 존중받고, 규칙과 구조의 필요성을 이해하게 된다. (Watson, 2008, p. 184)

유아의 경우, 교사는 "다른 영역에서 자율적인 학습을 위한 여지를 마련하기 위해 어떤 영역에서는 완전한 통제력을 발휘해야 할 수도 있다."(Watson, 2008, p. 184) 하지만 교사는 점차적으로 도덕적 권위와 의사 결정을 공유하여 유아들이 자신의 행동에 책임을 질 수 있도록 힘을 실어줄 수 있다(Arum & Way, 2005, p. 165). 통제, 질책, 응징이 아닌 도덕적 발달을 목표로 하는 교육자는 규율을 도덕적 학습의 기회로 재구성할 수 있다.

3. 문화와 학교교육

도덕적 사회화와 학교교육을 보다 총체적으로 이해하기 위해서는, "교육이 문화에 깊이 뿌리내리고 있다"는 인류학적 관점을 인식하고(Hall, 1976, p. 205), "학교를 생각할 때 문화라는 개념을 고려"해야 한다(Erickson, 1987, p. 23)는 점을 염두에 두어야 한다. 연구자들은 의도적인 도덕성 교육을 연구하고 도덕적 사회화의 암묵적 커리큘럼을 조사하기 위해 민족지학적 방법을 활용하며, "이러한 숨겨진 가치를 명확히 밝히고 학생들의 도덕 학습에 어떻게 기여하는지 분석"하려고 한다(Veugelers, 2021, p. 113). "문화라는 개념은 학교 내 일상생활과 교육의 본질에 대해 새롭고 더 깊은 이해를 얻는 데 도움이 될 수 있으며", 문화는 "행동을 이해하기 위한 일련의 해석적 틀"을 제공한다(Erickson, 1987, p. 13).

하지만 도덕적 사회화를 문화의 한 측면으로만 한정할 수 없다. 학자들은 학교를 문화로 해석한다. 학교 문화는 다음과 같은 의미를 지닌다.

> … 학교 문화는 사람들이 함께 일하고, 문제를 해결하며, 어려움에 맞서면서 오랜 시간에 걸쳐 축적한 규범, 가치, 신념, 전통 및 의식의 흐름을 나타낸다. 이러한 비형식적인 기대와 가치는 학교에서 사람들이 생각하고, 느끼며, 행동하는 방식을 형성하는 중요한 요소이다. 이처럼 지속적인 영향을 미치는 그물망은 학교를 하나로 묶고 특별한 존재로 만든다. (Glover & Coleman, 2005, p. 260)

이러한 "신념과 가치의 공유는 공동체를 긴밀하게 연결"하며 "참여자들이 자신과 세상을 바라보는 렌즈"가 된다(Schoen & Teddlie, 2008,

p. 132). 학자들은 학교 문화를 "학교의 특성", "불문 커리큘럼"(Barr & Higgins-D'Alessandro, 2007, p. 234), 그리고 "우리가 여기서 일하는 방식"(Glover & Coleman, 2005, p. 260)으로 기술한다. 이러한 관점에서 가치 전수는 "학교의 사회 조직적 특징인 규범적 구조, 조직적 과정, 그리고 대인 관계의 본질"(Battistich, 2010, p. 115)을 반영한다.

학교 문화에 대한 또 다른 중요한 해석은, 학교 문화가 "학교 내 모든 사람에게 스며들어 영향을 미치는 동질적이거나 전체론적인 실체"가 아니라 "하위문화의 다양한 상호작용의 결과"이며 "학교 문화와 하위문화 간의 쌍방향적 상호작용"(Prosser, 1999, p. 14)이라는 점이다. 따라서 학교 문화를 다양한 사람들 간의 "복잡하고 역동적인 관계의 집합"(Glover & Coleman, 2005, p. 260)으로 개념화할 수 있으며, 특히 "교사와 학생 간의 대인관계와 관련지을 수 있다"(Barr & Higgins-D'Alessandro, 2007, p. 234). 이와 같이, 학생들이 학교 문화에 참여함으로써 "공동으로 그리고 적극적으로 그 문화를 형성한다"(Veugelers & Vedder, 2003, p. 382).

학교 문화라는 관념은 "인류학과 사회학적 전통에 뿌리를 두고 있다"(Prosser, 1999, p. 13). 첫째, 인류학적(또는 민족지학적) 연구는 "집단의 지식, 신념, 가치, 관습, 도덕, 의례, 상징, 언어"(Hargreaves, 1995, p. 25)와 "[학교] 역사의 흐름 속에서 형성된 전통의 심층적인 패턴"(Deal & Peterson, 1990, p. 7)에 중점을 둔다. 문화적 유물(Stoll, 1998, p. 10)을 통해 교육자는 "비전과 가치에 대한 강력한 신호를 보낸다"(Jerald, 2006, p. 6). 둘째, 연구자들은 사회 조직으로서의 학교, 학교 구성원들의 행동(p. 11), 그리고 그들 사이의 상호작용에 관여하는 "미시정치(micropolitics)"(p. 4)에 초점을 맞춘다. 조직 문화로 묘사되는 학교 문화는 "조직을 하나로 묶는 사회적 접착제" 또는 "상호 연관된 하위문화를 포괄하는 용어"(p. 10)를 의미한다. 깊이 뿌리내린 가치와 행동 패턴을 인식하지 않고서는 변화가 불가능하기 때문에, 학교 문화에 대한 이해가 학교 개혁을 위해 필요하다고 믿는 학자들이 있다(Erickson, 1987; Higgins-D'Alessandro & Sadh, 1998).

또한 학교교육에 대한 연구는 다양한 명시적, 암묵적 도덕 사회화 노력을 보여준다. 획기적인 관찰 연구인 『학교의 도덕 생활』(*The Moral life of Schools*, Jackson, Boostrom, & Hansen, 1993)은 종교 학교와 공립 학교에서 명시적인 도덕 커리큘럼부터 표지판, 포스터, 진열장의 시각적 표현, 그리고 학교 문화 내의 의례와 행사에 이르기까지 다양한 도덕적 사회화의 사례를 제시하며 "도덕적 탐구" 지침을 제공한다. 또한, 이 연구는 교사가 학생들과의 상호작용을 통해 자발적으로 가치를 전수하는 방식을 고찰한다. 마지막으로, 이 연구는 커리큘럼 내용 선택에 반영되는 가치, 즉 무엇을 포함하고 강조하거나 배제하고 무시하는지를 다루고 있다(표 5.1 참조).

학교 문화에 대한 통찰력을 얻기 위한 또 다른 효과적인 방법은 학생 행동을 규제하는 규칙과 규율의 시행에 대해 살펴보는 것이다. 이를 통해 도덕적 사회화의 목적에 대한 신념과 더불어 학교 문화의 다른 가치와 규범을 드러낼 수 있다.

〈표 5.1〉 학교교육에서의 도덕적 탐구

명시적, 암묵적 커리큘럼	예 시
커리큘럼상의 형식적 도덕교육	종교 수업과 종교적 교리에 따른 도덕적 선택을 통한 의도적 도덕교육 장려
정규 교실 속의 도덕교육	실제 또는 전설적인 인물이나 롤모델을 활용한 명실상부한 도덕 수업

의례 및 행사	종교적·시민적 의례, 집회, 특별 프로그램, 일상적인 학생 환영
도덕적 내용을 담은 전시	가치를 담은 표지판, 장식, 포스터, 현수막, 게시판, 진열장
교실 규칙 및 규정	교사가 학생과 협력하여 행동 규칙 제정, 도덕적 행동에 대한 보상, 규칙 위반에 대한 처벌
진행 중인 활동에 도덕적 논평 가미	도덕 위반에 대응하고, 올바른 행동에 대한 주의 환기, 교사의 판단 전달
표현적 도덕성	비언어적 의사소통, 감정 및 태도의 얼굴 표정, 몸짓, 바디 랭귀지를 통한 학생 행동에 대한 반응
커리큘럼 하부 구조의 도덕성	커리큘럼의 주요 내용 조직, 내용의 삽입과 배제, 내용의 중요성·가치·공정성의 여부

출처: Jackson, Boostrom, Hansen(1993), 『학교의 도덕 생활』에서 발췌.

> 교실 규칙은 학생들의 삶의 방식을 형성하는 중요 요소이다. 이러한 규칙은 학교교육의 추상적인 목표를 구체적인 일상 활동 패턴으로 구체화하며, 학교의 방식으로 자연스럽게 받아들여진다. 따라서 규칙을 거부하는 것은 교육의 본질을 거부하는 것이며, 이를 어기는 것은 경계를 벗어나는 행위로 간주된다. 이러한 구조화는 모든 학생에게 필수적이며, 규칙은 다루기 힘든 사람들만을 위한 것이 아니라 모두에게 적용되는 의무의 선언이다. (Boostrom, 1991, p. 214)

교육자와 학생에 대한 인터뷰를 통해, 민족지학자들은 교사의 도덕적 지시 이면의 숨은 의도(Thornberg, 2008, p. 53)와 학생들이 "규칙과 교사의 적절한 행동에 대한 기대를 어떻게 이해하는지"(p. 58)를 탐구한다.

이러한 연구는 학교를 "통제 문화"(Welsh & Little, 2018, p. 766)로 묘사하며, 이를 "사회 통제의 핵심 기관"(Mowen et al., 2020, p. 740)으로 해석한다. 학교는 "질서와 효율성을 보장"하는 동시에 "학생들에게 상당한 권한을 행사하는 중요한 관리 기능"을 수행하며, 심지어 "학생들의 기본적인 시민성 중 상당수를 유예"하기도 한다(Saldana, 2013, p. 229). 학교를 통제 문화로 묘사하는 것은 (역사적으로나 현대적으로나) 교사에 대한 통제, 지배적인 사회 규범의 강제, 정치적 묵인을 드러낸다. 연구자들은 여러 국가에서 "교사가 국가와의 관계에 대해 갖는 인식이 복잡하다"(Zhao, 2014, p. 161)고 지적하지만, 교직에 대한 분석은 "교사가 커리큘럼 및 징계 정책을 포함한 주요 결정에 대해 제한적인 권한과 통제력만 가진다"는 점을 보여준다(Ingersoll & Collins, 2017, pp. 80, 83). "자율적인 교직이라는 관념은 권위에 복종하는 하인으로서의 교사 모델과는 상충하는 것이다"(Connell, 2009, p. 215). 또한, 최근의 고부담 시험과 책무성의 시대는 "교사에 대한 통제를 강화"하고(Osborn, 2006, p. 243), "시험 점수를 통해 학생과 교사를 감시하며 … 끊임없는 위협과 두려움 속에서 교수-학습을 촉진하는"(Au, 2020, p. 108) 상황을 연출하고 있다.

또한 학교를 "공격의 문화"(Harger, 2019)로 묘사하는 연구가 많다. 이러한 문화는 가혹하고 불균형적인 처벌을 특징으로 하는 적대적이고 편견이 있는 환경이다. 최근 "학교 규율이 점점 처벌적으로 변하고 있다"고 지적하며, 배제적 처벌과 무관용 정책을 통한 "학교 규율의 범죄화"(Hirschfield, 2008)를 언급하는 학자들이 있다. 또한 "규율 선택의 강화는 범죄 행위를 증가시킬 수 있다"(Mowen et al., 2020, p. 741)고 경고하며, "과도하게 처벌적이거나 불공평하다고 인식되는 학교 환경은 무질서를 초래하기 쉽다"(Preiss et al., 2016, p. 236)고 지적하는 연구자들도 있다. 이러한 관행은 "더 다양한 학교 분위기의 악화"와 학생들의 "불안과 스트레스 수준의 증가"로 이어질 수 있다(Mowen et al., 2020, pp. 739, 754). 더구나 "학교 정학과 제적 조치는 학생들의 사회적 소속감과 학교 권위자에 대한 신뢰에 부정적인 영향을 미칠 수 있다"(Graham et al., 2022, p. 2).

공격적인 문화는 특히 "장애 학생, 비이성애 청소년, 사회경제적 지위가 낮은 학생, 학업 성취도가 낮은 학생, 흑인, 라틴계, 남학생"의 삶과 학교 경험에 영향을 미치는데, 이들이 또래보다 배제적 처벌을 받을 확률이 높기 때문이다(Rodriguez & Welsh, 2022, p. 1). 학자들은 "이러한 훈육 결과의 격차가 모든 환경과 학년에서 상당히 일관되게 나타나며, 유치원 시절부터 시작된다"(Welsh & Little, 2018, p. 752)고 밝혔다. 특히 아프리카계 미국인 학생들의 높은 불균형 비율은 "널리 기록되어 있으며"(p. 756), 체벌을 받는 비율도 더 높다(Font & Gershoff, 2017, p. 413). 소외 계층 학생들은 심각하지 않은 위법 행위임에도 처벌받는 경우가 많다(Nese et al., 2021, p. 302).

불균형적 훈육의 또 다른 원인은 교육자들이 자신의 문화적 관점으로 학생들의 행동을 해석하고, 그 행동과 의도를 잘못 해석할 가능성이 높기 때문이다(Welsh & Little, 2018, p. 766). "훈육 결과의 불균형은 학생들의 그릇된 행동, 빈곤, 인종보다는 학교 교사와 교장의 행동으로 더 잘 설명될 수 있다"(Nese et al., 2021, p. 758). 학교 리더십은 또한 훈육 불균형에 기여하며, "정학률은 교장의 훈육 철학과 밀접한 관련이 있다"(p. 770). 최근 연구에 따르면, 배제적 처벌의 오용에 대한 인식이 높아져 미국 학교에서 배제적 훈육 비율이 감소하고 있다는 사실이 드러났다(Hwang et al., 2022).

일부 학교는 징벌적 처벌의 강조 여부와 무관하게 폭력 행위를 용인하며, 오히려 "괴롭힘의 문화"를 조성하고 있다(Migliaccio & Raskauskas, 2015). 괴롭힘은 신체적 또는 언어적 폭행으로 묘사되고, "약한 피해자에 대해 반복적으로 행해지는 악랄한 공격적 행동"이며 "권력 불균형이 특징"이다(Espelage & Hong, 2019, p. 47). 도덕적 이탈(Hymel & Bonanno, 2014) 및 편견(Thornberg, 2018)이라는 강력한 심리적 요인이 괴롭힘의 가해자와 방관자를 양산하는 촉매 역할을 하고 있다. 하지만 학교는 괴롭힘을 강화하는 환경을 방치하여 공격성과 지배의 "정상화"를 조성하고 있다(Harger, 2019, p. 1107).

> 괴롭힘은 단순히 가해자와 피해자의 관계 그 이상이다. 그 관계는 괴롭힘이 발생할 기회를 만들어내는 문화를 형성하는 여러 사회적 요인에 내재되어 있다. 이러한 사회적 요인들은 서로 협력하여 괴롭힘 문화를 형성하고, 학생들 사이에 권력으로 향하는 길을 규정하고 유지함으로써 재생산한다. (Migliaccio & Raskauskas, 2016, p. 30)

괴롭힘과 그로 인한 문제를 예방하기 위해 교육자들이 다양한 방식으로 개입할 수 있지만, 연구에 따르면 그들의 대응은 일관성이 없고 시의적절하지 않으며 도덕적으로 효과적이지 않을 수 있다(Gutzwiller-Helfenfinger & Perren, 2022, p. 443).

교육자들이 학교 문화에서 괴롭힘이 정상적인 행위라고 받아들일 때, "도덕적 부식이 확연히 나타나게 된다." 즉 교사들은 "도덕적으로 무감각"해지고, 피해 학생들은 "무력감과 절망"에 빠지게 된다(Gutzwiller-Helfenfinger & Perren, 2022, p. 445). 또한 연구자들은 특정 학교를 "유해한 문화"로 묘사하며, 이러한 문화 속에서 학교 지도자들은

"직장 내 무례함과 괴롭힘"을 조장하고 용인하고 있다고 주장한다(Mannix-McNamara et al., 2021, p. 12). 여기에는 관리자의 교사 괴롭힘과 교사 간 괴롭힘이 포함된다. 또한 여러 국가의 보고서에 따르면, 학부모에 의한 교사 괴롭힘이 공립학교와 사립학교 모두에서 점점 더 빈번하게 발생하고 있다(Evans & Thompson, 2016; Henebery, 2019; Twemlow & Sacco, 2013). 학교 내 공격적인 문화는 아동과 성인 모두에게 부정적인 영향을 끼친다.

결론적으로, 교육자들은 현재의 도덕적 사회화 관행을 재검토하여 그들의 노력이 학생들의 도덕적 이해와 행동을 증진시키고 있는지, 아니면 저해하고 있는지 판단해야 한다. 그러나 문화의 강력한 힘을 이해하기 전까지는 도덕적인 학교 환경을 조성하고 유지할 수 없다. 통제적이고 공격적이며 차별적인 학교 문화는 학생들의 도덕성을 함양하고 도덕적 공동체를 발전시키고자 하는 개인의 진지한 노력을 무산시킬 수 있다. 도덕적 교실과 학교를 구상하는 첫 번째 단계는 기존의 문화 패턴과 그것이 개인, 관행, 정책에 미치는 영향을 파악하는 것이다. 문화를 "가시화"함으로써 "사람들이 만들어낸 것을 바꿀 수 있다"(Erickson, 1987, p. 24).

참고문헌

Albaiz, N. E., & Ernest, J. M.(2015). Between kindergartners' stickers and adolescents' fancy cars: How to build an autonomous generation. *Childhood Education*, 91(5), 342-350.

Althof, W., & Berkowitz, M. W.(2006). Moral education and character education: Their relationship and roles in citizenship education. *Journal of Moral Education*, 35(4), 495-518.

Althof, W. & Berkowitz, M. W.(2013). Character and Civic Education as a Source of Moral Motivation. In K. Heinrichs, F. Oser, & T. Lovat (Eds.), *Handbook of Moral Motivation. Moral Development and Citizenship Education*, vol 1. SensePublishers, Rotterdam.

Arum, R., & Way, S.(2005). School discipline and youth socialization. In R. Arum(Ed.), *Judging school discipline: The crisis of moral authority* (pp. 159-187). Harvard University Press.

Atiles, J. T., Gresham, T. M., & Washburn, I.(2017). Values and beliefs regarding discipline practices: How school culture impacts teacher responses to student misbehavior. *Educational Research Quarterly*, 40(3), 3-24.

Au, W.(2020). Testing for whiteness? How high-stakes, standardized tests promote racism, undercut diversity, and undermine multicultural education. In H. P. Baptiste & J. H. Writer(Eds.), *Visioning multicultural education: Past, present, future* (pp. 99-113). Routledge.

Barchard, K., & Atkins, C.(1991). Children's decisions about naughtiness and punishment: Dominance of expiatory punishments. *Journal of Research in Childhood Education*, 5(2), 109-115.

Barr, J. J., & Higgins-D'Alessandro, A.(2007). Adolescent empathy and prosocial behavior in the multidimensional context of school culture. *The Journal of Genetic Psychology*, 168(3), 231-250.

Barrow, R.(1975). *Moral philosophy for education*. George Allen & Unwin.

Battistich, V.(2010). School contexts that promote students' positive development. In J. L. Meece & J. S. Eccles(Eds.), *Handbook of research on schools, schooling, and human development* (pp. 111-127). Routledge.

Bear, G. G.(2013). Teacher resistance to frequent rewards and praise: Lack of skill or a wise decision?. *Journal of Educational and Psychological Consultation*, 23(4), 318-340.

Berkowitz, M. W.(2011). What works in values education. *International Journal of Educational Research*, 50(3), 153-158.

Bettelheim, B.(1970). Moral education. In N. F. Sizer & T. R. Sizer (Eds.), *Moral education/Five lectures*. Harvard University Press.

Boland, P.(2000). Catholic education in the 21st century. *Catholic Education: A Journal of Inquiry and Practice*, 3(4), 508-520.

Boostrom, R.(1991). The nature and functions of classroom rules. *Curriculum Inquiry*, 21(2), 193-216.

Bowles, S., & Gintis, H.(2002). Schooling in capitalist America revisited. *Sociology of Education*, 75, 1-18.

Brint, S., Contreras, M. F., & Matthews, M. T.(2001). Socialization messages in primary schools: An organizational analysis. *Sociology of Education*, 74, 157-180.

Brownell, C. J.(2017). Starting where you are, revisiting what you know: A letter to a first-year teacher addressing the hidden curriculum. *Journal of Curriculum and Pedagogy*, 14(3), 205-217.

Bruner, J.(1996). *The culture of education*. Harvard University Press.

Bryk, A. S., Lee, V. E., & Holland, P. B.(1993). *Catholic schools and the common good*. Harvard University Press.

Canter, L.(1989). Assertive discipline: More than names on the board and marbles in a jar. *Phi Delta Kappan*, 71(1), 57-61.

Carper, J. C., & Layman, J.(2002). Independent Cristian day schools: The maturing of a movement. *Journal of Catholic Education*, 5 (4), pp. 502–514.

Castagno, A. E.(2008). "I don't want to hear that!": Legitimating whiteness through silence in schools. *Anthropology & Education Quarterly*, 39(3), 314–333.

Cohen, J., McCabe, E. M., Michelli, N. M., & Pickeral, T.(2009). School climate: Research, policy, practice, and teacher education. *Teachers College Record*, 111(1), 180–213.

Copp, D.(2016). Moral education versus indoctrination. *Theory and Research in Education*, 14(2), 149–167.

Cornbleth, C. (1984). Beyond hidden curriculum?. *Journal of Curriculum Studies*, 16(1), 29–36.

Cross, G., Campbell–Evans, G., & Gray, J.(2018). Beyond the assumptions: Religious schools and their influence on students' social and civic development. *International journal of Christianity & Education*, 22(1), 23–38.

de Ruyter, D. J.(1999). Christian schools in a pluralistic society'?. *Interchange*, 30(2), 213–233.

Deal, T. E., & Peterson, K. D.(1990). *The principal's role in shaping school culture*. U.S. Department of Education, Office of Educational Research and Improvement.

Efron, S. G.(1996). Jewish moral education and character education: A comparison. *Journal of Jewish Education*, 62(1), 4–13.

Erickson, F.(1987). Conceptions of school culture: An overview. *Educational Administration Quarterly*, 23(4), 11–24.

Espelage, D. L., & Hong, J. S.(2019). School climate, bullying, and school violence. In M. J. Mayer & S. R. Jimerson(Eds.), *School safety and violence prevention: Science, practice, policy* (pp. 45-69). American Psychological Association.

Evans, R., & Thompson, M. G.(2016). Parents who bully the school. *Independent School*, 75(3). https://www.nais.org/magazine/independent-school/spring-2016/parents-who-bullyschool/

Flicker, E. S., & Hoffman, J. A.(2002). Developmental discipline in the early childhood classroom. *Young Children*, 57(5), 82-89.

Font, S. A., & Gershoff, E. T.(2017). Contextual factors associated with the use of corporal punishment in US public schools. *Children and Youth Services Review*, 79, 408-418.

Gershoff, E. T.(2017). School corporal punishment in global perspective: prevalence, outcomes, and efforts at intervention. *Psychology, Health & Medicine*, 22(sup1), 224-239.

Glover, D., & Coleman, M.(2005). School culture, climate and ethos: interchangeable or distinctive concepts?. *Journal of In-service Education*, 31(2). 251-272.

Goodman, J. F.(2006). School discipline in moral disarray. *Journal of Moral Education*, 35(2), 213-230.

Graham, L. J., Gillett-Swan, J., Killingly, C., & Van Bergen, P.(2022). Does it matter if students (dis)like school? Associations between school liking, teacher and school connectedness, and exclusionary discipline. *Frontiers in Psychology*, 13, 1-13. https://doi.org/10.3389/fpsyg.2022.825036

Gutzwiller-Helfenfinger, E., & Perren, S.(2022). The moral dimensions of bullying at school: A social-ecological process perspective. In M. Killen & J. G. Smetana(Eds.), *Handbook of moral development* (3rd ed.; pp. 437-453). Routledge.

Hall, E. T.(1976). *Beyond culture*. Anchor Press/Doubleday.

Harger, B.(2019). A culture of aggression: School culture and the normalization of aggression in two elementary schools. *British Journal of Sociology of Education*, 40(8), 1105-1120.

Hargreaves, D. H.(1995). School culture, school effectiveness and school improvement. *School Effectiveness and School Improvement*, 6(1), 23-46.

Heekes, S. L., Kruger, C. B., Lester, S. N., & Ward, C. L.(2022). A systematic review of corporal punishment in schools: Global prevalence and correlates. *Trauma, Violence, & Abuse*, 23(1), 52-72.

Hello, E., Scheepers, P., Vermulst, A., & Gerris, J. R.(2004). Association between educational attainment and ethnic distance in young adults: Socialization by schools or parents?. *Acta Sociologica*, 47(3), 253-275.

Henderlong, J., & Lepper, M. R.(2002). The effects of praise on children's intrinsic motivation: A review and synthesis. *Psychological Bulletin*, 128(5), 774-795.

Henebery, B.(2019). Bullying against teachers: what can be done? *The Educator Australia*. https://www.theeducatoronline.com/k12/news/bullying-against-teachers-what-can-be-done/264550

Higgins-D'Alessandro, A., & Sadh, D.(1998). The dimensions and measurement of school culture: Understanding school culture as the basis for school reform. *International Journal of Educational Research*, 27(7), 553-569.

Hildebrandt, C. L. N., & Zan, B.(2014). Constructivist approaches to moral education in early childhood. In L. Nucci & D. Narvaez (Eds.), *Handbook of moral and character education* (2nd ed.; pp. 352-369). Routledge.

Hirschfield, P. J.(2008). Preparing for prison? The criminalization of school discipline in the USA. *Theoretical Criminology*, 12(1), 79-101.

Hussain, S., & Read, J. N. G.(2015). Islamic schools in the United States and England: Implications for integration and social cohesion. *Social Compass*, 62(4), 556-569.

Hwang, N., Penner, E. K., Davison, M., Sanabria, T., Hanselman, P., Domina, T., & Penner, A. M.(2022). Reining in punitive discipline: Recent trends in exclusionary school discipline disparities. *Socius*, 8, 1-8.

Hymel, S., & Bonanno, R. A.(2014). Moral disengagement processes in bullying. *Theory into Practice*, 53(4) 278-285.

Ingersoll, R. M., & Collins, G.(2017). Accountability and control in American schools. *Journal of Curriculum Studies*, 49(1), 75-95.

Jackson, P. W., Boostrom, R. E., & Hansen, D. T.(1993). *The moral life of schools*. Jossey-Bass.

Jerald, C. D.(2006). School culture: "The hidden curriculum." *Issue Brief*. Center for Comprehensive School Reform and Improvement.

Johnson, N. B.(1982). Education as environmental socialization: Classroom spatial patterns and the transmission of sociocultural norms. *Anthropological Quarterly*, 55(1) 31-43.

Joseph, P. B.(2011). Conceptualizing curriculum. In P. B. Joseph(Ed.), *Cultures of curriculum* (pp. 3-22). Routledge.

Joseph, P. B., Green, N. S., Mikel, E. R., & Windschitl, M. A.(2011). Narrowing the curriculum. In P. B. Joseph(Ed.), *Cultures of curriculum* (pp. 52-70). Routledge.

Kaltenbach, E., Hermenau, K., Nkuba, M., Goessmann, K., & Hecker, T.(2018). Improving interaction competencies with children-A pilot feasibility study to reduce school corporal punishment. *Journal of Aggression, Maltreatment & Trauma*, 27(1), 35-53.

Kamii, C.(1984). Obedience is not enough. *Young Children*, 39(4), 11-14.

Kapferer, J. L.(1981). Socialization and the symbolic order of the school. *Anthropology & Education Quarterly*, 12(4), 258-274.

Kline, D. M. S.(2016). Can restorative practices help to reduce disparities in school discipline data? A review of the literature. *Multicultural Perspectives*, 18(2), 97-102.

Kohn, A.(1999). *Punished by rewards: The trouble with gold stars, incentive plans, A's, praise, and other bribes*. Houghton Mifflin.

Leman, P. J., & Björnberg, M.(2010). Conversation, development, and gender: A study of changes in children's concepts of punishment. *Child Development*, 81(3), 958-971.

Mannix-McNamara, P., Hickey, N., MacCurtain, S., & Blom, N.(2021). The dark side of school culture. *Societies*, 11(3), 1-19. https://doi.org/

10.3390/soc11030087

Margolis, E., Soldatenko, M., Acker, S., & Gair, M.(2001). Peekaboo: Hiding and outing the curriculum. In E. Margolis(Ed.), *The hidden curriculum in higher education* (pp. 1-20). Routledge.

Migliaccio, T., & Raskauskas, J.(2015). *Bullying as a social experience: Social factors, prevention and intervention*. Routledge.

Moberly, D. A., Waddle, J. L., & Duff, R. E.(2005). The use of rewards and punishment in early childhood classrooms. *Journal of Early Childhood Teacher Education*, 25(4), 359-366.

Mowen, T. J., Brent, J. J., & Boman IV, J. H.(2020). The effect of school discipline on offending across time. *Justice Quarterly*, 37(4), 739-760.

Nese, R. N., Nese, J. F., McCroskey, C., Meng, P., Triplett, D., & Bastable, E.(2021). Moving away from disproportionate exclusionary discipline: Developing and utilizing a continuum of preventative and instructional supports. *Preventing School Failure: Alternative Education for Children and Youth*, 65(4), 301-311.

Nucci, L.(2006). Classroom management for moral and social development. In C. M. Evertson & C. S. Weinstein(Eds.), *Handbook of classroom management* (pp. 721-742). Lawrence Erlbaum.

Nucci, L. P.(2009). *Nice is not enough: Facilitating moral development*. Pearson.

O'Flaherty, J., & McCormack, O.(2022). Values education: the understanding of values across Irish educational legislation, policies and curriculum. *Teachers and Teaching*, 1-23.

Orón Semper, J. V., & Blasco, M.(2018). Revealing the hidden curriculum in higher education. *Studies in Philosophy and Education*, 37(5), 481-498.

Osborn, M.(2006). Changing the context of teachers' work and professional development: A European perspective. *International Journal of Educational Research*, 45(4-5), 242-253.

Pallas, A. M.(2000). The effects of schooling on individual lives. In M. T. Hallinan (Ed.), *Handbook of the sociology of education* (pp. 499-525). Kluwer Academic/Plenum.

Peguero, A. A., & Bracy, N. L.(2015). School Order, Justice, and Education: Climate, Discipline Practices, and Dropping Out. *Journal of Research on Adolescence*, 25(3), 389-405.

Peters, R. S.(1962). Moral education and the psychology of character, *Philosophy*, 37(139), 37-56.

Piaget, J.(1932/1965). *The moral judgement of the child*. Routledge and Kegan Paul.

Postholm, M. B.(2013). Classroom management: What does research tell us?, *European Educational Research Journal*, 12(3), 389-402.

Preiss, D. R., Arum, R., Edelman, L. B., Morrill, C., & Tyson, K.(2016). The more you talk, the worse it is: Student perceptions of law and authority in schools. *Social Currents*, 3(3), 234-255.

Prochner, L., & Hwang, Y.(2008). Cry and you cry alone': Timeout in early childhood settings. *Childhood*, 15(4), 517-534.

Prosser, J.(1999). The evolution of school culture research. School culture, In J. Prosser(Ed.), *School culture* (pp. 1-14). Paul Chapman.

Purpel, D.(1999). *Moral outrage in education*. Peter Lang.

Purpel, D., & Ryan, K.(1975). Moral education: Where sages fear to tread. *Phi Delta Kappan*, 56(10), 659–662.

Render, G. F., Padilla, J. N. M., & Krank, H. M.(1989). Assertive discipline: A critical review and analysis. *Teachers College Record*, 90(4), 607–630.

Robinson, G., & Maines, B.(1994). Assertive discipline: Jumping on a dated wagon. *Educational Psychology in Practice*, 9(4), 195–200.

Rodriguez, L. A., & Welsh, R. O.(2022). The dimensions of school discipline: Toward a comprehensive framework for measuring discipline patterns and outcomes in schools. *AERA Open*, 8(1), 1–23.

Saldana, J.(2013). Power and conformity in today's schools. International *Journal of Humanities and Social Science*, 3(1), 228–232.

Samson, M. G.(2018). Competition or cooperation? Jewish day schools, synagogues and the (re)construction of young people's Jewish identities in England. *Children's Geographies*, 16(3), 225–238.

Schoen, L. T., & Teddlie, C.(2008). A new model of school culture: A response to a call for conceptual clarity. *School Effectiveness and School Improvement*, 19(2), 129–153.

Smetana, J. G.(1999). The role of parents in moral development: A social domain analysis. *Journal of Moral Education*, 28(3), 311–321.

Stewart, J. S.(1974). The school as a values/moral agent. In *Essays on values development education*. Unpublished booklet, Michigan State University, College of Education, East Lansing, MI.

Stoll, L.(1998), School culture. *School Improvement Network's Bulletin*, 9(10), 9–14.

Straus, M. A.(1994). *Beating the devil out of them: Corporal punishment in American families*. Lexington Books.

Thornberg, R.(2008). Values education as the daily fostering of school rules. *Research in Education*, 80(1), 52-62.

Thornberg, R.(2009). The moral construction of the good pupil embedded in school rules. *Education, Citizenship and Social Justice*, 4(3), 245-261.

Thornberg, R.(2018). School bullying and fitting into the peer landscape: A grounded theory field study. *British Journal of Sociology of Education*, 39(1), 144-158.

Tuastad, S.(2016). What Is it like to be a student in a religious school?. *Religion & Education*, 43(1), 60-76.

Twemlow, S. W., & Sacco, F. C.(2013). Bullying is everywhere: Ten universal truths about bullying as a social process in schools & communities. *Psychoanalytic Inquiry*, 33(2), 73-89.

Veugelers, W.(2021). Teachers' ethos in moral learning: Strengthening teachers, supporting learners. In F. Oser, K. Heinrichs, J. Bauer, & T. Lovat(Eds.), *The international handbook of teacher ethos* (pp. 109-121). Springer.

Veugelers, W., & Vedder, P.(2003). Values in teaching. *Teachers and Teaching*, 9(4), 377-389.

Walker, V. S. E., & Snarey, J. R.(2004). *Race-ing moral formation: African American perspectives on care and justice*. Teachers College Press.

Watson, M.(2008). Developmental discipline and moral education. In L. P. Nucci, & D. Narvaez(Eds.), *Handbook of moral and character ed-*

ucation (pp. 175-203). Routledge.

Watson, M. S., Solomon, D., Battistich, V., Schaps, E., & Solomon, J.(1989). The Child Development Project: combining traditional and developmental approaches to values education. In L. Nucci(Ed.), *Moral development and character education: A dialogue* (pp. 51-92). McCutchan.

Welsh, R. O., & Little, S.(2018). The school discipline dilemma: A comprehensive review of disparities and alternative approaches. *Review of Educational Research*, 88(5), 752-794.

Wentzel, K. R.(2015). Socialization in school settings. In J. E. Grusec & P. D. Hastings(Eds.), *Handbook of socialization: Theory and research* (pp. 251-275). The Guilford Press.

Wiseman, A. W., Astiz, M. F., Fabrega, R., & Baker, D. P.(2011). Making citizens of the world: The political socialization of youth in formal mass education systems. *Compare: A Journal of Comparative and International Education*, 41(5), 561-577.

Woocher, J., & Woocher, M.(2014). Jewish education in a new century: An ecosystem in transition. In A. Dashefsky & I. Sheskin(Eds.), *American Jewish year book 2013* (pp. 3-57). Springer.

Woods, R.(2008). When rewards and sanctions fail: A case study of a primary school rule-breaker. *International Journal of Qualitative Studies in Education*, 21(2), 181-196.

Yang, C., Bear, G. G., Chen, F. F., Zhang, W., Blank, J. C., & Huang, X.(2013). Students' perceptions of school climate in the US and China. *School Psychology Quarterly*, 28(1), 7-24.

Zajda, J.(2014). Values education. In D.C. Phillips(Ed.), *Encyclopedia of educational theory and philosophy* (pp. 835–838). Sage.

Zhao, Z.(2014). The teacher–state relationship in China: An exploration of homeroom teachers' experiences. *International Studies in Sociology of Education*, 24(2), 148–164.

6장 도덕적인 학교와 교실

> 모든 교사와 교육 정책 입안자는 배려 관계가 꽃피울 수 있는 환경 조성을 목표로 삼아야 합니다. 이러한 환경에서는 개인의 요구를 가장 잘 충족시키고, 지식을 효과적으로 전수하며, 도덕적인 사람으로 성장할 수 있도록 장려할 수 있습니다. 배려와 신뢰의 환경은 대부분의 사람들이 옳은 일을 하고, 선한 사람이 되고자 하는 동기를 부여합니다.
>
> —넬 나딩스(2012), "교직에서의 배려 관계", p. 777.

기존 학교교육을 비판하는 사람들은 "학교 규칙과 일상에 순응하는 것", "학교를 사회 기관으로 제대로 구상하고 구성하지 못하는 것"(Dewey, 1909, p. 15), 그리고 "학습자를 외적 동기에 의존하는 수동적 수용자"로 여기는 관점(Postholm, 2013, p. 397)에 초점을 맞춰 학교와 학생들의 필수적인 도덕적 관심사를 분리하는 것을 비난한다. 또한 이들은 경쟁의 정상화가 도덕적 공동체로서의 교실과 학교를 어떻게 해치는지에 대해서도 거론한다(Kohn, 1997). 경쟁은 아이들이 "타인의 복지에 대해 관대한 관심을 가지면서 충만하고 도덕적이며 행복한 삶"을 영위하도록 돕고자 하는 교사의 노력을 방해한다는 점에서 "교육의 가장 중요한 목표를 훼손"하고 있다고 할 수 있다(Noddings, 2012, p. 778). 또한, 학교는 "권력 기관"으로, "사회 통제라는 목표가 교육이라는 목표를 가릴 수 있는"(Perry & Morris, 2014, p. 1071) "징벌적인 환경"(Morrison & Vaandering, 2012. p. 140)이 되고 있다고 비판한다. 이러한 이유로 많은 학자들은 교실과 학교가 학생들이 "관심과 신뢰의 분위기"(Noddings, 2012, p. 777) 속에서 배우고 성장하는 도덕적 공동체로 변모해야 한다고 주장한다.

이러한 학교교육의 변화를 이루기 위해서는 듀이(J. Dewey)가 "학교생활의 모든 사건은 도덕적 가능성을 품고 있다"(Dewey, 1909, p. 58)고 한 말을 잊지 말아야 한다. 따라서 학생들의 도덕적 감정과 추론을 북돋울 수 있는 다양한 기회를 상상해 볼 수 있다. 그러나 이러한 노력은 무작위적이거나 비체계적이서는 안 된다. 오히려 의도적인 도덕적 환경을 조성해야 한다. 교육 철학자 핸슨(D. Hansen)은 다음과 같이 경고한다.

> 듀이는 우연에 맡겨진 학교나 교실 환경이란 교육에 도움이 되지 않거나 이를 뒷받침하지 못할 가능성이 높다고 주장한다. 우연적 환경은 무작위적이고, 임시적이며, 여러 측면에서 사려 깊지 않거나 무의미한 것이다. 이러한 환경은 인간의 결과를 더 나은 것과 더 나쁜 것, 도움이 되는 것과 해로운 것, 좋은 것과 나쁜 것 사이에서 선택하도록 강요한다. (Hansen, 2002, p. 185)

다행히도 우리는 우연에만 의존할 필요가 없다. 직관이나 검증되지 않은 전통에도 의존할 필요가 없다. 오히려 도덕적 교실과 학교를 만드는 방법을 설명하는 풍부한 개념적, 경험적 연구들을 활용할 수 있다.

이러한 연구는 정서적 도덕 발달(배려와 공감의 함양)과 인지적 도덕 발달(도덕적 추론, 관점 채택, 정의에 대한 인식의 함양) 모두에 중점을 둔 경험적 도덕 학습을 강조한다. 그럼에도, 학생들이 교사와 동료로부터 배려와 존중을 받는 것을 알면서도 적대적인 학교 문화를 접하게 된다면, 그들의 경험은 불화와 괴로움을 초래할 것이다. 따라서 교육자들은 모든 구성원이 공정성을 추구하고 서로에게 최고의 결과를 가져다주기 위해 헌신하는 윤리적이고 포용적인 공동체로서 학교 문화를 조성해야 한다.

이 장에서는 다음과 같은 질문들을 통해 교실과 학교생활의 도덕적 가능성을 탐구한다.

- 교육자들은 어떻게 윤리적인 학교 문화를 조성할 수 있을까?
- 어떤 교육 활동이 학생의 공감, 존중, 그리고 공동체에 대한 감사를 함양하는 데 도움이 될까?
- 어떤 교육 활동이 학생으로 하여금 타인의 관점을 이해하고 자신과 타인에 대해 성찰하도록 할까?

1. 윤리적 학교 문화

학교가 윤리적 공동체로 발전하기 위해서는 학교 문화 내의 기존 가치와 행동을 탐구하는 것이 중요하다. 이를 위해 먼저 다음과 같은 질문을 던져야 한다. "모든 행동의 토대를 마련하는 전반적인 목표와 사상"이 존재하는가? 학교 문화 내의 모든 사람이 "자신이 추구하는 가치를 정의할 수 있는가?"(Solomon, 1992, p. 3). 그리고 배려와 정의에 대한 헌신이라는 공유된 도덕적 비전이 존재하는가? 이러한 탐구는 윤리적 환경의 존재 여부를 파악하는 데 도움이 된다.

이러한 질문을 고려할 때, 두 가지 상호 연관된 개념이 통찰력을 제공한다. 첫째, 분위기(climate)는 "학교생활의 질과 특성을 의미"(Cohen et al., 2009, p. 182)하고, "학습 환경의 사회적 분위기와 관련하여 학생, 학부모, 교육자가 느끼는 학교 문화에 대한 인상이다"(Glover & Coleman, 2005, p. 254). 둘째, 에토스는 학교생활의 모든 측면에 영향을 미치고, 학교의 "철학 또는 분위기"를 규정하는 공유된 "가치와 원칙"을 나타낸다(pp. 266, 258).

1.1 분위기

분위기와 문화는 종종 혼용되지만, 학교 분위기를 정의하는 학자들은 특히 "학교 내 사람들의 경험 패턴"(Thapa et al., 2013, p. 358)과 "관계의 질, 상호작용 방식에 대한 인상"(Gutzwiller-Helfenfinger & Perren, 2022, p. 441)을 강조한다. 따라서 그들은 "학교 문화에 대한 인식", 즉 학교 문화가 "학생들의 학교 적응에 미치는 영향"과 "교사와 학생 간의 대인관계"를 조사하는 것에 주목한다(Barr & Higgens-D'Alessandro, 2007, p. 234). 그러나 "학교 분위기는 개인적인 경험 그 이상이다".

> 학교 분위기는 안전, 관계, 교수 및 학습, 환경 등 학교생활의 다양한 영역과 더 큰 조직적 패턴(예: 단편적인 것에서 응집력이 있거나 "공유적인" 비전으로, 건강하거나 불건강한 것, 의식적이거나 무의식적인 것)을 아우르는 집단적 현상이다. (Cohen et al., 2009, p. 182)

특히 학교 분위기에 대한 다양한 연구는 학생들이 전반적인 학교 환경과 사람들이 서로 상호작용하는 방식에 대해 갖는 인상을 보여준다.

연구자들은 학교 분위기를 생존기반적, 권위주의적, 그리고 권위적이라는 경험의 패턴으로 종합한다. "생존기반적" 분위기는 규칙이 거의 없고 교사와 학생의 관계가 좋지 않다. 권위주의적이거나 "권력기반적 갈등 해결" 분위기는 교사와 관리자의 "지시"에 의존하며, 학생들의 "순응"을 기대한다. 그리고 "권위적", "배려기반적" 및 "존중기반적 갈등 해결" 분위기는 교육자와 학생 간의 소통, 상호성, 그리고 협력을 강조한다(Ferráns & Selman, 2014, p. 167). 이러한 범주는 학교가 윤리적 환경인지, 그리고 어느 정도인지를 조사하는 체계를 제공한다.

생존기반적 학교 분위기는 "학생들의 반항과 싸움, 그리고 교사의 질서 유지에 대한 무능함"이 특징이다(Bosworth & Judkins, 2014, p. 301). 이러한 학교에서 학생들은 "괴롭힘, 공격성, 그리고 피해자화" 수준이 높아져 보호받지 못하고 안전하지 못하다고 느끼며(Espelage & Hong, 2019, p. 58), 공격적인 행동을 목격하더라도 보고하기를 꺼린다(p. 48). 교사와 관리자가 도덕적 권위나 지도를 행사하지 않는 학교에서 학생들은 학교가 "괴롭힘을 용인한다"고 인식할 수 있다(p. 49). 또한 부정적인 학교 분위기가 의무불이행이나 비행과 같은 아이들의 위험 감수 행동(Ferráns & Selman, 2014, p. 167)에 영향을 미치고 "학생들의 괴롭힘 가담 및 또래 피해자화 위험을 높인다"(Hong et al., 2018, p. 359)고 보고하는 연구자들이 있다.

학자들은 교육자들이 상당한 통제력을 행사하는 학교들을 기술하기도 하지만, 그러한 환경에서는 "교사들이 양육적인 관계를 형성하기보다는 엄격한 질서 유지에 집중한다"(Ferráns & Selman, 2014, p. 167). 이러한 권위주의적인 학교 분위기는 "학생들의 행동을 교정하는 데 도움을 주지 못하고, 통제와 복종을 강조하는 매우 구조화된"(Bosworth & Judkins, 2014, p. 302) 징벌적 훈육 관행으로 가득 차 있다. 유연성이 없거나 학생들이 훈육의 근거를 이해하도록 돕지 않으면, 교육자들은 무관심하고 불공평하게 보일 수 있다. 이러한 태도의 누적은 결과적으로 학생들의 불신과 비행을 유발하는 학교 분위기를 조성하며, "불공평하거나 지나치게 엄격한 처벌은 학교의 정당성을 훼손할 수 있다"(Preiss et al., 2016, p. 236).

반면, 연구자들은 권위적인 학교 분위기를 "배려기반"과 "존중기반 갈등 해결" 환경으로 정의한다. 권위적인 학교 문화의 핵심 특징은 "규율 체계와 학생 지원"이다(Cornell et al., 2015, p. 1187). 권위적인 학교 문화에서의 규율은 "공정하고, 합리적이며, 편견이 없다." 공정함은 "학생들이 인종이나 민족에 관계없이 공평하게 대우받는 것"을 의미한다(Cornell & Huang, 2016, p. 2254). 이후 연구들은 학생들이 "학교 규율을 공정하다고 인식할 때 파괴적인 행동 발생률이 현저히 낮아진다"는 것을 보여준다(Arum & Way, 2005, p. 183). 이러한 학교는 학생들이 학습과 규율에 대한 의사 결정에 참여하는 것을 포함하여 "공동 의사 결정"을 장려한다. "권위적인 학교의 또 다른 기본 요소"인 학생 지원은 학생들이 "교사가 모든 학생을 배려하고 잘되기를 바란다"고 믿고, "학생들이 교사에게 도움을 청하는 데 편안함을 느낀다"는 것을 의미한다(Cornell & Huang, 2016, p. 2254).

"배려가 넘치고, 참여적이며, 반응적인" 학교 분위기는 학생들의 "학교에 대한 애착과 유대감"을 형성한다(Bosworth & Judkins, 2014, p. 301; Ferráns & Selman, 2014, p. 167). 연구자들은 "인간은 관계적이며 통제보다는 사회적 참여의 맥락에서 번영한다"는 전제에 기초하여 공동체를 구축할 필요가 있다고 강조한다(Morrison & Vaandering, 2012, p. 139). 이러한 분위기는 저절로 형성되는 것이 아니라 "적극적으로 조성하는 것"이다(Schaps, 2003, p. 32).

1.2 에토스

학교를 도덕적 공동체로 이해하는 효과적인 방법 중 하나는 에토스의 개념을 이해하는 것이다. 에토스는 "집단의 모든 구성원이 설득력 있는 윤리에 공감하며"(Goodman, 2007, p. 11), "서로 다른 개인들을 하나의 공동체로 결속시키는 태도, 가치, 신념을 공유"(Grant, 1988, p. 117)하는 유목적적이고 통합적인 비전을 의미한다. 공통된 윤리적 사명에 헌신하는 교육자들은 학생들에게 도덕적 성장을 지원하고 도덕 교육자로서의 노력을 일관되게 지지한다. 마찬가지로, 학교 공동체의 구성원으로서 학생들도 에토스를 형성하는 데 참여하게 된다. 즉, "사명 선언문, 책임 강령, 그리고 공유된 도덕적 가치"를 발전시키는 것이다(Berreth & Berman, 1997, p. 25).

> 강력한 긍정적 에토스를 지닌 학교는 민주주의 사회에서 교육 공동체의 기능에 적합한 이상을 지지하며 지적, 도덕적 덕을 부여한다. 이러한 학교는 목표 제시, 모범적인 행동과 실천, 의례적 행사, 규범 준수를 통해 구성원들이 적어도 잠정적으로 이러한 이상과 덕에 헌신하고자 노력한다. (Grant, 1988, p. 188)

에토스는 학교 규율(Goodman, 2006, p. 213), 커리큘럼 내용, 활동, 그리고 자원에 대한 결정(ASCD, 1988)에도 반영된다. 학교 에토스에 대해 연구하는 학자들은 강한 목적의식을 통해 공동체의 모든 구성원이 상호 존중하고 학교의 가치에 대해 존중하는 도덕적 세상을 만들겠다는 의지를 강조한다. 또한, 에토스는 학교 공동체의 모든 구성원이 "도덕적, 사회적 발달에 주의를 기울여 배려하고 존중하는 행동을 촉진하는 책임을 지고", "학생들이 배려하고 존중하는 사람이 되도록 영감을 주는 것을 일상 업무로 여기고", "지속적이고 장기적인 방식으로 이를 실행한다"는 의미를 지닌다(Weissbourd et al., 2013, p. 2).

에토스의 핵심 요소는 비판적 검토로, 이는 이상을 실제 신념 및 상호작용과 비교하는 것이다. 학교의 도덕적 사명은 "어떻게 해야 도덕적인 것인지에 대한 이상적인 도덕규범"(Boehm, 1977, p. 30)을 반영할 수 있으며, 이는 실제 행동과 정책으로 드러나 기존 가치와 대조될 수 있다. 비평가이자 학교 개혁가인 홀트(J. Holt)는 이러한 개념을 다음과 같이 강조했다.

> 학교는 아이들을 얼마나 좋아하고 존중하는지, 아이들의 개별적인 차이를 얼마나 소중히 여기는지, 민주적이고 인간적인 가치에 얼마나 헌신하는지 등을 끊임없이 이야기하고 있을지도 모릅니다. 만약 제가 당신을 현명하다고 말하면서 바보처럼 대하고, 당신이 선하다고 말하면서 위험한 범죄자처럼 취급한다면, 제가 직접 말했을 때보다 훨씬 더 강하게 느낄 것입니다. (Holt, 1970, p. 56)

에토스를 명확히 하는 것은 지침의 원칙과 응집력을 형성하는 데 중요하나, "때때로 스스로를 미시적으로 관찰해야" 할 책임이 있다. 학교 공동체 구성원 모두가 인식하는 가치에 비추어 분위기와 정신을 면밀히 검토하고 필요한 변화를 이루기 위해 노력해야 한다(Glover & Coleman, 2005, p. 259).

2. 도덕적 교실 및 학교 관행

통제, 수동성, 개인주의를 강조하는 전통적인 학교교육에 맞서기 위해, 어린이와 청소년을 위한 도덕적 경험을 조성하기 위한 다양한 관행에는 배려공동체, 민주적 공동체, 봉사 학습, 정의공동체, 회복적 정의 등이 존재한다. 이러한 접근 방식은 구조와 실제 경험에서 차이가 있지만, 여러 면에서 서로 연관되어 있으며 여러 목표를 공유한다. 이러한 접근 방식은 모두 공감 능력 향상, 타인의 욕구에 대한 인식과 현실적인 이해의 증진, 정의에 대한 비판적 성찰, 자신과 타인의 내적 좋음의 미래 비전 구상하기라는 도덕적 상상력의 중요한 요소를 구체화하고 있다(표 6.1 참조).

2.1 배려공동체

도덕적 상상력의 요소인 감정(공감적 감정과 타인과의 연결)과 지각(타인의 필요와 관심사에 대한 인식)을 반영하는 배려공동체는 전인적 아동 발달, "배려와 연결이라는 관계적 윤리"(Cefai & Cavioni, 2014, p. 81)에 전념하는 인본주의적 관행이며, 인간의 번영과 도덕적 발달에 필수적인 요소들을 제공한다. 기존의 학교교육 규범에 도전하는 이러한 다차원적 접근 방식은 학생과 교육자에게 다양한 이점을 제공한다. 배려공동체는 경쟁과 통제 대신에 협력과 신뢰를 기반으로 하며, "비본래적 보상과 결과" 대신에 "가족적 분위기" 속에서 학생들을 지도하고 지원하는 교사로의 변화를 요구한다. 이는 "학급 운영과 규율의 패러다임 전환"을 의미한다(Watson & Battistich, 2006, p. 275).

배려공동체는 양육, 친밀함, 정서적 애착, 그리고 공동체 구성원 모두가 경험하는 존중하고 상호 지원하는 관계를 강조한다. 학업 성취도에 관심을 가지지만, 배려공동체의 교육자들은 학생들의 사회적, 정서적 복지를 특히 중요하게 생각한다. 이와 같이, 배려공동체는 교사들이 협력하고 멘토링을 받을 수 있도록 지원한다(p. 82). 배려공동체 지지자들은 아이들의 “기본적인 심리적 욕구” 중 “정서적, 신체적 안전”(Schaps, 2003, p. 31)을 인식하고, 감정적 건강이 도덕적 발달에 필수적이라고 이해하며, 아이들이 자신의 욕구 충족에만 집중하기보다는 타인에게 관심을 기울일 수 있도록 한다고 주장한다. “보호자가 항상 대기하고 아이들의 욕구에 민감하게 반응하는” 양육 가정과 마찬가지로, 배려공동체의 교육자들은 “아이들이 배려 관계를 경험함으로써 배려를 배우는” 것처럼 “학생들과 따뜻하고, 양육적이며, 신뢰하는 관계”를 구축해야 한다(Watson, 2008, p. 180).

〈표 6.1〉 도덕적 교실과 학교 관행

접근법	설명
배려공동체	모든 공동체 구성원의 사회적, 감정적 건강에 중점을 두는 배려 윤리(양육, 친밀감, 애착)를 준수하는 교실과 학교 강조
민주적 공동체	의미 있는 결정에 대한 심의 및 참여 기회를 제공하고, 존중과 공감의 관계 조성
봉사 학습	지역사회의 요구에 부응하고 비판적 성찰을 할 수 있도록 유기적이고 지속적인 경험 권장, 학업능력, 공감 능력, 주도성의 함양 및 강화
정의공동체	도덕적 딜레마에 대한 민주적인 심의, 협력적 의사 결정 참여, 공정성과 정의에 대한 관점의 획득 및 함양
회복적 정의	공동체 내 개인들의 상호 연결성 강조, 위법 행위를 관계의 침해로 간주, 피해를 인정하고 가능한 구제책을 마련하기 위한 대화와 합의 추진

배려공동체에서 가장 중요한 도덕적 관계는 교사와 아이 간의 관계

이다. 철학자 나딩스(N. Noddings)가 개념화하는 교사란 "배려하는 자"이다. 배려하는 자는 주의 깊고 "단순히 학교라는 기관이 추정하는 욕구"가 아니라 "배려를 받는 사람이 무엇을 경험하는지를 이해하려고" 노력한다(Noddings, 2012, p. 772). 그녀는 교사가 학생들의 학업 성취를 배려하는 것과 "학생들에게 중요한 것이 무엇인지에 대해 학생들과 대화"함으로써 학생들을 인간으로 배려하는 것을 구분했다(p. 774).

학생의 말을 수용적으로 경청하는 교사, 즉 배려자는 학생이 학교, 특히 수학을 싫어한다는 말을 들을 수 있다. 이때 교사는 어떻게 반응해야 하는가? 그녀는 실제로 갈등에 휘말려 있다. 배려하는 교사로서, 그녀는 배려를 받는 사람이 표명한 요구에 응답해야 한다. 그녀는 또한 학교에 대해 명확한 책임이 있다. 그녀의 임무는 수학을 가르치는 것이며, 이를 위한 방법을 찾아야 한다. 그녀는 또한 자신의 학문적 전문 분야인 수학에 대한 지적 책임도 있다. 하지만 그녀가 가장 깊이 느끼는 도덕적 책임은 배려를 받는 사람, 즉 자신의 학생에 대한 것이다. 배려자로서 그에게 응답하기 위해 그녀는 일시적으로 기관의 요구를 제쳐둘 필요가 있다. 그녀는 배려와 신뢰의 관계를 형성할 시간이 필요하다(p. 774).

이와 같이, 학자들은 학생들이 교사가 학생들의 학교생활에서의 성공에만 관심을 기울이고 "학생들이 처한 상황에 대한 인식과 이해"에는 관심을 기울이지 않는다면 학생들은 교사의 배려를 이해하지 못할 것이라고 설명한다(Antrop-González & De Jesús, 2006, p. 427). 또한, 배려공동체에서 학생들은 "배려 관계에 기초한 의미 있는 대화적 만남에 참여할" 기회를 얻는다. 교사는 "학생 각자를 개인적으로 알고" 그들의 말에 진심으로 귀 기울일 뿐만 아니라 "자신의 경험과 이야기를 공유"해야 한다(Cefai & Cavioni, 2014, p. 81). 대화를 통해 교사와 학생은 "서로에게서 배우고"(Buzzelli & Johnston, 2014, p. 73) 상호 협력적인 관계를 형성할 수 있다(Watson, 2008, p. 181). 이러한 공동체는 "교사와 학생 간의 호혜 관계를 강조하는 진정한 형태의 배려"가 특징이다(Valenzuela, 1999, p. 61).

배려공동체의 또 다른 구성 요소는 학교 소속감이다. 이는 "학생들이 학교 사회의 환경에서 타인들로부터 개인적으로 수용되고, 존중받고, 포용되고, 지지받는다고 느끼는 정도로 일관되게 정의된다"(Allen et al., 2018, p. 2). 교사, 행정가, 학부모, 학생, 그리고 학생을 배려하는 사람은 스스로 공동체의 일원이라고 느끼며, 모든 교직원은 학생들에게 진정한 관심을 보인다. 그들은 서로 그리고 가족과 학생들의 학업 성취도, 사회성 발달, 그리고 감정적 건강에 대해 소통한다. 교실과 학교에서는 학생들이 비형식적이고 계획된 활동과 가족 행사를 통해 서로를 배려하면서 지지적인 또래 관계를 형성한다. 포용성은 특수교육 학생을 포함한 다양한 인구 집단의 학생들이 공동체의 소중한 구성원이기 때문에 배려공동체의 또 다른 주제이다(Antrop-González & De Jesús, 2006; Cefai & Cavioni, 2014; Schaps, 2003). "포용적 학교 공동체"에서는 교사를 포함한 모든 사람들이 "수용되고, 안전하며, 존중받고, 축하받는다고 느끼며, 자신의 목소리가 중요하다는 것을 안다"고 강조한다(Creekmore & Creekmore, 2022, p. 42). 그리고 이러한 공동체는 "봉사와 협력을 위한 정기적인 기회"를 제공하고, 학생들은 "타인들의 복지에 기여하는 데서 오는 많은 만족감을 경험한다"(Schaps, 2003, p. 32).

초등학교는 중등학교보다 학생 수가 적고, 학생과 그 가족을 알고 장기적인 관계를 맺을 수 있도록 돕는 구조 덕분에 배려공동체를 형성할 가능성이 더 높다. 그러나 "중등학교는 규모가 크고 비인격적인 장소인 경향이 있는"(Ellerbrock, 2012, p. 34) 반면, 일부 연구자들은 중등학교에서도 배려 환경이 존재한다고 주장한다. 중학교 운동(movement)의 근간이 되는 철학은 어린 청소년의 사회정서적 욕구, 즉 "배려하는 성인과의 관계 필요성"과 "소속감"을 강조한다(Alder, 2002, p. 246). "배려공동체 교육 모델"은 중학교 교사가 "학생들이 교실 활동에 의미 있게 참여하고, 즐거운 관계를 맺으며, 건강한 사회정서적 기능을 발휘하는 등 서로 연결되어 있다고 느낄 수 있는 환경을 조성하도록" 안내한다(Range et al., 2013, p. 48). 더 나아가, 신입생을 위한 전환기를 마련한 고등학교 사례도 있다. 이러한 프로그램에서의 다학문적 팀 구성은 "교사가 학생들을 잘 알게 되고 학생들과 긍정적인 관계를 형성하는 데 도움이 된다"(Ellerbrock, 2012, p. 49). 이와 같이, "팀은 학교 내에서 고립과 익명성으로 인한 스트레스를 줄이는 데 도움이 되는 심리적 안식처를 제공한다"(Jackson & Davis, 2000, p. 125).

연구자들은 이러한 공동체에서 교육받은 아이들이 교실을 공정하고 안전하며 배려가 있는 공간으로 인식하며 윤리적, 이타적으로 행동할 가능성이 더 크다고 주장한다(Schaps, 2003, p. 31). 학생들이 학교에 오기 전에 부적절한 양육을 경험했을 때, 배려공동체는 특히 중요하다. 왜냐하면 "관계를 협력적이고 호혜적인 관점으로 보지 않으면 도덕적 세계관을 형성할 기반을 갖지 못하기 때문이다"(Watson, 2008, p. 181). 이와 같이, "삶에서 여러 역경을 겪는 아이들에게 소속감은 중요한 보호 요소다"(Roffey, 2013, p. 41) 그리고 "소속감은 청소년 발달과 정체성 형성에 근본적인 역할을 하는 것으로 여겨진다"(Allen et al., 2016, p. 98). 또한, 포용적인 학교 공동체는 "인종차별 및 여타의 차별을 신속하게 파악하고 대응하는 방법을 알고 있다"

(Creekmore & Creekmore, 2022, p. 46). 이를 통해 일부만을 위한 것이 아닌, 모두를 위한 배려를 보장한다.

2.2 민주적 공동체

배려공동체를 옹호하는 사람들은 이러한 환경 또한 민주적이어야 한다고 생각한다. 그들은 아이들도 교실과 학교가 아동의 "자율성과 능력에 대한 심리적 욕구"를 충족시킬 때 성장한다고 확신한다(Battistich et al., 1997, p. 137). 민주적 교실공동체의 창조, 즉 "공동 문제 해결, 경청과 말하기, 타인의 관점 파악, 그리고 공동 공간을 활용하여 타인과 입장을 형성하는 것"(Mikel, 2011, p. 209)이 민주주의의 "심의 예술"(Parker, 2003)을 위한 준비 과정이라고 주장하는 학자들이 일부 있다. 따라서 민주적 공동체에 대한 개념은 배려와 존중, 공동의 권한과 행위, 그리고 심의와 시민성이라는 주제로 나타난다.

배려공동체와 민주적 교실을 연관 짓는 학자들은 민주적 교육 공동체가 "상호 작용적이고, 상호 관계적이며 상호 의존적"(Thayer-Bacon, 1996, p. 339)이며, "배려를 하나의 가치로 포함"(p. 344)하고, "대인 관계적 관심과 지원"(Solomon et al., 1996, p. 723)을 강조한다고 가정한다. 특히 여러 이론가들은 민주주의와 공감 간의 연관성을 강조한다(Gutmann, 1987). 그들은 우리가 "공감적 성향을 지닌 시민을 원해야"(Morrell, 2007, p. 398) 하는 것처럼 "공감적 성향을 심어주는 것"(p. 385)이 필요하다고 지적한다. 민주적 공동체는 또한 "다양성에 대한 이해와 존중"(Seigel & Rockwood, 1993, p. 65)을 장려한다. 왜냐하면 "민주주의는 지지자들에게 서로를 배려, 존중, 그리고 관용으로 대할 공적 의무를 부과하기 때문이다"(Gregory, 2000, p. 458). 이러한 관점은 우리가 "타인의 필요와 관심사를 인지하고, 탐구하고, 표현하도록"(p. 456) 그리고 "우리의 행동이 타인에게 미치는 영향을 마음에 두도록"(p. 447) 한다.

민주적 공동체에 대한 또 다른 기술은 학생의 능력을 강화하는 촉매제 역할을 한다는 것이다. 아이들이 "지역사회에 영향을 미치는 결정에 참여할 수 있는 방법과 공동체에 대해 책임을 질 기회"를 가질 때, 주도성이 발달한다(Watson, 2008, p. 182). 민주적 공동체는 아이들이 "교실의 의제와 분위기 형성에 발언권을 갖도록" 보장한다. 예를 들어 그러한 교실에서 학생들은 "불공평하다고 생각되면 규칙을 바꿀 수 있다"고 믿는다. 유의미한 학급 회의는 아이들이 "목표와 규범 설정, 활동 계획, 문제 파악 및 해결"에 참여할 수 있도록 한다(Schaps, 2003, p. 32). 결과적으로 민주적 환경은 "학생들이 무력감에 맞서 싸우는 데 도움이 된다"(Berman, 1990, p. 75). 학자들은 이러한 환경을 "교사 통제에서 공동 통제로, 개인의 책임에서 공동의 책임으로의 전환"으로 기술한다(Watson & Battistich, 2006, p. 275). 교실이 더 이상 권위주의적이지 않을 때, "교사는 권위자로서 학생들과 대화를 할 수 있다. 교사의 권위는 대화에 대한 그의 기여를 알려줄 수 있지만, 대화를 지배하지 않는다"(Berman, 1990, p. 73).

이 장의 마지막 주제는 민주적 교실이 심의 공동체로서 "민주적 삶의 방식을 강화하는"(Collins et al., 2019, p. 1) 참여 시민성을 준비시킨다는 믿음이다. "다수결의 절차로서의 민주주의가 아닌 심의로서의 민주주의라는 비전은 공적 영역에 생산적으로 참여할 수 있는 합리적이고, 표현력이 뛰어난 비판적 시민성을 요구한다"(Segal et al., 2017, p. 7). 이러한 공동체의 핵심 요소는 "사회적 상호작용"과 "교실 과정부터 개인적 의미에 이르기까지 모든 것에 대한 협상"(Buzzelli & Johnson, 2014, p. 74)을 포함한다. 학자들은 "상호 대화", 즉 "동등한 도덕적 행위자로서 서로의 말에 대한 적극적 경청"(Alder, 2002, p. 263)의 중요성을 강조한다. 민주적 공동체에서 학생들은 "강력한 교실공동체 구축"에 참여하고, "비판적 대화"에 나서며, 자신의 삶에 의미 있는 결정에 대한 책임을 지고, 커리큘럼을 공동으로 개발하는 진정한 역할을 수행한다(Collins et al., 2019, p. 1). 그들은 진정한 질문과 관심사를 바탕으로 민주적인 커리큘럼을 구축한다(Beane, 2002).

심의는 "민주적 삶의 특징"이자 "의사결정의 핵심"으로 여겨지며, 이는 "민주 사회의 씨줄과 날줄" 역할을 한다(Mikel, 2011, p. 200). 이처럼 민주적 교실공동체 옹호자들은 듀이의 "민주적 신념", 즉 "민주주의가 최선의 사회생활 방식이라는 확고한 믿음"(p. 199)을 지지한다.

> 이러한 신념을 가진다는 것은 모든 구성원이 민주주의에서 가능한 최선의 방식으로 자신의 민주주의 실험을 수행할 수 있는 고유한 능력과 선의를 지닌 존재라고 믿는 것을 의미한다. 민주공동체의 동료 구성원들에 대한 믿음은 상호 책임과 공유된 권한이라는 중요한 비전을 생생하게 유지한다. (Mikel, 2011, p. 199)

듀이가 공언했듯이, "민주주의는 인간 본성의 가능성에 대한 믿음에 따라 통제하는 삶의 방식"(Dewey, 1939/1988, p. 223)이며, 이는 도덕적 상상력이 그려내는 이상적인 자신과 사회의 모습을 잘 보여준다.

2.3 봉사 학습

봉사 학습은 "참여의 교육학"(Strain, 2005, p. 71)이라고 불리며, "학생들이 공동체를 위한 진정한 목표를 달성하고 자신을 위한 더 깊은 이해와 기술을 추구하면서 행동과 성찰의 순환을 통해 학습하는 경험

교육의 한 형태"(Bandy, 2016)로 정의된다. 봉사 학습의 두 가지 핵심 목표는 "지역사회 봉사와 학업 연구를 연결하는"(Ehrlich, 1996, p. xi) 능동적 학습 기회를 제공하고 타인 배려의 경험을 쌓을 수 있도록 하는 것이다. 봉사 학습은 도덕적 상상력의 요소를 실현한다. 즉, 봉사 학습은 타인의 필요에 대한 관심과 자신의 신념 및 행동을 검토함으로써 비판적 성찰을 통해 도덕적 감정을 구현한다. 학자들은 봉사 학습이 "이론과 행동을 연결하며 인지 학습과 정서 학습을 통합"하고 학생들에게 도덕적 행위자로 성장할 기회를 제공하기 때문에 "강력한 학습 방법"(You & Rud, 2010, p. 38)이 될 수 있다고 기술하고 있다.

> 공동체의 현상유지를 변화시키려는 욕구는 이런 도덕적 행위자들이 데이터를 수집하고 재구성하며, 이성과 감각의 균형을 맞추고, 목적을 염두에 두고 상상력을 발휘하여 청사진을 그리도록 동기를 부여한다. 상상력은 봉사의 전체 과정에 스며들어 혼돈과 혼란 속에서 적극적으로 의미를 찾고, 상황을 명확히 하며 개선하기 위한 새로운 접근법을 모색한다. (p. 39)

봉사 학습은 미국을 비롯한 여러 나라의 중등학교와 고등교육에서 널리 적용하고 있다. 더욱이 "시민적, 사회적 참여 증진을 위한 이러한 교육학적 접근"(Spring et al., 2008, p. 8)은 정부, 기업, 민간 보조금으로부터 부분적인 지원을 받았다(p. 29).

하지만 교육자들이 학교와 지역 사회에서 이러한 관행을 발전시키기 전에, 한 가지 유의해야 할 점이 있다. 지역사회 봉사활동과 봉사 학습은 동일하지 않다. "봉사와 학습 기회 간에 의도적인 연결이 이루어지고, 그 후 봉사 경험을 되돌아볼 수 있는 의식적이고 사려 깊게 설계된 기회가 함께 제공될 때 봉사활동은 봉사 학습이 된다"(교육 개혁을 위한 봉사 학습 연합; Alliance for Service Learning in Education Reform, 1993, p. 71). 이와 같이, 봉사 학습은 "자원봉사, 봉사활동 및 여타의 체험 교육"과 구별된다(Weigert, 1998, p. 5). 지역사회 봉사활동 자체가 학생으로 하여금 타인을 돕는 프로젝트에 참여케 하지만, 이러한 관행은 비판적 성찰을 필수적으로 요하지 않고 초등학교에서 더 자주 운영하고 있다.

봉사 학습을 옹호하는 사람들과 학자들은 봉사 학습을 성찰의 과정으로 설명한다. "잘한 행동, 나쁜 행동, 취한 행동의 의미를 되돌아보고, 무엇을 얻고 잃었는지, 또는 무엇을 성취했는지 판단하는 것"이다(교육 개혁을 위한 봉사 학습 연합, 1993, pp. 71-72). 예를 들어, 지도식 성찰 과제는 학생들이 자신의 경험에서 어떤 유익을 얻었는지 스스로 생각해 보도록 도와 "학생 중심의 자선 모델을 강화하지 않도록"(Hammersley, 2012, p. 172) 한다. 비판적 성찰을 통해 학생들은 "권력, 역사, 주도성과 관련된 문제적 질문을 고려"(King, 2004, p. 125)하고, 자신의 노력이 "우리 사회의 구조적 불평등에 주변적이고 미미한 영향"을 미칠지도 모른다고 인식하며 그 사회적, 정치적 의미를 탐구할 수 있다(Purpel, 1998, p. 23). 따라서 "봉사 학습은 사회정의 정신으로 뒷받침될 때 가장 효과적이다"(Asghar & Rowe, 2017, p. 119).

더 나아가, 도덕 교실과 학교를 지원하는 다른 경험적 모델과 달리, 봉사 학습은 학업 커리큘럼에 통합되어야 하고, "비교과 자원봉사 활동"이 아니라 "커리큘럼을 풍부하게 하는 수단"(Wade & Saxe, 1996, p. 333)이어야 하며, 과정 및 기술 개발과 관련된 "명확한 학습 목표"를 가져야 한다(Skinner & Chapman, 1999, p. 3). "청소년들을 지역사회와 연결하고 도전적인 상황에 놓이게 함으로써" 학생들은 "전통적 학업을 강화할 수 있는" 경험과 기술을 습득한다. 그리고 "교실 수업을 의미 있게 만든다"(교육 개혁을 위한 봉사 학습 연합, 1993, p. 71).

봉사 학습은 여러 요소로 이루어진 복잡한 과정이다(Furco, 2016, p. 76; King, 2004, p. 124; Skinner & Chapman, 1999, p. 3; Weigert, 1998, p. 5):

- 지역사회 단체 또는 기관과의 공동 계획 수립, 그들의 실제 필요와 학생들이 상호 이익에 기여할 수 있는 방법 찾기
- 지역사회와 협력하여 봉사학습 경험의 설계, 학생 지원 및 지도 대책의 수립
- 학업 지식 및 기술 관련 목표와 과제의 개발
- 학생이 자신의 봉사학습 경험에 대해 이해하고 이론화할 수 있게 돕는 성찰 지침서 개발
- 학생의 기술 및 학습 성취도를 평가하기 위한 평가 수단의 선택 및 실행

결론적으로 교육자들은 실행에 "많은 시간, 조정, 그리고 노력이 필요하다"는 점을 인식해야 한다(Furco, 2016, p. 78). 봉사 학습에 대한 연구는 자원의 제약, 특히 학생들의 과제와 활동 준비에 소요되는 시간이 부족하여 어려움을 겪고 있다. 또한 봉사 학습은 종종 단기 과제이기 때문에 지역사회 기관들은 "연속성의 부족"으로 인한 좌절감을 경험한다. 더욱이 일부 학생들은 이 활동이 선택이 아닌 필수 조건일 때 저항하거나 불만을 표출할 수도 있다(Tyron et al, 2008, p. 18). 또 다른 우려는 참여 학생과 파트너 간의 불충분한 의사소통이다(Rosing et al, 2010, p. 471).

봉사 학습의 중요한 측면 중 하나인 상호성에 대해 학자들은 이것을 상호 역량의 강화로 이해하지 않을 때 발생할 수 있는 문제를 거론한다. 그들은 상호성이 "실제로 편견을 강화하고, 봉사하는 사람과 봉사를 받는 사람 간의 권력 차이를 재현할 수 있고"(King, 2004, p. 123), 봉사 학습을 "자선 활동"으로 인식할 수 있다고 본다(Asghar & Rowe, 2017, p. 122).

> "봉사"라는 개념은 도움이 필요한 사람과 도울 준비가 된 사람 간의 관계를 내포하고 있으며, 이는 도움이 필요한 사람과 도움 주는 사람, 도움을 받지 못한 사람과 도움을 받은 사람, 권력이 없는 사람과 권력을 가진 사람, 받는 사람과 주는 사람 간의 이중성과 위계를 형성한다. (Purpel, 1998, p. 23)

학교와 지역 사회 기관 간의 관계는 "존중, 신뢰, 진정한 헌신, 권력의 균형, 자원 공유, 명확한 소통"(Jacoby, 2015, p. 247)을 기초로 해야 하며, 봉사 학습은 "상호 유익"해야 한다. (King, 2004, p. 124). 학생, 교육자, 그리고 지역 사회 구성원들은 "공동 학습자, 공동 교육자, 그리고 지식의 공동 생산자"가 되어야 한다. 즉, 봉사 학습은 "타인을 객체가 아닌 '공동 존재'로서 소통하는 능력"을 기르는 데 중점을 둔다(Felton & Clayton, 2011, p. 82).

봉사 학습이 도덕 발달의 인지적 단계를 진전시킨다는 연구는 아직 명확한 결론에 도달하지 않았지만, 봉사 학습이 "도덕적 상상력과 주도성의 감각을 활성화하기"(Strain, 2005, p. 71) 때문에 "변혁적 학습"(Felton & Clayton, 2011, p. 82)의 가능성을 지닌다고 주장하는 학자들이 많다. 예를 들어, 봉사와 성찰을 통합한 프로그램은 "학생들이 관계를 형성하고, 사회 문제에 맞서 싸우며, 자기 주도적 학습으로 나아가게 함으로써"(Scott, 2012, p. 30) 도덕적 성장을 촉진한다. 봉사 학습에 참여하는 학생들은 참여하지 않은 학생들보다 "사회적으로 의식이 더 높고, 세상을 변화시키는 데 더 효과적이며, 더 많은 연민을 느낀다"고 인식한다(Bernacki & Jaeger, 2008, p. 13). 따라서 커리큘럼 학자이자 윤리학자인 퍼펠(D. Purpel)은 봉사 학습이 "자기중심성과 비열함을 초월하여 의식적인 배려, 연민, 사랑으로 나아가는" 한 걸음이라고 결론지었다(Purpel, 1998, p. 26).

2.4 정의공동체

"도덕교육을 시민 교육 혹은 시민성 교육과 통합하는"(Althof, 2015, p. 73) 정의공동체는 심의, 학생 능력 강화, 그리고 시민성 함양을 위한 기회를 제공한다는 점에서 민주적 학교 공동체와 많은 공통점을 가지고 있다. 그러나 이러한 실천은 학생들이 실제 상황과 관련하여 "공정성에 대한 지속적인 성찰"에 참여함으로써 정의의 실현과 학생들의 도덕적 추론을 보다 의도적으로 강조한다(Oser et al., 2008, p. 396). 정의공동체는 단순히 공정성과 합리성이라는 추상적인 개념에 국한되지 않는다. 오히려 정의공동체는 "민주적 거버넌스를 실천하여 '도덕적 분위기'를 조성하려는 공동체 연대감을 구축"하는 데 중점을 둔다(Snarey & Samuelson, 2014, p. 78). 정의공동체는 "정의 문제를 배려와 사회적 응집의 쟁점으로 동시에 고려하도록 재구성한다"(McDonough, 2005, p. 208). 학생과 교육자들은 지속적으로 "공동체에 가장 좋은 것은 무엇일까?"라고 질문한다(Fielding, 2013, p. 132). 더불어, 정의공동체는 "학교의 조직, 관행, 문화를 통해 도덕적 발달과 도덕적 책임감을 증진하는 것을 목표로 하고 있다"(Power & Higgins-D'Alessandro,

2008, p. 230).

많은 교실이 민주적인 경향을 보이고, 아이들에게 특정 사안에 대한 발언권을 부여하며 어느 정도 심의를 장려하고 있지만, 정의공동체의 목표와 구조를 갖춘 학교는 상대적으로 적다. "정의공동체"라는 용어는 사용되지 않더라도, 두 가지 중요한 역사적 사례가 있다. "정의공동체 접근법의 선구자"(Oser, 2014, p. 201)로 불리는 코르차크(Korczak)는 1911년부터 1942년까지 폴란드 바르샤바의 유대인 고아원장으로 재직하다가 홀로코스트 중에 트레블린카 수용소에서 자녀들과 함께 목숨을 잃었다. 코르차크는 "민주주의는 도덕교육과 본질적으로 연결되어 있다"(Efron, 2008, p. 50)고 믿었으며, 고아원을 민주적 자치 체제를 갖춘 "어린이 공화국"으로 운영했다. 이곳에서는 "성인과 학생이 공동체 운영의 책임을 공유"하고 "민주적 담론 속에서 교사와 어린이가 공동으로" 공동체를 발전시켰다(p. 48). 매우 다른 맥락에서 닐(A. S. Neill)은 1921년 영국에 서머힐 기숙학교를 설립했다. 그의 목표는 아이들의 행복을 증진하고 권위주의적 교육에 맞서는 공동체를 만드는 것이었다(Darling, 1992, p. 47). 서머힐의 학생들은 주로 부유한 가정 출신이었으며, 이들 중 다수는 신경증 증상을 보였는데, 닐은 이러한 증상이 이전의 혹독한 교육 환경으로 인해 악화되었다고 생각했다. 또한 그는 "교육의 목표는 진정으로 민주적인 환경에 참여함으로써 사람들이 합리적, 성찰적으로 사고할 수 있도록 가르치는 것"(Thayer-Bacon, 1996, p. 342)이라고 공언했다. 따라서 서머힐은 "개별 아동의 권리가 민주적이고 자치적인 사회의 요구에 의해 구속됨"(Engel, 2013, p. 128)을 보여준 학교로 알려졌다.

정의공동체 학교의 저명한 이론가이자 설립자는 인지발달주의 심리학자 콜버그였다. 그는 코르차크의 아동 공화국에 대한 민주적 모델을 존경했으며, 1956년 키부츠 교육자들이 설립한 이스라엘의 "안네 프랑크 헤이븐 학교"에서 영감을 받았다. 이 학교는 아동과 성인 공동체 지도자가 공유하는 민주적이고 심의적인 통치 방식에 따라 운영되고 있었다(Power & Higgins-D'Alessandro, 2008, p. 231). 결국 콜버그는 가상의 도덕적 딜레마에 대한 논의만으로는 "사회적 맥락의 도덕적 분위기를 고려하지 않기 때문에"(Snarey & Samuelson, 2014, p. 77) 충분한 도덕교육이 이루어질 수 없음을 깨달았다. 이를 계기로 그는 "개인의 도덕적 추론으로부터 공동체의 도덕적 문화에로 자신의 이론을 확장했다"(p. 79). 1974년 콜버그는 미국에서 6개의 정의공동체 고등학교를 설립하는 데 앞장섰으며, 이는 주로 공립학교 내 대안학교의 형태로 이루어졌다. 이후 콜버그와 정의공동체 운동에 참여한 동료들은 유럽 교육자들과 만났고, 그 결과 독일과 스위스에서 모든 학년을 대상으로 하는 여러 개의 정의공동체 학교가 설립되었다. 이 학교는 정의공동체라는 "기본적인 개념을 가지고 있었지만 명칭을 사용하지는 않는" 정의공동체 학교의 출발이 되었다(Oser et al., 2008, p. 397). 현대에는 대만과 이스라엘을 포함한 여러 나라에서 공동체 학교를 운영하고 있다. 이러한 도덕적 공동체 실천은 전통적인 학교 문화에 진정으로 도전하는 것이기에, "항상 야심 찬 것으로 여겨졌지만 널리 채택되지는 못했다. 그럼에도 이 개념은 여전히 살아있다"(Althof, 2015, p. 51). "도덕적이고 민주적인 학습의 기회"로서 정의공동체 개념과 학교에 대한 관심은 여전히 높다(Lind, 2019, p. 113).

과거부터 최근까지 정의공동체 학교는 유사한 특징과 구조를 지니고 있다. 코르차크의 고아원에서는 아동 위원회, 의회, 아동 법원이 있어 규칙을 제정하고 위반 시 그에 따른 결과를 정했다(Efron, 2008). 서머힐에서는 "주간 마을 회의를 통해 문제를 논의하고 정책을 결정"

했으며, “사회적 위법 행위에 대한 처벌”을 정했다(Thayer-Bacon, 1996, p. 340). 콜버그의 정의공동체 학교들도 매주 공동체회의를 개최하여 학생과 교직원이 “공정성과 공동체 쟁점을 다루는 학교 정책과 실천 안건을 결정”하고, 어른과 아이가 동등한 발언권을 갖도록 했다. 정의공동체 학교는 또한 공동체회의의 안건을 논의하는 조언가 집단을 포함한 여러 위원회를 운영한다(Snarey & Samuelson, 2014, p. 78). 이와 같이, 현대의 정의공동체 학교는 “규칙 및 규범의 위반 문제를 처리하기 위한 공정위원회”를 지정하며, 이 위원회는 “훈련된 학생 지도자가 위원장을 맡고 교사 1명과 학생 6명으로 구성한다”(Scarsdale High School, 2023).

많은 공통점에도 불구하고, 정의공동체 학교에서 교사의 역할에 대한 신념은 다양하다. 닐(A. S. Neil)은 “내 투표는 일곱 살 아동의 투표와 같은 무게를 지닌다”(Neil, 1960, p. 45)는 사실을 자랑스러워했지만, 콜버그는 정의공동체 학교의 성인들이 단순한 촉진자 이상의 역할을 해야 하며 “도덕적 내용의 옹호자로 기능해야 한다”(Snarey & Samuelson, 2014, p. 78)고 믿었다. 그럼에도, “성인들이 옹호자의 역할을 해야 하는지, 아니면 조언가의 역할을 해야 하는지”에 대한 논쟁은 여전히 존재한다(Fielding, 2013, p. 134). 정의공동체가 “민주적 교육의 실험”으로 출발했기 때문에(Oser et al., 2008, p. 395), 교육자와 공동체는 학교 내에서 민주주의를 실천하는 과정에서 어려움을 겪었지만 역동적으로 발전하기도 했다.

2.5 회복적 정의

회복적 정의는 공격성과 징벌적 훈육에 대한 의도적인 대응으로, 비행 및 상처를 주는 행동을 다루면서 인도적이고 협력적인 교실과 학교를 만드는 전략이다. 이러한 접근 방식은 여러 국가에서 개별 교육자들이 교실과 학교 전체 프로그램을 통해 채택했다(Darling-Hammond et al., 2020; Morrison, 2013). 학교의 회복적 정의는 수감 청소년과 성인을 위한 프로그램에서 발전했다(McCluskey et al., 2008, p. 407). 회복적 정의의 목적은 "피해자, 가해자, 그리고 다른 영향을 받는 개인들 간의 비적대적 대화를 통해 범죄로 인한 피해를 해결하고 가해자가 책임을 지도록 촉진시키는 것"(Bergseth & Bouffard, 2013, p. 1055)이다. 이는 가해자에게 통찰력을 제공하고 "피해자에게 목소리를 낼 수 있는"(McCluskey et al., 2008, p. 407) 기회를 제공하는 것을 의미한다. 따라서 학교에서의 회복적 정의(때로는 회복적 실천이라고도 함)는 "다양한 유해 행동을 다루며", "학교 공동체 내의 사회적, 정서적 지능과 기술을 함양하여 안전하고 정의로운 학교를 위한 규범적 능력을 실현하는 것"(Morrison, 2013, p. 326)을 목표로 한다.

회복적 정의는 대화와 상호 연결을 강조하는 배려공동체의 대응 체계이다. 반면, 배제적 징계 시스템은 "학생이 공동체의 일원이 될 수 없다는 관념을 강화할 가능성이 높다"(Gomez et al., 2021, p. 461). 회복적 정의는 "가해자를 학교 공동체에 유지하고", 가해자의 행동으로 "손상된 관계를 회복하며", "평화의 문화를 조성하기 위한 토대"로 자리 잡고 있다(Carroll et al., 2022, p. 3).

> 서로를 지배하고, 착취하며, 학대하려는 적대적 관계에 있는 개인들을, 어떻게 하면 서로의 복지에 책임지는 동일한 도덕 공동체의 구성원으로 인식하고 긍정적인 관계로 전환시킬 수 있느냐가 회복적 정의의 핵심 쟁점이다. (Johnson & Johnson, 2012, p. 5)

회복적 정의는 "공동체가 배상(restitution), 해결, 그리고 화해를 위한 인간의 능력을 함양함으로써 피해를 해결할 수 있는 과정을 가능하게 하며", 제도적 강제력이 아닌 관계에 의존하여 행동 변화를 유도하고 배상을 시작한다(Morrison & Vaandering, 2012, p. 140). 회복적 정의의 핵심 전제는 그릇된 행동이 단순히 학교 규칙을 어기는 것, 즉 "제도 위반"을 의미하는 것이 아니라, 오히려 "학교와 더 넓은 공동체의 사람 및 관계를 침해하는 것"이라는 점이다(Cameron & Thorsborne, 2001, p. 183).

이러한 실천은 "우리 모두가 관계의 그물망을 통해 연결되어 있으며, 잘못이 발생하면 그 그물망이 찢어진다는 믿음"(Kline, 2016, p. 97)에서 기인한다. 이 원칙은 사람들이 "공통된 인간성을 공유하고, 실수와 불행에서 배우며, 내면의 강점을 활용하고, 평화롭게 살고자 하며, 타인들에게 진실을 말하고 그 진실이 인정받음으로써 치유를 얻는다"는 전제에 중점을 둔다(Hansen & Umbreit, 2018, p. 101). 따라서 회복적 정의 실천을 촉진하는 교사는 그릇된 행동으로 인해 공동체에서 배제된 학생들에게 "자신의 좋음과 가치"를 상기시켜 준다(King, 2015, p. 18). 이러한 접근 방식은 도덕적 교실을 조성하는 데 있어 도덕적 상상력의 궁극적인 요소, 즉 자신, 타인, 그리고 공동체의 이상적인 모습을 그려보는 것과 잘 어울린다.

학자들은 회복적 정의 실천을 "두 가지 단계로 이루어진다"고 설명한다. 첫 번째 단계는 "솔선수범의 실천"을 통한 학교 문화의 변화를 반영한다. 이러한 적극적 실천은 "관계를 증진하고 갈등 예방을 촉진하며 … 존중하고 관대하며 수용적이고 지지적인 환경을 조성하는" 것이며(Darling-Hammond et al., 2020, p. 297), "교사와 학생 간의 강력한 유대감을 촉진하는" 소규모 공동체를 조성하여 안전한 공간을 구축하는 것이다(Carroll et al., 2022, p. 14). 두 번째 단계는 "피해에 대한 구체적인 대응"(Reimer, 2020, p. 410)에 초점을 맞춘다. 이는 "가해자에게 책임을 묻고, 피해자가 입은 피해를 복구하며, 가해자가 사회 복귀를 할 수 있도록 지원하고 돕는 것"(Suvall, 2009, p. 557)이다.

이와 같은 실천은 회복적 동아리(학교에서 일반적으로 대화 동아리, 공동체 동아리, 갈등 동아리 또는 평화 조성 동아리라고 함)를 포함한다(Reimer, 2020, p. 416). 이는 원주민 사법 제도(Reimer, 2020)에 기초해 있다. 이러한 "협력적 문제 해결"(Anfara et al., 2013, p. 58)은 모든 개인이 "대화를 통해 분쟁을 해결하고 합의에 도달하는"(Kline, 2016, p. 100) 목표를 가지고 자신이 입은 피해에 대한 감정을 소통할 수 있도록 한다. 우리는 동아리를 "사건으로 가장 큰 해를 입은 구성원들을 중심으로 하는 내부 동아리와 나머지 학급 구성원들을 중심으로 하는 외부 동아리"(Morrison, 2013, p. 326)로 "동심원" 형태로 구성할 수 있다. 이러한 동아리는 "연결을 촉진하고, 공동체를 구축해 회복하고, 관련 당사자들의 치유를 돕는다"(Kline, 2016, p. 100). 이러한 실천은 "각 참여자가 저지른 해악에 대한 통찰력을 제공하고 그 피해를 복구하기 위한 가능한 해결책을 고려할 수 있도록" 회복 관련 회의를 개최하고 피해자-가해자 중재를 추진할 수 있다(Anfara et al., 2013, p. 58). 회복적 실천 이후에는 "봉사활동, 배상, 사과, 또는 특정 행동을 변화시키기 위한 합의(예: 가해자가 특정 조건을 준수하기로 동의할 경우, 때로 인센티브 제공)"와 같은 협상을 통해 제재할 수 있다(Darling-Hammond et al., 2020, p. 296).

교육 환경에서 회복적 정의는 "전체 학교 공동체, 모든 교직원, 학생, 때로는 학부모"를 포함하는 개념이다(McCluskey et al., 2008, p. 407). 회복적 정의 실천(회복적 동아리나 중재)을 수행하기 위해서는 교사가 다양한 교육에 참여해야 하고 행정가는 "교직원 개발에 상당한 투자"를 해야 한다(p. 415). 더욱이 회복적 정의는 전통적인 규율 개념에 의문을 제기하고 학교가 "평화의 문화를 조성"하도록 요구한다. 이러한 변화는 "학생, 교사, 행정가가 맺는 관계 방식의 철학적 변화"가 필요하며, 학교 공동체의 모든 구성원의 "동의"가 요청된다(Carroll et al., 2022, p. 19). 의심의 여지 없이, 이러한 학교 문화의 변화는 단기간에 이루어질 수 없다. 그럼에도, 연구 결과에 따르면 회복적 정의는 "학교의 전반적인 철학에 통합될 때 가장 효과적으로 기능하는 것으로 보이며"(Darling-Hammond et al., 2020, p. 297), 이는 학교 전체의 노력이 매우 중요함을 보여준다.

참고문헌

Alder, N.(2002). Interpretations of the meaning of care: Creating caring relations in urban middle school classrooms. *Urban Education*, 37(2), 241-266.

Allen, K. A., Vella-Brodrick, D., & Waters, L.(2016). Fostering school belonging in secondary schools using a socio-ecological framework. *The Educational and Developmental Psychologist*, 33(1), 97-121.

Allen, K., Kern, M. L., Vella-Brodrick, D., Hattie, J., & Waters, L.(2018). What schools need to know about fostering school belonging: A meta-analysis. *Educational Psychology Review*, 30(1), 1-34.

Alliance for Service Learning in Education Reform.(1993). Standards of quality for school-based service-learning. *Equity & Excellence in Education*, 26(2), 71-73.

Althof, W. (2015). Just community sources and transformations: A conceptual archeology of Kohlberg's approach to moral and democratic schooling. In B. Zizek, D. Garz, & E. Nowak(Eds.), *Kohlberg revisited* (pp. 51–89). Brill.

Anfara, Jr., V. A., Evans, K. R., & Lester, J. N.(2013). Restorative justice in education: What we know so far. *Middle School Journal*, 44(5), 57–63.

Antrop-González, R., & De Jesús, A.(2006). Toward a theory of critical care in urban small school reform: Examining structures and pedagogies of caring in two Latino community-based schools. *International Journal of Qualitative Studies in Education*, 19(4), 409–433.

Arum, R., & Way, S.(2005). School discipline and youth socialization. In R. Arum, *Judging school discipline: The crisis of moral authority* (pp. 159–187), Harvard University Press.

Asghar, M., & Rowe, N.(2017). Reciprocity and critical reflection as the key to social justice in service learning: A case study. *Innovations in Education and Teaching International*, 54(2), 117–125.

Association for Supervision and Curriculum Development.(1988). Moral education in the life of the school. *A report from the ASCD panel on moral education*. https://eric.ed.gov/?id=ED298651

Bandy, J.(2016). *What is service learning or community engagement*. Center for Teaching. Vanderbilt University. https://cft.Vanderbilt.edu/guides-subpages/teaching-through-community-engagement.

Barr, J. J., & Higgins-D'Alessandro, A.(2007). Adolescent empathy and prosocial behavior in the multidimensional context of school culture. *The Journal of Genetic Psychology*, 168(3), 231–250.

Battistich, V., Solomon, D., Watson, M., & Schaps, E.(1997). Caring school communities. *Educational Psychologist*, 32(3), 137-151.

Beane, J.(2002). Beyond self-interest: A democratic core curriculum. *Educational Leadership*, 59(7), 25-28.

Bergseth, K. J., & Bouffard, J. A.(2013). Examining the effectiveness of a restorative justice program for various types of juvenile offenders. *International Journal of Offender Therapy and Comparative Criminology*, 57(9), 1054-1075.

Berman, S.(1990). Educating for social responsibility. *Educational Leadership*, 48(3), 75-80.

Bernacki, M. L., & Jaeger, E. A.(2008). The impact of service learning on moral development and moral orientation. *Michigan Journal of Community Service-Learning*, 14(2), 5-15.

Berreth, D., & Berman, S.(1997). The moral dimensions of schools. *Educational Leadership*, 54(8), 24-27.

Boehm, C.(1977). The moral system. In L. J. Stiles & B. D. Johnson (Eds.), *Morality examined: Guidelines for teachers* (pp. 25-39). Princeton Book Company.

Bosworth, K., & Judkins, M.(2014). Tapping into the power of school climate to prevent bullying: One application of schoolwide positive behavior interventions and supports. *Theory Into Practice*, 53(4), 300-307.

Buzzelli, C., & Johnston, B.(2014). *The moral dimensions of teaching: Language, power, and culture in classroom interaction*. Routledge.

Cameron, L., and M. Thorsborne(2001). Restorative justice and school discipline: mutually exclusive? In H. Strang & J. Braithwaite(Eds.),

Restorative justice and civil society (pp. 180–195). Cambridge University Press.

Carroll, J. S., Kaugars, A., & Grych, J.(2022). Diverse approaches for implementing restorative practices in schools in the US. In G. Velez, & T. Gavri elides (Eds.), *Restorative justice: Promoting peace and well-being* (pp. 3–22). Springer.

Cefai, C., & Cavioni, V.(2014). *Social and emotional education in primary school: Integrating theory and research into practice*. Springer.

Cohen, J., McCabe, E. M., Michelli, N. M., & Pickeral, T.(2009). School climate: Research, policy, practice, and teacher education. *Teachers College Record*, 111(1), 180–213.

Collins, J., Hess, M. E., & Lowery, C. L.(2019). Democratic spaces: How teachers establish and sustain democracy and education in their classrooms. *Democracy and Education*, 27(1), Article 3.

Cornell, D., & Huang, F.(2016). Authoritative school climate and high school student risk behavior: A cross-sectional multi-level analysis of student self reports. *Journal of Youth and Adolescence*, 45(11), 2246–2259.

Cornell, D., Shukla, K., & Konold, T.(2015). Peer victimization and authoritative school climate: A multilevel approach. *Journal of Educational Psychology*, 107(4), 1186.

Creekmore, N., & Creekmore, M.(2022). How to make your school psychologically safe. *Educational Leadership*, 79(9), 42–46.

Darling, J.(1992). A.S. Neill on democratic authority: A lesson from Summerhill?. *Oxford Review of Education*, 18(1), 45–57.

Darling-Hammond, S., Fronius, T. A., Sutherland, H., Guckenburg, S., Petrosino, A., & Hurley, N.(2020). Effectiveness of restorative justice in US K-12 schools: A review of quantitative research. *Contemporary School Psychology*, 24(3), 295-308.

Dewey, J.(1909). *Moral principles in education*. Houghton Mifflin.

Dewey, J.(1939/1988). Creative democracy-The task before us. In J. Boydston & J. Ratner(Eds.), *Later works of John Dewey* (pp. 224-230). Southern Illinois University Press.

Efron, E. S.(2008). Moral education between hope and hopelessness: The legacy of Janusz Korczak. *Curriculum Inquiry*, 38(1), 39-62.

Ellerbrock, C. R.(2012). Creating a family-like ninth-grade environment through interdisciplinary teaming. *Urban Education*, 47(1), 32-64.

Engel, L. H.(2013). The democratic school and the pedagogy of Janusz Korczak: A model of early twentieth century reform in modern Israel. I*nternational Journal of Progressive Education*, 9(1), 119-132.

Ehrlich, T.(1996). Foreword. In B. Jacoby & Associates, *Service-learning in higher education: Concepts and practices* (pp. xi-xvi). Jossey-Bass.

Espelage, D. L., & Hong, J. S.(2019). School climate, bullying, and school violence. In M. J. Mayer & S. R. Jimerson(Eds.), *School safety and violence prevention: Science, practice, policy* (pp. 45-69). American Psychological Association.

Felten, P., & Clayton, P. H.(2011). Service-learning. *New Directions for Teaching and Learning*, 2011(128), 75-84.

Ferráns, S. D., & Selman, R.(2014). How students' perceptions of the school climate influence their choice to upstand, bystand, or join perpetrators of bullying. *Harvard Educational Review*, 84(2), 162-187.

Fielding, M.(2013). Whole school meetings and the development of radical democratic community. *Studies in Philosophy and Education*, 32(2), 123-140

Furco, A.(2016). Institutionalising service-learning in higher education. In L. Mellrath & I. Mac Labhrainn(Eds.), *Higher education and civic engagement: International perspectives* (pp. 65-82). Routledge.

Glover, D., & Coleman, M.(2005). School culture, climate and ethos: interchangeable or distinctive concepts?. *Journal of In-service Education*, 31(2), 251-272.

Gomez, J. A., Rucinski, C. L., & Higgins-D'Alessandro, A.(2021). Promising pathways from school restorative practices to educational equity. *Journal of Moral Education*, 50(4), 452-470.

Goodman, J. F.(2006). School discipline in moral disarray. *Journal of Moral Education*, 35(2), 213-230.

Goodman, J. F.(2007). School discipline, buy-in and belief. *Ethics and Education*, 2(1), 3-23.

Grant, G.(1988). *The world we created at Hamilton High*. Harvard University Press.

Gregory, M.(2000). Care as a goal of democratic education. *Journal of Moral Education*, 29(4), 445-461.

Gutmann, A.(1987). *Democratic education*. Princeton University Press.

Gutzwiller-Helfenfinger, E., & Perren, S.(2022). The moral dimensions of bullying at school: A social-ecological process perspective. In M.

Killen & J. G. Smetana(Eds.), *Handbook of moral development* (3rd ed.; pp. 437–453). Routledge.

Hammersley, L.(2012). Community-based service-learning: Partnerships of reciprocal exchange? *Asia-Pacific Journal of Cooperative Education*, 14(3), 171–184.

Hansen, D. T.(2002). The moral environment in an inner-city boys' high school. *Teaching and Teacher Education*, 18(2), 183–204.

Hansen, T., & Umbreit, M.(2018). State of knowledge: Four decades of victim-offender mediation research and practice: The evidence. *Conflict Resolution Quarterly*, 36(2), 99–113.

Holt, J. C.(1970). *What do I do Monday?* Dell Publishing.

Hong, J. S., Espelage, D. L., & Lee, J. M.(2018). School climate and bullying prevention programs. In H. Shapiro(Ed.), *The Wiley handbook on violence in education: Forms, factors, and preventions* (pp. 359–374). Wiley.

Jackson, A. W., & Davis, G. A.(2000). *Turning points 2000: Educating adolescents in the 21st century*. Teachers College Press.

Jacoby, B.(2015). *Service-learning essentials*. Jossey-Bass.

Johnson, D. W., & Johnson, R. T.(2012). Restorative justice in the classroom: Necessary roles of cooperative context, constructive conflict, and civic values. *Negotiation and Conflict Management Research*, 5(1), 4–28.

King, J. T.(2004). Service-learning as a site for critical pedagogy: A case of collaboration, caring, and defamiliarization across borders. *Journal of Experiential Education*, 26(3), 121–137.

King, L.(2015). Baby steps toward restorative justice. *Rethinking Schools*, 29(4), 16–19.

Kline, D. M. S.(2016). Can restorative practices help to reduce disparities in school discipline data? A review of the literature. *Multicultural Perspectives*, 18(2), 97–102.

Kohn, A.(1997). How not to teach values: A critical look at character education. *Phi Delta Kappan*, 78, 428–439.

Lind, G.(2019). *How to teach moral competence*. Logos Verlag.

McCluskey, G., Lloyd, G., Kane, J., Riddell, S., Stead, J., & Weedon, E.(2008). Can restorative practices in schools make a difference? *Educational Review*, 60(4), 405–417.

McDonough, G. P.(2005). Moral maturity and autonomy: Appreciating the significance of Lawrence Kolhberg's just community. *Journal of Moral Education*, 34(2), 199–213.

Mikel, E. R.(2011). Deliberating democracy. In P. B. Joseph(Ed.), *Cultures of curriculum* (pp. 196–218). Routledge.

Morrell, M. E.(2007). Empathy and democratic education. *Public Affairs Quarterly*, 21(4), 381–403.

Morrison, B.(2013). Schools and restorative justice. In G. Johnstone & D. Van Ness(Eds.), *Handbook of restorative justice* (pp. 347–372). Willan.

Morrison, B. E., & Vaandering, D.(2012). Restorative justice: Pedagogy, praxis, and discipline. *Journal of School Violence*, 11(2).

Noddings, N.(2012). The caring relationship in teaching. *Oxford Review of Education*, 38(6), 771–781.

Neill, A. S.(1960). *Summerhill: A radical approach to child rearing*. Hart.

Oser, F. K.(2014). Toward a theory of the just community approach: Effects of collective moral, civic, and social education. In L. Nucci, D. Narvaez, & T. Krettenauer(Eds.), *Handbook of moral and character education* (pp. 198–222). Routledge.

Oser, F. K., Althof, W., & Higgins-D'Alessandro, A.(2008). The just community approach to moral education: System change or individual change?. *Journal of Moral Education*, 37(3), 395–415.

Parker, W. C.(2005). Teaching against idiocy. *Phi Delta Kappan*, 86(5), 344–351.

Perry, B. L., & Morris, E. W.(2014). Suspending progress: Collateral consequences of exclusionary punishment in public schools. *American Sociological Review*, 79(6), 1067–1087.

Postholm, M. B.(2013). Classroom management: What does research tell us?. *European Educational Research Journal*, 12(3), 389–402.

Power, F. C., & Higgins-D'Alessandro, A.(2008). The just community approach to moral education and the moral atmosphere of the school. In L. P. Nucci & D. Narvaez(Eds.), *Handbook of moral and character education* (pp. 246–263). Routledge.

Preiss, D. R., Arum, R., Edelman, L. B., Morrill, C., & Tyson, K.(2016). The more you talk, the worse it is: Student perceptions of law and authority in schools. *Social Currents*, 3(3), 234–255.

Purpel, D. E.(1998). Service learning: A critique and affirmation. *Encounter: Education for Meaning and Social Justice*, 11(2), 22–27.

Range, B., Carnes-Holt, K., & Bruce, M. A.(2013). Engaging middle-grade students to learn in a caring community. *The Clearing House: A Journal of Educational Strategies, Issues and Ideas*, 86(2), 48-52.

Reimer, K. E.(2020). "Here, it's like you don't have to leave the classroom to solve a problem": How restorative justice in schools contributes to students' individual and collective sense of coherence. *Social Justice Research*, 33(4), 406-427.

Roffey, S.(2013). Inclusive and exclusive belonging: The impact on individual and community wellbeing. *Educational and Child Psychology*, 30(1), 38-49.

Rosing, H., Reed, S., Ferrari, J. R., & Bothne, N. J.(2010). Understanding student complaints in the service learning pedagogy. *American Journal of Community Psychology*, 46(3-4), 472-481.

Scarsdale High School.(2023). *Structures of the S.A.S. just community*. https://www.scarsdaleschools.k12.ny.us/page/455

Schaps, E.(2003). Creating a school community. *Educational Leadership*, 60(6), 31-33.

Scott, J. H.(2012). The intersection of service-learning and moral growth. *New Directions for Student Services*, 2012(139), 27-38.

Segal, A., Pollak, I., & Lefstein, A.(2017). Democracy, voice and dialogic pedagogy: The struggle to be heard and heeded. *Language and Education*, 31(1), 6-25.

Seigel, S., & Rockwood, V.(1993). Democratic education, student empowerment, and community service: Theory and practice. *Equity & Excellence in Education*, 26(2), 65-70.

Skinner, R., & Chapman, C.(1999). National Center for Education Statistics: Service-learning and community service in K-12 public schools. Office of Research and Improvement.

Snarey, J., & Samuelson, P. L.(2014). Lawrence Kohlberg's revolutionary ideas: Moral education in the cognitive-developmental tradition. In L. Nucci, D. Narvaez, & T. Krettenauer(Eds.), *Handbook of moral and character education* (pp. 61-83). Routledge.

Solomon, D., Watson, M., Battistich, V., Schaps, E., & Delucchi, K.(1996). Creating classrooms that students experience as communities. *American Journal of Community Psychology*, 24(6), 719-748.

Solomon, R. C.(1992). *Morality and the good life: An introduction to ethics through classical sources*. McGraw-Hill.

Spring, K., Grimm Jr, R., & Dietz, N.(2008). *Community service and service-learning in America's schools*. Corporation for National and Community Service.

Strain, C. R.(2005). Pedagogy and practice: Service-learning and students' moral development. *New Directions for Teaching and Learning*, 2005(103), 61-72.

Suvall, C.(2009). Restorative justice in schools: Learning from Jena High School. *Harvard Civil Rights-Civil Liberties Law Review*, 44, 547-569.

Thapa, A., Cohen, J., Guffey, S., & Higgins-D'Alessandro, A.(2013). A review of school climate research. *Review of Educational Research*, 83(3), 357-385.

Thayer-Bacon, B. J.(1996). Democratic classroom communities. *Studies in Philosophy and Education*, 15(4), 333-351.

Tryon, E., Stoecker, R., Martin, A., Seblonka, K., Hilgendorf, A., & Nellis, M.(2008). The challenge of short-term service-learning. *Michigan Journal of Community Service Learning*, 14(2), 16-26.

Valenzuela, A.(1999). *Subtractive schooling: U.S.-Mexican youth and the politics of caring*. State University of New York Press.

Wade, R. C., & Saxe, D. W.(1996). Community service-learning in the social studies: Historical roots, empirical evidence, critical issues. *Theory & Research in Social Education*, 24(4), 331-359.

Watson, M.(2008). Developmental discipline and moral education. In L. P. Nucci, & D. Narvaez(Eds.) *Handbook of moral and character education* (pp. 175-203). Routledge.

Watson, M., & Battistich, V.(2006). Building and sustaining caring communities. In C. M. Evertson & C. S. Weinstein(Eds.), *Handbook of classroom management* (pp. 263-280). Lawrence Erlbaum.

Weigert, K. M.(1998). Academic service learning: Its meaning and relevance. *New Directions for Teaching and Learning*, 73, 3-10.

Weissbourd, R., Bouffard, S. M., & Jones, S. M.(2013). *School climate and moral and social development: School climate practice brief*. National School Climate Center.

You, Z., & Rud, A. G.(2010). A model of Dewey's moral imagination for service learning: Theoretical explorations and implications for practice in higher education. *Education and Culture*, 26(2), 36-51.

7장 도덕교육 커리큘럼
: 전통에서 변혁으로

오늘날의 세상에서 성숙한 도덕적 기능을 정의하기 위해서는 진화된 성향, 고대의 도덕적 덕의 개념, 그리고 전 세계 다수의 전통 사회에서 이루어지는 효과적인 도덕적 실천뿐만 아니라, 세계 시민성과 인류의 지속가능한 번영을 위해 필요한 기술들을 통합해야 합니다.

—다르시아 나바에즈(2010), "도덕적 복잡성: 진실의 치명적 매력과 성숙한 도덕적 기능의 중요성" p. 172.

넓은 의미에서 도덕교육은 "어린이와 청소년의 도덕적 신념, 가치 또는 행동의 향상을 목표로 삼거나 그에 맞춰 조정되는 모든 활동"으로 정의할 수 있다(Rehren & Sauer, 2022, p. 2). 이러한 활동 중에는 "커리큘럼 중심적 접근"(Schuitema et al., 2008, p. 70)이 있다. 이는 커리큘럼 내용, 즉 "조직적 지식 체계로서의 교과 내용"(Schwab, 1973, p. 510)을 통해 학생들에게 도덕교육을 소개하는 방식이다. 경험 학습이 도덕 발달에 중요한 요소인 것은 사실이지만, 커리큘럼 내용으로서의 도덕교육은 "숙의적 가르침"을 가능하게 하며(Schuitema et al., 2008, p. 70), 학생들에게 "도덕성의 본질"(Barrow, 2006, p. 6)을 숙의하고 "도덕적 관점을 형성"(Nucci, 2016, p. 299)할 기회를 제공한다. 따라서 도덕교육은 "목적과 숙의를 통해 만들어진 일관된 노력"(Joseph & Efron, 2005, p. 525)으로 발전할 수 있다. 더욱이, 커리큘럼 내용으로서 도덕교육은 학교의 학업 프로그램을 보완하거나 통합할 수 있는 기능을 가진다.

도덕교육 커리큘럼에 관한 문헌에서는 도덕성 자체뿐만 아니라 내용과 실행 방식에 대한 다양한 입장을 반영하고 있다. 첫째, **가치 전수**는 가장 전통적인 형태의 도덕교육으로, 젊은이들이 문화나 종교가 인정하는 도덕적 가치나 덕목을 이해하고 그에 따라 살아야 한다는 전제에 기초한다. 여기서 "도덕은 사회가 '옳고 그름'으로 여기는 것을 반영하는 행동 시스템"(Chazan, 2022, p. 25)으로 정의된다. 둘째, **기술 기반 도덕교육**은 실생활과 학업 커리큘럼 전반에서 "도덕적 질문과 쟁점에 접근하고, 사고하며 추론하는 인지 능력의 발달"(Rehren & Sauer, 2022, p. 3)을 의미한다. 셋째, **변혁적 도덕교육**은 "기존의 사회적 불평등과 불공평을 바로잡는"(Nucci, 2016, p. 299) "더욱 정의롭고 평화로운 세상"(Joseph & Mikel, 2014, p. 328)을 상상하는 데 중점을 둔다. 이 장에서는 도덕교육 커리큘럼을 설명하고 이 세 가지 지향점에 따라 구조화된 근본적인 신념에 대해 탐구한다(표 7.1 참조).

그러나 교육자는 도덕교육에 대한 보편적 지향점에 따라 심층적이고 계획적인 커리큘럼을 만들기 위해 다음과 같은 핵심 질문을 고려할 수 있다.

- 도덕교육은 학생들이 도덕적 가치와 도덕성의 의미에 대해 깊이 생각하도록 어떻게 도울 수 있을까?
- 도덕교육 커리큘럼은 어떻게 교과목을 통해 윤리 학습을 촉진할 수 있을까?
- 도덕교육 커리큘럼은 어떻게 도덕적 상상력 발달을 지원할 수 있을까?

〈표 7.1〉 도덕교육 커리큘럼의 내용

커리큘럼	설명
	전통적 가치와 덕목
문화유산	성서, 구전, 국가 커리큘럼을 통한 가치 전수, 젊은이들에게 전통적 신념, 관점, 행동의 전수
인격교육	전통적 가치에 대한 직접적인 지도, 덕을 예시하는 독서, 바람직한 행동에 대 보상하는 덕 기반 도덕교육
	도덕 철학 및 윤리 탐구
도덕적 대화	존중하고 평등하며 신중하게 진행하는 토론 촉진을 위한 철학적, 윤리적 탐구 커리큘럼의 기본 교육학
어린이와 함께 하는 철학	철학적 탐구, 숙의, 성찰을 위한 교실공동체 건설, 개인 및 사회 관련 도덕적 문제 탐구
커리큘럼 전반에 걸친 윤리적 탐구	도덕적 지각, 윤리적 추론, 비판적 성찰 능력의 향상, 커리큘럼과 밀접히 관련된 윤리적 문제 및 도덕적 딜레마 탐구
	변혁적 도덕교육
비판적 교육학	사회 문제를 탐구하여 불의에 대한 비판적 인식 및 변화 도출을 위한 주도성 함양
인권 교육	인권 문제, 권리, 침해, 그리고 이의 발생 조건을 보장하는 성문화된 문서 연구
생태정의 교육	학교 및 지역사회의 실제적 조사와 환경에 미치는 파괴적 영향 분석에 중점을 둔 커리큘럼: 인간의 자연 지배 수용에 대한 의문 제기
평화교육	평화와 비폭력, 교실, 지역사회, 그리고 국가 간의 평화 달성 방법을 배우기 위한 커리큘럼 및 실천
갈등 해결 교육	관점 채택, 협상, 협력적 문제 해결 등 평화적 갈등 해결 기술 교육
세계교육	국제 관계와 분쟁에 대한 검토, 다문화 이해, 평화적 공존, 상호의존성의 강조
환경교육	생태적 의식, 지속가능성, 그리고 자연과의 감정적 혹은 영적 연결을 강조하는 전체론적 커리큘럼 지향

1. 전통적 가치와 덕목

전통적 가치와 덕목을 전수하기 위한 도덕교육 연구는 상당히 복잡하다. 도덕교육은 지속적인 종교적 전통에서 기인한 역사적 가치를 구현할 수 있지만, 일부 커리큘럼은 국가 상황이나 청소년의 사회화에 대한 인식된 요구에 따라 변화하는 가치를 반영한다. 많은 국가에서는 도덕교육을 학교에서 정식 커리큘럼으로 가르치도록 규정하지만, 다른 국가에서는 내용이나 도덕교육의 제공 방식마저 지역 사회가 결정하고 운영하도록 하고 있다. 또한 여러 국가에서는 학교에서 도덕교육을 인격교육의 형태로 실시하고 있다. 이는 인격 특성과 가치의 함양에 중점을 둔다.

1.1 문화 유산

가치 전수를 위한 도덕교육의 목표는 젊은이들에게 공인된 신념, 관점, 그리고 행동을 심어주는 것이다. 이러한 커리큘럼은 경전, 구전, 그리고 의무적인 국가 프로그램과 교과서에서 비롯된다. 가치 전수를 위한 도덕교육을 이해하는 한 가지 방법은 다음과 같은 주요 주제를 이해하는 것이다.

- 종교와 도덕성의 통일성
- 영성과의 관계성
- 공동체와 사회적 조화
- 국가 정체성과 애국심
- 다양성과 시민성

이러한 주제들은 다양한 목표를 포함하며, 도덕교육에 관한 국제 문헌에서 수집한 복잡한 사회적, 정치적, 그리고 역사적 배경을 조명한다.

전통적인 문화적 가치의 전수를 다루는 문헌에서, 학자들은 종교와 도덕성의 통일성을 유대교, 천주교, 이슬람과 같은 역사적 유일신교가 지지하는 도덕교육의 주요 주제로 보고 있다. 서사, 가치, 규칙, 그리고 책임에 있어 심오한 차이가 있음에도 불구하고, 이러한 전통은 하나의 본질적인 공통점을 공유한다. 바로 신성함에 대한 감각 없이는 "도덕교육이 불가능하다"는 주장이다(Green, 1999, p. 112). 예를 들어, "유대교 전통은 종교와 도덕성을 본질적으로 상호 연관되고 통합된 것으로 본다"(Efron, 1994, p. 52); "가톨릭 교육은 신의 계시에 기초한 포괄적인 세계관에 비추어 전인 양성을 열망한다"(Cuypers, 2004, p. 426). 그리고 "이슬람의 관점에서 볼 때, 사회적으로 도출한 도덕적 진리는 도덕적 이해의 원천으로서 신의 계시와 내적 경험의 권위를 대체할 수 없다"(Hussain, 2007, p. 297). 토라, 성경, 쿠란의 가르침을 따르든, 이러한 종교 전통은 윤리적 삶의 지침을 얻기 위해 신성한 역할 모델과 도덕적 본보기를 찾는다(Alexander, 2001; Nuzzi, 2004; Reetz, 2010). 마지막으로, 유대교, 가톨릭, 이슬람 전통의 도덕교육 연구는 통합이라는 개념이 도덕교육에 대한 총체적 이해로 확장됨을 보여준다. 세 종교 전통 모두 도덕교육의 목표를 종교적 신앙, 이성, 그리고 도덕적 행동의 접점으로 규정한다(Chazan, 2022; Cuypers, 2004; Efron 1994; El-Moslimany, 2018; Memon & Alhashmi, 2018; Shapiro, 2005; Nuzzi, 2004).

또 다른 주제인 영성과의 관계성은 주로 노인들이 젊은이들에게 전수한 구전 전통에서 기인한다(Armstrong, 2000; Ikuenobe, 2018; Suina,

2000). 토착 문화권 내 도덕교육 연구는 "인간과 여타 모든 생명체의 상호 연결성"과 "자연과의 관계성"(Niigaaniin & MacNeill, 2022, p. 3)에 대한 믿음을 드러낸다. 이는 "인간 상호 간, 지구, 그리고 온 우주와의 영적 연결"(Dei, 2002, p. 38)을 의미한다. 학자들은 "대부분의 토착 사회는 지구와 인간 간의 호혜적 관계를 유지한다"고 보고하며(Frisancho & Delgado, 2018, pp. 5-6), 자연과 대지는 "영적 차원"(Fonda, 2011, p. 4)을 지니고 있으며, "인간 이외의 존재를 전형적으로 친족이자 행위 주체로 대우한다"(Narvaez, 2016, p. 230)고 지적한다. 이러한 형태의 도덕교육은 직접적 교육이 아니라, 특정 문화의 예술과 의식에 대한 깊은 이해와 참여를 통해 문화적 전통과 가치로부터 배우는 것을 포함한다. 이 주제에 대한 연구는 특히 아프리카와 아메리카 원주민 문화의 도덕적 가르침의 본질을 강조한다.

아프리카 전통 도덕교육은 "도덕적 쟁점은 인간 간의 문제일지라도 영적인 존재와 인간 간의 관계를 포함한다"는 점을 강조한다(Udeani, 2008, p. 67). 이는 장로들의 지혜와 조상들의 영적 인도(Ikuenobe, 2018, p. 32), "기원, 조상, 장소, 역사"의 영적 중요성(Dei, 2002, p. 44), 그리고 "친족 관계의 핵심적인 도덕적 관계"(Metz & Gaie, 2010, p. 282)를 포함한다. "관계성"이라는 개념은 교육자들이 도덕적 발달을 "개인주의적인 방식"이 아닌 "진정한 자아가 다른 인간 및 탈인간적 본성과의 관계와 불가분의 관계에 있다"고 보아야 한다고 가르치는 데 특별히 중요하다(Le Grange, 2012, p. 338). 또한 도덕교육은 도덕적 가치와 문화적 관점을 전수하기 위해 스토리텔링을 포함한다(Tuwe, 2016). 이야기는 "아이들을 사회의 지혜와 관습에 안내하는 것이 이야기꾼의 의무이기 때문에, 아이들에게 중요한 도덕적 사상이나 교훈을 전수한다"(Ajayi & Iwuagwu, 2012, p. 2). 미국에서는 아프리카 중심 학교와 심화 프로그램이 전통적인 아프리카 가치에서 영감을 받아 학생들의 영적 정체성과 조상과의 연결성을 개발하는 데 중점을 두고 있다.

또한 원주민 전통의 도덕교육은 영성과의 관계성에 중점을 둔다. "우리 자신을 포함한 모든 것은 다른 모든 것 … 대지, 공동체, 가족 등의 일부"이다(Armstrong, 2000, p. 40). 아메리카 "원주민들은 우주의 통합성을 하나의 생명체이자 상호 연결된 시스템으로서 존중"한다는 것을 강조한다(Kawagley & Barnhardt, 1999, p. 8). 어느 아메리카 원주민 학자는 이렇게 썼다.

> 우리 모두는 모든 사람의 복지에 기여하기 위해 이 세상에 존재합니다. 저는 이러한 상호 연결성과 책임감의 가치를 우리 아이들에게 가르쳐야 한다고 생각합니다. 저는 우리가 의례와 춤을 통해 그렇게 할 수 있다고 생각합니다. 저는 이러한 가치들을 자연스러운 환경, 즉 야외에서 가르치는 것이 중요하다고 생각합니다. (Suina, 2000, p. 97)

아메리카 원주민의 신앙 체계에서 영성은 "장소에 깊이 뿌리내리고 있으며"(McNally, 2017, p. 55), "다양한 부족 및 토착 집단이 보유한 지식을 보편적인 것으로 이해할 수 없다"고 강조한다(Yazzie-Mintz, 2011, p. 178). 따라서 "모든 자연을 매우 존중하고, 특정 지형이나 자연 지역을 그 위치에 특별한 의미와 신성함을 부여하는 영적 존재의 거주지로서 경험한다"고 강조한다(Hendry, 2003, p. 5). 따라서 아메리카 원주민 부족 학교와 공립학교는 지역 사회 구성원 및 원로들과 긴밀한 관계를 유지하고, 장소 기반 지식과 모국어를 커리큘럼에 통합하며, 구전 전통과 문화 예술을 통해 영성을 함양하고 있다.

세 번째 주제인 **공동체와 사회적 조화**는 여러 국가에서 도덕교육의 역사적, 현대적 목표로 자리잡고 있으며, 특히 유교 전통의 영향을 받은 문화권에서 더욱 두드러진다(Shin & Koh, 2005, p. 1). 이러한 가치는 학교의 도덕적 사회화 노력과 커리큘럼 내용(Bamkin, 2020, p. 219)에 영향을 미쳐 "학생들이 타인과 더 잘 어울려 살아갈 수 있는 지식, 능력, 그리고 실천의 함양"(p. 221)과 "타인에 대한 배려"(p. 234)을 가능하게 한다. 중국, 대만, 일본, 한국, 싱가포르의 도덕교육 학자들은 유교가 "삶과 사회를 살아가는 데 있어 근본적인 관점"(Yu, 2008, p. 122)으로서 지속적인 영향력을 발휘하고 있다고 분석한다. 유교의 핵심적인 도덕적 가치는 효도, 즉 부모에 대한 공경과 부양의 의무이다. 유교가 "사회의 근간으로서의 강한 가정을 강조"하기 때문이다(Tan & Wong, 2010, p. 92). 따라서 개인과 공동체 관계는 "가족과 공동체 간의 긴밀한 연속성"(Sim & Chow, 2019, pp. 467, 476)에 기초한다. 서양 철학의 개인성 지향과는 달리, 유교에서는 "관계적 역할과 책임을 고려하지 않고는 '자아'에 대한 포괄적인 개념에 도달할 수 없으며"(Sim & Chow, 2019, p. 466), "공동체의 복지가 개인의 이익보다 우선한다"(Tan & Wong, 2010, p. 91)고 주장한다. 유교 전통은 "사람들이 사회적 의무를 존중하는 능력주의적이고 조화로운 사회 위계질서의 이상"(O'Dwyer, 2003, p. 43)을 지지한다. 이러한 전통에서 교사들은 학생들이 "조화로운 사회"에서 자신의 자리를 차지하기 위해 도덕성을 함양하고자 한다(Sim & Chow, 2019, p. 477).

국제적 도덕교육 연구의 네 번째 동기는 국가 정체성과 애국심의 통합이다. 예를 들어, 일본의 도덕교육의 목적 중 하나는 "훌륭한 시민이 되는 데 필요한 가치"를 전수하는 것이다(Anzai, 2015, p. 444). 싱가포르의 통합적 시민 교육과 도덕교육 커리큘럼은 "국가 건설"에 중점을 두고 있으며, 싱가포르의 다원주의 사회를 통합하고 "집단적 국가 정체성"을 심어주는 데 중요한 역할을 한다(Sim & Chow, 2019, p. 469). 한국의 도덕교육은 전통적 가치에 대한 존중을 반영할 뿐만 아니라 "학생들에게 민주 사회에 대한 의식을 함양"시키고 있다(Lee & Misco, 2014, p. 728). 마찬가지로 러시아의 "정신적, 도덕적 발전"을 위한 의무 커리큘럼도 "전통적인 국가적 가치"를 강조하고 있다(Ozhiganova, 2019, p. 111). 연구자들은 민족주의 커리큘럼이 전쟁, 점령, 정권 교체와 같은 사회적, 정치적 변화 혹은 역사적 격변(Han et al., 2018; Lee & Misco, 2014)에 대한 대응으로 추진된다고 해석한다.

더구나 여러 국가에서는 애국심을 시민적 가치나 지배적 신조로 볼 수 있지만(Bamkin, 2018; Wansheng & Wujie, 2004), 애국심의 개념은 매우 다양하다. 예를 들어, 러시아에서는 "도덕교육의 일부로서의 애국 교육"이 "군국화"되어 "교육 담론에서 애국심에 대한 비판적 합리화를 억누르고 침묵시키는 오랜 전통을 이어가며, 더 전통적인 국가 애국주의 개념을 옹호하고 있다"(Rapoport, 2009, p. 143). 중화인민공화국(PRC)에서는 정부가 "이념으로서"(Lin & Jackson, 2022, pp. 1-2) 경직되고 무비판적인 애국심을 장려하며, 도덕교육 교과서는 "외세 침략에 굴욕을 당한"(Lee & Wang, 2023, p. 5) 중국의 역사를 강조한다. 반면, 일본에서는 애국심이라는 개념이 "공동체, 국가, 문화에 대한 사랑"(Anzai, 2015, p. 436)에 초점을 맞추는 등 다소 온건해 보이지만, 한국에서는 "성찰적 애국심"을 특징으로 한다. 이는 "'쇼비니즘(chauvinism)'[1]이나 '징고이즘(jingoism)'[2]이 아니고", 심지어 "보편적

---

1 [옮긴이 주] 자국의 우월성을 무조건 내세우는 것으로, 타민족에 대한 부정적 태도를 보이며 민족 간 사회적 갈등을 조장할 수 있는 성향을 보임.

2 [옮긴이 주] 전체주의적 애국심, 국가의 군사적 강화를 강조하며 군사적 퇴행이 발생하면 자국의 이익을 우선시하는 태도를 보임.

인간 가치"를 침해하는 행위에 대해 "시민 불복종의 중요성을 강조"하기까지 한다(Han et al., 2018, p. 74).

마지막으로 다양성과 시민성에 대한 주제는 토착민과 증가하는 이민 인구를 존중하고자 하는 국가들의 최근 도덕교육 연구에서 나타난다. 이러한 국가 지원 커리큘럼은 다양성과 문화적 다원성을 도덕적 가치이자 시민성의 필수 요소로 인정한다. 아시아의 여러 국가가 이러한 가치를 장려하고 있다. 예를 들어, "한국 도덕 교과서는 학생들이 다양한 공동체에 살고 있음을 인식하도록 장려"하고 "타인에 대한 존중과 배려"를 가르친다(Lee & Misco, 2014, p. 730). 학자들은 또한 대만이 원주민의 문화와 언어를 인정하는 모습(Lee, 2004, p. 577)과 대만이 어떻게 "획일성에서 다양성으로"(p. 578) 나아가 "다원주의와 존중을 함양"했는지에 대해 논의한다(p. 586). 21세기 초부터 대만 교육부는 도덕교육에 대한 단일 과목을 "인본주의와 자기 이해, 타인과 그들의 문화에 대한 존중과 감사, 그리고 자신과 자연환경을 배려하는 것과 같은 일반적인 도덕 문제를 다루는 과목"으로 대체했다(Wu, 2017, p. 74). 또한 학자들은 "말레이시아의 사회 환경은 본질적으로 다원적"이며, 필수적인 도덕교육 커리큘럼이 "민주적인 말레이시아에서 평화롭고 조화로운 삶을 유지하기 위해 협력에 대한 이해의 제고"를 강조하고 있다고 기술한다(Zulkifli & Hashim, 2019, p. 888).

그리고 학자들은 라틴 아메리카의 도덕교육 커리큘럼이 다양하고 민주적인 사회에 대한 인식을 반영하고 있음을 강조한다. 예를 들어 콜롬비아는 "사회적, 정치적 번영에 필요한 윤리적 유대감을 조성하고 이러한 다양성을 바탕으로 시민 교육을 구축하기 위해" 노력하고 있다(Jaramillo & Mesa, 2009, p. 469). 마찬가지로, 브라질 정부가 개발했지만 의무화하지 못한 도덕교육 커리큘럼은 "윤리, 민주적 공존, 인권, 사회적 포용이라는 네 가지 핵심적 주제를 강조하고 있다."(Araújo & Arantes, 2009, p. 490). 라틴 아메리카 국가들은 "민주주의 문화의 증진을 위한"(Moreno-Gutiérrez & Frisancho, 2009, p. 391) 국제 '협의체나 조직'의 자원을 활용하여 시민성 및 도덕교육 프로그램을 개발했다.

1.2 인격교육

여러 국가들이 커리큘럼 지침서와 교과서에서 특정 덕을 언급하고 있지만, 인격교육은 국제 도덕교육의 주요 방향은 아니다. 그러나 미국에서는 인격교육이 주된 도덕교육 형태로 자리 잡고 있으며, 현재 영국, 호주, 그리고 여러 캐나다 주 정부의 지원을 받고 있다. 더욱이, 인격교육의 목표와 역사에 대한 학술 및 대중 문헌이 방대하며, 이념과 실천에 대한 다양한 비판도 존재한다.

17세기부터 현재까지 미국에서는 "학교가 '훌륭한 인격'을 전수하고 인격 계발을 촉진하는 데 중요한 역할을 해야 한다는 것은 당연한 전제"(Boyles, 2005, p. 46)로 여겨졌다. 더욱이, 19세기 초 공립학교 운동이 시작된 이후, 20세기 초까지 널리 보급된 교과서는 도덕적, 애국적 가치를 전수했다. 여러 세대의 미국 어린이들은 전통적인 도덕성과 훌륭한 시민성을 교육받았다.

> 교과서는 "나라에 대한 사랑, 신에 대한 사랑, 부모에 대한 의무, 재산 축적을 위한 검소, 정직, 근면의 습관을 길러야 할 필요성, 진보의 확실성, 그리고 미국의 완전성"을 가르쳤다. 노아 웹스터와 윌리엄 홈즈 맥거피와 같은 유명한 저술가이자 독서가들은 숙취, 사치, 자만심, 기만의 위험성을 경고하고, 그 대신에 용기, 정직, 타인 존중에 대한 막대한 세속

적 보상을 약속했다. (McClellan, 1999, p. 25)

21세기에 들어서 다양한 커리큘럼 접근 방식이 등장했음에도, 가치를 명시적으로 가르치는 인격교육은 미국 학교에서 여전히 인기를 누리고 있다. 현대 사회에서 학교와 교육청은 학부모와 지역 사회의 의견을 수렴하여 자체적인 인격교육 프로그램을 개발하기도 하지만(Seider, 2012), 덕목과 교사 지침서를 제공하는 상업적인 커리큘럼 패키지에 의존하는 경우가 많다. 기독교 근본주의 학교들 역시 인격교육을 지지하며, 종교적 교리에 기초한 가치를 인정하는 한에서 인격교육이 교육과 양립할 수 있다고 믿는다(Laats, 2010; Wilhelm & Firmin, 2008).

반면, 영국에서는 인격교육이 비교적 새로운 현상으로, 빅토리아 시대의 "개인적 성향"(Taylor, 2018, p. 404)과는 문화적으로 일치성이 있음에도 불구하고 그러하다. 21세기 초, 영국의 인격교육은 "성장하는 운동"으로 여겨졌지만, "이 운동 구성원들 간의 이해의 통일성"은 부족했다(Arthur, 2005, p. 245). 그러나 영국 정부는 2011년 사회 불안에 대한 대응책으로 학교에서 덕을 가르치는 프로그램을 승인했다. 또한, 2012년에는 "훌륭한 인격을 구성하는 덕을 어떻게 배우고 가르칠 수 있는가"에 대한 다학문적 연구를 수행하기 위해 주빌리 인격 및 덕 센터(Jubilee Centre for Character and Virtues)를 설립하였다(Arthur et al., 2015, p. 3). 이 센터는 학문 및 전문성 개발 자료 생산에 중요한 역할을 했다. 그럼에도 학자들은 "영국에서는 미디어, 또래, 종교와 같은 다른 도덕적 사회화 요인보다 학교를 인격교육의 가장 중요한 장소로 여기는 사람이 거의 없다"고 주장한다(Arthur, 2005, p. 246). 또한 인격교육은 "정치적, 교육적 환경에서 정치적 좌파와 우파로부터 공히 공격을 받으며 어려운 처지에 놓여 있다"(Kristjánsson, 2021, p. 366). 그러나 영연방 중 호주 정부는 인격교육 프레임워크와 인격 함양 교육 자원의 시행을 지지하고 있으며(Lovat & Dally, 2018), 캐나다의 여러 주 정부는 공통 가치를 파악하고 가르치기 위한 전통적인 인격교육 사업을 지원하고 있다(Pashby et al., 2014; Winton, 2008).

인격교육 관련 문헌들은 이러한 도덕교육 접근 방식이 다양한 의미를 지니고 있음을 보여준다. "광의적으로 인격교육은 학교가 학업 외에 제공하고자 하는 모든 것을 의미하며, 특히 아이들이 훌륭한 사람으로 성장하도록 돕는 것이 목적일 때 더욱 그렇다"(Kohn, 1997, p. 429). 도덕교육은 종교 교육을 함축하기 때문에(Cassidy, 2022, p. 17), 다양한 서구 국가 학교들은 일반적으로 인격교육이라는 용어를 다양한 도덕교육 접근법을 아우르는 포괄적인 의미로 사용한다. 실제로 "효과적인 인격교육" 프로그램 연구는 "사회 기술 훈련, 배려공동체, 갈등 해결, 학부모 참여, 학생의 성찰 및 도덕적 문제 해결 기회, 그리고 훌륭한 어른 인격자 모델링"을 포함한 "포괄적이고 다면적인 접근법"을 강조한다(Berkowitz & Bier, 2004, p. 82).

그럼에도, 학자들은 "도덕교육이 인격교육보다 더 포괄적"(Obiagu, 2023, p. 238)이라고 주장하며, 인격교육을 "도덕교육의 전체 분야"로 보는 것과 "전통적인 인격교육의 더 좁은 접근 방식"(Howard et al., 2004, p. 190)으로 구분한다. "좁은 의미에서" 인격교육은 "아이들의 본성과 학습 방식에 대한 가정뿐 아니라 가치에도 반영되는 특정 도덕 훈련 방식"을 의미한다(Kohn, 1997, p. 429). 전반적으로 저자들은 인격교육을 논할 때 특정 가치와 특성을 가르치는 더 좁고 전통적인 개념을 제시한다.

> 간단히 말해서, 인격교육자들은 교육의 주요 목적이 "인격, 학문, 규율", 즉 "전통적인 도덕적 가치"를 포함하는 교육적 삼원 구조를 전수하는 것이라고 믿는다. 아리스토텔레스처럼 인격교육자들은 도덕적 인격 형성에 있어서 모범, 모방, 그리고 습관화의 중요성을 강조한다. (Nash, 1997, p. 21)

이러한 인격교육의 세 가지 근본적인 실천으로는 전통적 가치에 대한 직접적인 가르침, 덕목과 유덕한 행동을 보여주는 책 읽기, 그리고 바람직한 행동에 대한 보상이 있다.

인격교육은 오랜 전통의 "덕 기반" 도덕교육이며(Thoma & Walker, 2017), "아리스토텔레스의 사상에 뿌리를 두고 있다"(Noddings, 2002, p. 61).

> 아리스토텔레스 접근의 핵심 원리는 다음과 같다. (a) 인간의 번영에 대한 객관적인 개념이 존재한다. (b) 덕은 번영의 필수 조건이다. (c) 번영을 위해 필요한 특성의 습득은 교육 시스템의 궁극적인 목표가 되어야 한다. (Arthur et al., 2015, p. 9)

"신고전주의 전략의 초석은 덕이란 여타의 기술이나 능력과 마찬가지로 실천을 통해 습득된다는 아리스토텔레스의 주장이다"(Hunter, 2002, p. 43). 그러나 철학자들은 덕 교육에 대해 의견 일치를 보지 못하고 있다. 아리스토텔레스의 덕 윤리와 관련해서 누스바움(M. Nussbaum)은 훌륭한 습관이란 "무의미한 행동 조절이 아니라, 애착과 사랑에 의해 인도되는 점점 더 지적인 선택의 패턴"을 통해 형성된다고 해석한다(Nussbaum, 1994, p. 38). 카(D. Carr)는 다음과 같이 썼다.

> [덕] 윤리는 도덕교육에 대한 현대적 인격 발달적 접근과 유사한 점이 있습니다… [하지만] 저는 덕 윤리가 인격교육보다 도덕적 삶의 복잡성에 대해 이론적으로 훨씬 정교한 관점을 제공한다고 믿습니다. 실제로 덕 윤리적 감정이 합리적인 질서를 필요로 한다는 점에서, 덕 윤리는 의심의 여지 없이 원칙적인 성찰의 윤리입니다. (Carr, 2005, p. 140)

나딩스는 "인격교육은 추론, 문제 해결, 비판적 사고를 강조하는 관점과는 달리, 덕 개발에 집중한다"고 우려를 표명했다(Noddings, 2002, p. 61). 마찬가지로 인지심리학자 콜버그는 인격을 습관적으로 검토된 원칙에 따라 살아가는 것으로 개념을 규정한다면, "교사와 그의 문화 규칙과 가치를 아이에게 강요하는" "교화식 도덕교육"(Kohlberg, 1975, p. 673)은 도덕 발달 교육과 상반된다고 주장하였다.

인격교육의 근거를 비판적으로 검토해 보면, 아이들의 도덕적 성장과 "공동체의 최고 가치와 윤리적 이상을 전수하는"(Wynne & Ryan, 1993, p. 58) 욕구보다 더 불안한 동기가 드러난다. 오히려 인격교육 옹호자들은 젊은이들의 도덕적 결핍에 대한 두려움, "아이들에 대한 놀라운 어두운 관점", 그리고 아이들이 "충동을 소설하고 만족을 미루는 능력"(Etzioni, 1993, p. 91)을 상실했기 때문에 "수정이 필요하다"(Kohn, 1997, p. 431)고 주장한다. 또한 일부 옹호자들은 "인간 본성에 대한 비관적인 관점"(Yu, 2004, p. 71)을 가지고 있다. 그들은 "수 세기 동안 서구 사회를 지탱한" 도덕규범이 없다면 "어른들은 미개한 사람이 되어"(Shannon, 1997, p. 152) "도덕적, 사회적으로 타락"(Spohrer, 2021, p. 4)할 것이라고 경고한다. "도덕적 리터러시"(대대로 내려온 문서에 나타난 핵심 가치에 대한 이해)에 대한 논증은 덕이란 더 이상 인식할 수 없으며 "문화의 살아있는 기억 속에서 이미 사라졌을지 모른다"(Hunter, 2008, p. 222)고 지적한다. 인격교육의 근거는 "도덕적 쇠퇴"(Nash, 1997, p. 8)에 대한 믿음과 "공립학교에서의 인격교육이 도덕 기준의 퇴보를 되돌릴 수 있는 유일한 방법"(p. 18)이라는 믿음으로 이어진다.

일부 인격교육 학자들은 "더 많은 사람들이 훌륭한 인격과 덕을 보일수록 우리 사회는 더 건강해진다"(Arthur et al., 2015, p. 3)고 주장하며, 덕을 도덕적 기능의 필수 요소이자 "자아의 핵심"(p. 9)으로 간주한다. 그러나 이러한 학자들은 덕을 "안정적이고 일관된 인격 상태"(p. 9)로 보면서도 "훌륭한 인격을 구성하는 덕은 배우고 가르칠 수 있다"(p. 3)고 믿는다. 그러나 학교에서 "이달의 가치"와 같은 소소하고 일상적인 관행을 장려할 때, 아이들이 어떻게 덕목을 이해하고 내면화할 수 있을지는 불확실하다(Boyles, 2005; Smith, 2013). 도덕교육자들이 덕 목록을 단편적으로 가르친다면, 젊은이들은 도덕성을 깊이 이해할 수 없다. 철학자 듀이는 "인격의 통합성(integrity)이라는 개념 자체에 통일성이 내재되어 있다"는 점과 "덕을 구분하여 완전히 구획화할 수 있다는 생각"(Dewey, 1908/1996, p. 115)에서 기인하는 문제를 예견했다. 마찬가지로 사회학자 헌터(J. D. Hunter)는 "사회 제도에 뿌리를 두고 공동체가 공유하는 서사에 반영된 일관된 도덕 철학"의 필요성을 강조한다. 그렇지 않으면 도덕규범은 자의적인 개인적 선호로 전락할 수 있다(Hunter, 2002, p. 53).

인격교육 자료(교재, 커리큘럼 패키지, 학술 논문)는 아이들에게 가르쳐야 할 다양한 덕목을 권장한다. 이러한 덕목 중 일부는 명백히 도덕적 성격을 지니며, 다른 덕목들은, 어쩌면 더 복잡한 방식으로, 도덕적 기능을 뒷받침할 수 있다.

> 덕을 네 가지 주요 유형, 즉 도덕적, 지적, 시민적, 그리고 수행적 덕으로 나누는 것이 유익하다. 도덕적 덕과 시민적 덕은 좋은 공동체 생활에 필수적이며, 지적 덕은 탐구, 이해, 지식 적용, 증거에 대한 존중과 관련된 성향이다. 그리고 수행적 덕은 무엇이든 목표를 달성을 위한 의지의 힘을 제공한다. (Arthur et al., 2015, p. 9)

예를 들어, 잘 알려진 두 권의 인격교육 서적(부모 독자 대상)인 『미덕의 책(*Book of Virtues*)』(Bennett, 1993)과 『인격으로의 부름(*A Call to Character*)』(Greer & Kohl, 1995)은 각기 정치적 보수주의자와 자유주의자가 선호하는 인격적 특성을 제시한다. 보수주의자들이 선호하는 노동과 신앙의 덕목이나 자유주의자들이 선호하는 창의성과 이상주의 등 관점이 서로 다르지만, 이 책들의 편집자들은 자기 수양, 책임, 정직, 충성, 용기라는 다섯 가지 덕목을 공통적으로 강조한다. 더욱이, 어느 유명 인격교육 기관은 "인격의 여섯 기둥"으로 신뢰, 존중, 책임, 공정성, 배려, 시민성을 제시한다(Character Counts, 2023). 그럼에도 불구하고, 한 기독교 교육학자는 "베넷, 그리어, 콜의 목록과 거의 모든 패키지 인격교육 프로그램에서 희망, 용서, 온유, 평화, 인내, 자비의 덕목을 찾아볼 수 없다"고 지적한다(Glanzer, 2000, p. 120). 또한, 인격교육의 한 가지 특징은 개인의 덕과 노력에 대한 관심과 찬양이다. 영국 주빌리 센터의 자료에서 주목할 만한 예로는 미국 시민성 운동가 파크스(R. Parks)가 있다. 주빌리 센터는 "특정 인격적 특성에 따라 스스로 행동하는 개인적 이미지"에 중점을 둔 그를 인정하지만, 시민성 단체 및 운동에 참여한 경력은 무시한다(Suissa, 2015, p. 113).

최근 학교 차원의 인격교육 연구는 연민, 협력, 애국심, 관용과 같은 다양한 가치를 기록하고 있으며(Smith, 2013, p. 352), 특히 수행적 특성을 강조하는 최근의 프로그램들도 이에 포함된다.

> 수행적 인격 프로그램은 학생들이 학교, 직장 또는 어떤 분야에서든 탁월함을 달성하는 데 필요한 기술과 특성에 중점을 둔다. 이러한 강조는 근면, 노력, 인내, 자기 수양, 집중력, 동기 부여, 자신감, 낙관주의와 같은 다양한 새로운 덕목을 인격교육에 추가했다. (pp. 352-353)

그러나 "회복탄력성 및 자신감과 같은 수행적 덕"을 동일한 것으로 생각하여 "도덕적 덕을 제공하는 나침반"(Arthur et al., 2015)을 무시하는 것은 도덕적 인격과는 거의 관련이 없기 때문에 문제가 된다. 또한, "사회적 신분 상승과 취업 가능성을 인격과 연결하는"(Taylor, 2018, p. 408) 전통에서 학자들은 "학교 내 인격교육을 둘러싼 인종차별적이고 계급주의적인 담론"이 존재한다고 지적한다. 이러한 담론은 학업 실패를 "인격 결핍"과 연결 짓는다. "학업에 실패한 학생 중에 저소득층이나 유색인종 학생의 비율이 매우 높기 때문이다"(Handsman, 2021, p. 273).

다시 말해, 다양한 인격교육 프로그램에서 개별 아동의 덕을 인정하는 것처럼, "긍정적인 행동에 대한 보상은 전통적인 인격교육 접근 방식의 핵심이다"(Nucci, 2006, p. 720). 이러한 프로그램은 "'착한 행동 발굴'이라는 개념"과 보상을 활용한다. "권위 있는 사람이 칭찬받을 만한 행동을 한 학생을 발굴할 때마다 보상을 지급한다"(Watson, 2008, p. 187). 이러한 인센티브는 패스트푸드점에서 간식을 제공하거나(Boyles, 2005) "가치 시상식"(Lovat & Dally, 2018, p. 13)에서 "인증서, 명판, 트로피 및 기타 인정 증서"(Kohn, 1997, p. 430)를 받는 것 등을 포함할 수 있다. 인격교육 비판론자들은 이러한 행동주의를 강조한 결과로 아이들이 "훌륭한 행동의 요점은 보상을 받는 것"을 배우게 된다고 주장한다(p. 430).

> 보상과 긍정적인 피드백이 바람직한 행동의 비율을 증가시킨다는 사실에는 이견이 없다. 하지만 논란이 되는 것은 보상이 학생들의 옳은 행동을 위한 내재적 동기에 미치는 영향이다. 보상과 긍정적 피드백에 대한 과도한 의존이 아이들의 도덕적 동기를 저해할 수 있다는 것을 보여주는 상당한 증거가 현재 존재한다. (Nucci, 2006, p. 720)

연구자들은 훌륭한 행동에 대한 보상이 아이들의 도덕적 행동 욕구를 감소시킨다는 사실을 밝혀냈다. 이로 인해 전형적인 인격교육은, 인격교육을 편협하게 개념 규정을 할 경우 실제로 도덕적 관점 형성이나 도덕적 행동 유지에 기여할 수 있을지 의문의 여지가 있다.

2. 윤리적 추론

학생의 윤리적 추론 능력 향상을 위한 도덕교육은 숙의가 타인의 관점에 대한 이해와 도덕적 결정에 대한 비판적 자기 성찰을 촉진함으로써 도덕적 발달을 촉진한다는 전제에 기초한다. 존중, 평등, 신중함을 바탕으로 한 토론을 통해 학생들은 윤리적 문제를 탐구하고, 도덕적 딜레마를 분석하며, 다양한 대안을 상상하고, 의사 결정의 본질적인 복잡성과 씨름하게 된다.

2.1 도덕적 대화

도덕적 대화라는 개념은 윤리적 추론 커리큘럼의 핵심을 이루고 있다. 이러한 대화는 매우 다양하게 전개될 수 있다. 예를 들어 "인간은 어떻게 행동해야 하는가?", "삶의 의미와 세상에서의 인간의 위치", "악과 고통의 근원", "우정, 사랑, 아름다움의 의미와 같은 보편적인 실존적 관심사 및 인식 방식" 등을 다룰 수 있다(Simon, 2001, pp. 37-38). 또한 대화는 "두 개 이상의 상충하는 선택 사이의 긴장"을 포함하는 구체적인 도덕적 딜레마를 중심으로 진행될 수 있으며, 이는 종종 "구체적인 답"에 도달하기보다는 심도 있는 토론을 촉발한다(Wong, 2021, p. 369).

> 대화는 논쟁이 아니지만, 때로는 격렬해질 수 있다. 대화가 가장 효과적으로 이루어지는 때는 참여자들이 자신의 이야기를 조급하게 마치려 하지 않으며, 아이디어나 텍스트 속의 생각에 대한 이해를 심화하고 풍부하게 하고자 시간을 함께 보내고 싶어 할 때다. (Nash, 1996, pp. 85-86)

이러한 대화에서 참여자들은 "대안을 고려하고, 세상과 인간이 잘 살아갈 수 있는 방식에 대한 합리적인 이해를 함께 구축하려고 노력해야 한다"(Sharp, 1984, p. 3).

이와 같이, "대화는 각 참여자의 가치를 인정하는 활동이다." 모든 사람은 발언할 기회를 가지며, 서로 경청하고, "개인적 효능감", "존엄성", "존중"을 강화한다(Grant, 1996, p. 480). 효과적인 대화는 우선 윤리적인 대화여야 하며, 대화의 리더는 토론 그룹이 "실제 윤리강령, 즉 대화 과정을 지배할 일련의 상호 권리와 의무에 동의"하도록 해야 한다(Nash, 1996, p. 102). 교육자의 목표는 참여자들이 "서로의 경험으로부터 배우고, 서로의 이해를 공유하며, 더 큰 공동체에 대한 소속감을 느끼는"(Lipman, 1995, p. 70) "탐구공동체"(Sharp, 1984)를 조성하는 것이어야 한다.

그럼에도, 도덕적 대화가 존중과 존엄성을 인정하지만, 그 토론 참여는 불안감을 유발할 수 있다. 학자들은 "대화의 경험"이 "자기 확신을 약화"시키고, 참여자들에게 "토론의 복잡성과 모호성을 인식하도록" 강요한다고 주장한다(Grant, 1996, p. 474). 궁극적으로 "비판적 탐구로서의" 도덕교육은 "정신의 독립성을 함양하고, 윤리적 교훈이 권위에 근거하지 않는 철저한 검토 후에만 채택되도록 보장하는 것을 의미한다"(p. 471). 도덕적 대화는 "경직된 정치적 선입견 없이 다른 견해의 진실을 자세히 경청하고, 우리가 당연하게 여기는 진실에 강력히 도전해야 한다"(Nash, 1996, p. 100). 이러한 방식으로, 이 토론 방식은 학생들이 도덕적 상황을 분별하고 비판적인 자기 성찰로 이어지는 신념과 행동을 검토하여 도덕적 상상력을 함양하는 데 필수적이다.

교사는 "지혜의 전달자"가 아니라 "동료 토론자"로서(Simon, 2001, p. 104) 역할을 해야 하며, "학생들이 서로 이야기할 수 있도록 충분히 오랫동안 무대에서 물러나는 것"(p. 131)이 중요하다. 교사는 "학생들과 함께 고민을 나누고, 자신과 학생들이 제기하는 질문과 관련하여 예상치 못한 유의미한 답변들에 열린 마음을 가져야 하며, 서로 교류하는 학생들의 모습을 즐겁게 관찰할 수 있어야 한다"(Pritchard, 2022). 교사는 "자신의 권위를 이용해 목표를 강요해서는 안 되며", "학생들의 도덕적 사고와 발전 속도에 맞춰 조율할 수 있도록" 학생들에 대한 통찰력을 가져야 한다(Lind, 2006, p. 191). 교육자는 "딜레마를 명확히 할 시간을 허용해야"(p. 193) 하고, 대화가 "목적 없이 지나치게 개인적인 토론으로 진행되지 않도록 자극적인 토론을 촉진하기 위해" "예리한 지적 초점"을 가져야 할 책임이 있다(Nash, 1996, p. 101). 이를 위해 교육자는 "훌륭한 도덕적 대화"(p. 103)의 필수 기준인 "좋은 질문을 던지는 기술"을 개발해야 한다.

2.2 어린이와 함께하는 철학

학생들이 철학에 참여하는 것이 윤리적 추론을 위한 가치 있는 도덕교육의 한 형태라고 여기는 학자들이 많다. '어린이와 함께하는 철학'(Cassidy, 2012)이라는 포괄적인 용어는 도덕적 문제 탐구가 커리큘럼의 핵심 요소임을 보여준다. 어린이와 함께하는 철학은 1970년대 철학자요 교육자인 리프먼(M. Lipman)에 의해 시작되어 "전 세계 모든 대륙과 지역에서" 국제적 운동으로 자리 잡았다(Millett & Tapper, 2012, p. 547). 어린이와 청소년을 철학적 탐구에 참여시키기 위한 프로그램으로는 어린이를 위한 철학, 철학 탐구공동체, 철학을 통한 사고, 윤리적 이해 커리큘럼 등이 있다. 이러한 커리큘럼에 관심 있는 교사와 학교를 위해 철학적 토론을 자극하는 다양한 자료(책, 논문, 커리큘럼 내용 자료, 수업 계획 등)가 마련되어 있다.

이 접근 방법은 "사고에 집중"하고 성찰, 즉 "사고에 대한 사고"를 포함하는 철학 분야에 기초하고 있으며, 이를 통해 학생들은 "삶과 사회에 영향을 미치는 쟁점과 아이디어에 대해 풍부히 이해할" 수 있다(Cam, 2014, pp. 1206-1207). 또한 학생들이 서로 존중하는 마음으로 경청하고 응답하는 동안 "함께 생각하는 것"과 "합리적인 탐구, 그리고 지적인 의견 일치 및 불일치"에 대한 전문성을 함양한다(Milett & Tapper, 2012, p. 547). "철학적 숙의의 교실공동체"는 "민주 사회의 참여적 구성원"이 되기 위한 준비 과정으로 간주된다(Lipman, 1995, p. 70). "철학적 탐구를 위한 대화의 확장은 '식견 있는' 민주 시민을 양성하는 데 기여할 수 있다"(Echeverria & Hannam, 2016, p. 4). 그럼에도, 이 커리큘럼을 연구하는 현대 학자들은 "예의와 합당성"을 강조하는 토론이 "논란의 여지가 있는 쟁점, 특히 스스로 소외된 사람에게 감정적, 경험적, 지적 반응을 보이지 않을"(Drane & Higham, 2023, p. 11) 수 있다고 주장하며, "근본적인 지배 관계와 그 역사적 뿌리"(Chetty, 2018, p. 46)를 다루지 않는다고 경고한다.

아동을 대상으로 하는 철학을 옹호하는 사람들은 윤리적 탐구를 강조하기 때문에, 이 커리큘럼을 도덕교육과 명확하게 연결시킨다. 그들은 윤리적 탐구에 기초한 성찰적 도덕교육이 자기 성찰을 가능하게 하고, 젊은이들이 "타인과 자신이 속한 세상과의 관계 속에서 자신을 성찰할 수 있도록 한다"(Cassidy, 2022, p. 20)고 주장한다. 예를 들어, 한 연구자는 5학년 교실에서 보복이라는 개념을 철학적으로 탐구하면서 교사가 다음과 같은 질문을 던진 사례를 언급했다. "보복이 정말 '앙갚음'이 될 수 있을까요?", "'앙갚음'을 시도하는 것 외에 다른 대안은 없을까요?"(Pritchard, 2022). 학자들은 윤리적 탐구로서의 도덕교육과 가정 및 학교에서의 도덕적 사회화를 통한 가치 주입을 비교 설명한다. 그들은 아이들로 하여금 "이러한 가치를 어떻게 생각하는지 탐구할 기회"(Cassidy, 2012, p. 247)를 갖도록 하지 못할 때 "비판적 판단력"(Cam, 2016, p. 6)을 함양하지 못한다는 점에서, 도덕교육이 "말함으로써 가르치는 것(teaching by telling)"이라고 비판한다(p. 6).

리프먼은 "효과적인 도덕교육은 학생들이 윤리적 탐구에 적극적으로 참여할 것을 요구하며, 윤리적 탐구는 사고의 모든 측면을 함양하는 데 필요한 과정이다"(Lipman, 1995, p. 61)라고 단언했다. 리프먼의 동료이자 공저자인 샤프(A. M. Sharp)는 교사가 학생들에게 "철학적 질문"을 숙고하도록 지도해야 한다고 조언했다. "어떤 세상(사회, 공동체)에 살고 싶은가? 세상의 일원이 된다는 것은 무엇을 의미하는가? 나는 어떤 가치에 헌신해야 하는가? 나는 타인에게 어떻게 관심을 기울여야 하는가?"(Sharp, 2007, p. 251). "도덕적 상상력의 연습"으로서, 철학적 탐구는 "각 참여자의 문화적, 전통적 관점을 검증하지 않은 가정에 도전하여, 참여자들이 타인들의 관점에서 자신을 바라볼 수 있도록 돕는다"(Mizell, 2015, p. 323). 따라서 도덕적 상상력은 "도덕적 추론을 가능하게" 할 뿐만 아니라 "우리와 가장 다른 사람들을 이해하고 소통할 수 있도록" 해주기 때문에 "공동체 생활에서 필수적이다"(Bleazby, 2012, p. 101)

어린이와 함께 하는 철학의 창시자들은 학생들이 "비판적이고, 창의적이며, 배려하는 사고자"가 되어야 한다고 주장한다(Lipman, 1995, p. 61). 특히 "배려하는 사고는 공감, 도덕적 상상력, 탈중심화라는 세 가지 근본적인 윤리적 도구를 구현한다"(Sharp, 2007, p. 250). 그들은 또한 도덕적 감정을 불러일으키기 위해 도덕적 상상력을 자극하는 것만으로는 충분하지 않다고 강조한다.

> 성인과 영웅 이야기가 어린이들의 도덕적 상상력을 자극할 수 있지만, 만약 우리가 그들이 성찰적이고 책임감 있는 방식으로 도덕적 행동에 참여하기를 기대한다면, 성인과 영웅주의에 대한 철학적 이해가 필요하다. (Lipman & Sharp, 1978, p. 90)

따라서 우리는 도덕적 이야기와 딜레마를 활용한 철학적 탐구활동을 통해 도덕적 상상력을 길러주어야 한다.

2.3 커리큘럼 전반에 걸친 윤리적 탐구

윤리적 탐구는 학생들에게 "자신이 살고 있는 세상에 대해 깊이 질문하고 사려 깊게 탐구하도록"(Bermudez, 2015, p. 116) 가르칠 기회를 제공함으로써 "표준 교과 영역 교육에 비판적이고 창의적인 사고를 주입"(Swartz, 1992, p. 108)할 수 있도록 한다. 문학과 연극, 사회와 역사, 미디어 리터러시와 과학 등 다양한 학문적 커리큘럼에서 마주치는 딜레마와 문제를 통해 영감을 얻은 윤리적 탐구로서의 도덕교육은 도덕적 감정을 불러일으키고, 도덕적 지각, 윤리적 추론, 비판적 성찰 능력을 향상시켜 도덕적 상상력을 자극한다. 또한 윤리적 탐구 과정을 통해 "학생들은 자신과 타인에 대한 도덕적, 비도덕적, 그리고 도덕과 무관한 행동의 영향을 숙고하고 … 도덕적 인간이 된다는 것이 무엇을 의미하는지에 대해 이해하게 된다"(Joseph & Efron, 2005, p. 531).

윤리적 탐구의 중요한 출발점은 이야기, 소설, 희곡, 시와 같은 문학 작품이다. 문학 작품을 통해 명시적인 도덕적 가치에 대한 교훈을 얻는 것이 일반적인 교육 방식으로 활용되지만, 학자들은 교사가 상상력을 발휘하여 참여를 유도하는 독서 자료를 선택하고 토론을 이끌어야 한다고 주장한다. 학자들은 독서 자료가 노골적인 도덕적 메시지를 전달하기보다는 학생들의 불확실성에 대한 사고를 촉진시키는 데 기여할 수 있게 해야 한다고 주장한다. 즉, "학생들이 토론할 수 있는 공간을 제공하고, 이야기 속 등장인물에 자신의 도덕성을 투영하여 도덕적 딜레마에 대해 고민해 보게 하는 공간을 제공해야 한다"고 주장한다(Wong, 2021, p. 369). 교육자들은 "대부분 교훈적인 스타일로 아이들에게 무엇을 해야 하고, 무엇을 해서는 안 되는지를 알려주지만, 더 깊이 생각할 기회를 제공하지 못하는" 이야기는 피해야 한다

(Koc & Buzzelli, 2004, p. 94). 대신, "도덕적 문제에 대해 더 깊이 고민하도록 격려하는"(p. 97) 문학을 선택해야 한다.

문학은 "자신과 타인의 입장이 되어 생각하는 능력을 향상시켜"(Heilbronn, 2021, p. 7) "세상에 대한 개인의 인식에 영향을 미칠"(p. 11) 수 있는 잠재력을 지니고 있으며, "공감 능력을 교육하고 신장"(p. 8) 할 수 있다. 비록 학자들이 윤리적 추론을 강화하기 위해 도덕적 이야기의 복잡성을 강조할 수 있지만, 문학은 감정적이고 상상력 넘치는 영향을 미칠 수 있다. "문학은 그러한 경험을 제공하며, 우리 삶과 세상에서 일어날 수 있는 일에 대한 은유적 감성을 독특하게 활성화한다"(McGinley et al., 2017, p. 67). 학생들은 문학을 통해 "이야기 속 등장인물과 감정적으로 교감하며"(p. 77), "마음과 정신을 다해 읽고 반응한다"(p. 68). "문학 텍스트는 … 우리에게 무엇을 해야 할지 말해주지 않는다." 오히려, "그것은 인간답게 행동한다는 것의 의미와 인간적 행동에 대한 전망을 열어준다"(p. 75). 이러한 이유로 교사는 젊은이들이 문학과 영화에서 묘사한 선과 악의 힘에 매혹되는 것을 인정해야 한다. 교사는 학생들이 "서사의 형이상학적 투쟁의 세부 사항들을 명료화하고, 그 정체를 식별하며, 이해하도록"(Glanzer, 2008, p. 528) 격려함으로써 이러한 관심을 발전시킬 수 있다.[3] 도덕적 상상력은 보편적 주제에 대한 탐구를 통해 "공통된 인간성에 참여하는 타인

---

3 [옮긴이 주] 글랜저(Glanzer)에 따르면, 세상에는 선과 악 사이의 형이상학적 전투가 벌어지고 있는데, 자유민주주의 사회의 공립학교는 중립을 명분으로 그 전투에 임하지 않고 있다. 세속적 윤리는 좋은 삶에 대한 비전을 제시하고 아이들은 본받아야 할 덕목, 선택해야 할 가치, 혹은 고차적 도덕적 추론능력을 필요로 하지만, 공립학교 도덕교육은 아이들이 그 전투 사항을 명료화하고 이해하도록 도울 수 없다. 그는 이점이 바로 공립학교의 도덕 교육이 제한적이고, 관용적이며, 때로는 형이상학적으로 지루해지는 이유라고 비판한다(2008, p. 433 참조).

공감의 도덕적 진정성의 원천"으로 자리 잡게 된다(Heilbronn, 2021, pp. 3–4).

사회학 분야는 윤리적 탐구의 또 다른 영역이다. 이 학문은 종종 역사적 사실과 이야기의 암기(Byrd, 2012, p. 1073), 그리고 사회화 및 애국심에 대한 가치 심어주기(Sears & Parsons, 1991, p. 48)와 같은 다양한 교육적 가치를 추구하지만, 비판적 사고를 가르치는 강력한 전통을 가지고 있다. 학자들은 이러한 능력이 "민주 사회에 필수적"(p. 47)이라고 보며, 학생들을 민주적 삶에 참여하도록 준비시킬 윤리적 책임이 있다고 본다(p. 65). 이 커리큘럼은 교사들에게 "우리가 어떻게 더불어 살아가야 하는가?"(McAvoy & Hess, 2013, p. 16), "개인과 국가의 관계"(p. 37), "공동선에 대한 우리의 비전"(Milligan et al., 2018, p. 450), 그리고 "기본적 인권을 부정하는 부도덕함"(Byrd, 2012, p. 1074)에 대한 질문을 제기하도록 요구한다. 결과적으로 교사는 "학생을 심의라는 교육적 실천에 참여시키고"(McAvoy & Hess, 2013, p. 16), "학생들에게 정치 담론의 가치 갈등과 씨름하는 구체적인 경험을 제공해야 한다"(p. 37).

학자들은 역사 공부를 통해 "학생들이 과거와 현재의 연관성에 대해 비판적으로 이해하고", 현대의 가치와 논쟁적인 쟁점을 이해하도록 "성찰적 기반을 제공하는" 방법에 관심이 있다(Bermudez, 2015, p. 105). 토의나 토론을 위해 "당시의 주요 문제, 가치, 그리고 활용할 수 있는 지적 시스템"에 대한 심층적인 역사적 지식과 "역사적 행위자들이 경험한 고통스러운 선택들에 대한 이해"에 도움이 되는 자료를 준비한다. 교사는 학생들이 "찬사와 비난"이라는 이분법적 사고에서 벗어날 수 있도록 "역사적, 윤리적 삶을 다양한 맥락에서 깊이 있게 이해하도록" 해야 한다(Milligan et al., 2018, p. 433).

미국과 전 세계의 많은 중학교 교사가 사용하는 역사 커리큘럼은 윤리적 탐구에 특히 중점을 두고 있다. 수업과 단원을 통해 구현되는 〈역사와 우리 자신에 직면하기〉는 20세기 대량 학살의 역사에 대한 자료를 제공한다.[4] "특히 홀로코스트에 대해 다루며, 가해자, 방관자, 피해자의 관점을 제시한다"(Strom et al., 1992, p. 131). 이 학습 과정은 특히 젊은이들의 도덕적 고민과 관련이 있다. "역사적 사례 연구를 통해 어떤 사람들은 집단의 규범을 따르고, 어떤 사람들은 '왜 거부를 하지?'와 같은 질문들을 탐구함으로써 학생들은 이러한 문제(복종, 충성, 공정성, 차이, 수용 등)를 심도 있게 탐구할 수 있다"(Schen & Gilmore, 2009, p. 60).[5] 〈역사에 직면하기〉는 "학생들이 개인적인 의사결정에 대해 생각해 보도록" 장려하는 것이지만(Strom et al., 1992, p.

---

4 [옮긴이 주] 이 커리큘럼은 중학생과 고등학생들이 사회에서 자신의 역할을 깨닫도록 돕고, 미래의 사건을 예방할 수 있도록 세계 시민 의식을 고취하는 것이다. 한 학기 동안 개인이 사회에 미치는 영향과 개인이 자신의 환경과 문화에 의해 어떻게 영향을 받는지에 대해 배우고, 아르메니아 대학살, 캄보디아 대학살, 반유대주의와 나치 독일에 대해서도 배운다. 그리고 학생들은 또래 압력, 순응 및 소속감과 같은 친숙한 주제에 대해 생각하도록 요청받는다(https://en.wikipedia.org/wiki/Facing_History_and_Ourselves 참조)

5 [옮긴이 주] 〈역사에 직면하기〉 수업은 ①자기 정체성 확인하기, ②소속감(우리와 그들) 탐구하기, ③역사적 내용 학습하기, ④판단, 기억, 유산 탐구하기, ⑤참여 선택하기(압도적 현실에 직면하기)라는 다섯 단계로 이루어진다. 쉔과 길모어는 세 학급의 교사들이 이 다섯 단계에 따라 사회 과목 수업을 진행한 사례를 제시한다. 그 교사들은 홀로코스트와 다른 집단 학살 사례에 대한 연구를 "나치 또는 르완다의 후투족은 어떤 근거로 집단을 분리하고 낙인찍었을까요? 선전, 정부, 그리고 시민 의식은 집단 간 긴장을 악화시키는 데 어떤 역할을 할까요? 이러한 현상은 오늘날 어떻게 나타나고 있을까요? 수십 년 동안 무엇이 바뀌었고 무엇이 바뀌지 않았을까요?"와 같은 심층적인 질문과 연결함으로써 학생들의 비판적 사고 형성을 돕고, 개인이 민주적인 사회에 어떻게 기여할 수 있는지에 대해 성찰할 수 있는 기회를 제공한다(Schen & Gilmore, 2009, pp. 59-63).

131), 또 다른 목표는 “학습자 공동체를 형성”하여 “다른 사람들과 도덕적 담론에 참여하도록” 하는 것이다(p. 137).

또한, 미디어 리터러시 과목은 다양한 교과 영역, 특히 사회, 기술 수업에서 가르칠 수 있다. 현대 학자들은 미디어 리터러시를 민주사회 참여에 필요한 능력으로 간주한다. 심의 민주주의는 “사실적 진실, 거짓, 그리고 의견을 구별하는 능력”(Gordon, 2018, p. 64)과 “합리적인 논증 및 주장에 대한 비판적 평가” 능력, 그리고 “타당한 증거에 기초한 진실과 지식을 존중하면서 타인을 연민으로 대하는 능력”을 요구한다(D'Olimpio, 2021, p. 94). 이 커리큘럼 영역은 “학생들에게 현대 정보 환경을 헤쳐 나가는 데 필요한 기술을 제공”하고, “미디어가 생산되는 사회문화적 맥락”을 조명할 수 있다(Manfra & Holmes, 2020, pp. 127, 123). 미디어 리터러시 교육은 또한 학생들이 “정치적, 도덕적 문제에 대한 자기 입장을 이해하도록” 도와 비판적 성찰을 강화한다. 이러한 능력은 합리적이고 도덕적인 담론에 필수적이다(Gordon, 2018, p. 61).

과학 또한 심층적인 윤리적 탐구를 위한 문을 열어주는 학문 커리큘럼의 한 분야이다. 논의할 주제로는 연구자의 윤리적 책임(Garrecht et al., 2022), “과학자들이 과학적 활동에 참여할 때의 동기”(Mawasi et al., 2022, p. 355), 그리고 “과학적 활동의 의도된 결과와 의도치 않은 결과”(p. 363) 등이 있다. 또한, 교사는 학생들이 “지식을 유도하고 생성하는 문화적 요인”(Zeidler et al., 2005, p. 372)을 인식하도록 도울 수 있다. 예를 들어, “인간과 자연의 관계”(van der Leij et al., 2023, p. 3)에 대한 서로 다른 관점을 조명함으로써, 학생들은 과학적 탐구의 기반이 되는 가치와 신념 체계를 탐구할 수 있다. 현대 학자들은 과학과 사회의 상호 의존성을 인정하며, 과학 내에서 도덕적 딜레마를 제기하는 '사회과학적 쟁점 교육'[6]을 요구한다. 이 커리큘럼은 "논란의 여지가 있고, 변경 가능하며 … 다양한 관점에서 접근할 수 있는" "난해한 문제들"을 소개한다(p. 2). 학생들이 기후 변화나 유전자 선별 같은 문제를 다룰 때, 검증되지 않은 신념이나 미디어의 인상에 의존하지 않고 과학 지식과 윤리적 추론의 경험을 활용함으로써(Garrecht et al., 2022) "공론에 이바지할" 준비가 되어 있다(Saunders & Rennie, 2013, p. 254).

3. 변혁적 도덕교육

변혁적 도덕교육은 인간과 자연 세계의 상호작용 및 관계에 대한 다학문적 연구로, "인간의 성취, 자유, 존엄성, 그리고 인간 이외의 생명체와 지구의 복지를 위해 노력해야 하는 핵심적인 윤리적 의무"를 이해하고 수용하는 것을 목표로 한다(Joseph & Mikel, 2014, p. 318). 도덕교육에 대한 이러한 개념은 도덕적 상상력의 인지적 요소, 감정적, 즉 공감적 감정, 타인의 요구에 대한 인식, 비판적 성찰로 구성되지만, 특히 미래 비전 구상하기가 중심이다. 즉, 관습적인 가치와 행동에 맞서고 자신과 사회의 이상적인 버전을 구상하는 것이다.

---

6 [옮긴이 주] 사회과학적 쟁점(SSI: socioscientific issues) 교육은 과학에 대해 배우는 것보다 사회에 과학을 적용한다. 전통 과학의 경우와 같이 과학적 개념보다는 가치와 윤리의 측면을 통합하는, 쉬운 해답이 없고 논란의 여지가 있는 문제에 초점을 두며, 실험실 작업, 모델링 및 기타 과학적 관행을 통해 과학계에서 학습하는 방법보다는 과학이 사회에 적용되는 방식(예: 탐구, 논증 및 역할극)을 선호한다.

3.1 변혁을 위한 도덕교육

전통적인 도덕교육이 개인과 사회의 변혁을 이끌어낼 수 없다는 점을 지적한 학자들은 다양하다. 그들은 "전통적인 도덕교육"이 "새로운 세대로 하여금 기존의 사회적, 도덕적 가치 및 관점을 채택하고 재구성하도록 하는 것"을 목표로 삼으므로 "기존의 사회적 불평등과 불공평을 바로잡는 데 도움이 될 수 없다"고 지적한다(Nucci, 2016, p. 299). 또한 "변혁적 교육을 전면적으로 거부하는 학교는 궁극적으로 학생들에게 영향을 미치는 복잡한 문화적 요인에 대한 무비판적 학습을 허용하는 학교"로, 이는 불평등, 인종차별, 성차별을 지속시키는 결과를 초래한다(Yacek, 2020, p. 267). 도덕교육이 지나치게 제한적이고, 개인주의적이며, 비전이 결여되어 있으면, 사람들에게 "비폭력에 대해 헌신"을 가르칠 수 없다(Toffolo & Harris, 2011, p. 369). 마지막으로, 관습적인 전통적 도덕교육은 "도덕적 비전에 근거한" "교육을 위한 도덕적 분석 방식"을 결여하고 있다는 비판을 받는다(Purpel, 1991, p. 311).

변혁적 도덕교육 옹호자들은 (a) 불의와 폭력에 대한 비판적 의식, (b) 상호 연결성과 평화에 대한 인식이라는 두 가지 비전이 커리큘럼과 교육학의 핵심을 이룬다고 주장한다. 이러한 접근을 통해 변혁적 도덕교육은 사람들이 서로에게, 그리고 인간 이외의 생명체와 지구에 대해 행하는 잔혹하고 폭력적인 행동의 부도덕성을 분석하고 반박한다. 또한 변혁적 도덕교육은 "인간의 유대감뿐 아니라 사람들이 환경 속에 깊이 뿌리내리고 있으며, 무자비함이 아닌 경외심이 자연에 기인한다는 것을 인정하는 전체론적 평화 기반 세계관"에 토대를 두고 있다(Joseph & Mikel, 2014, p. 328). "변혁적 도덕교육은 … 단순히 도덕 원칙을 가르치는 것 이상이다." 이는 개인이 "사회를 변화시키기 위해" 도덕성을 내면화하고 "그러한 변화가 가능하다고 진심으로 믿는 것"을 의미한다(Laird, 2003, p. 47). 이러한 지향은 "인간 의식의 변화와 인간 사회의 변화"를 위한 교육을 제공한다. 즉, 이는 "사고방식, 세계관, 가치, 행동, 관계, 그리고 우리의 공적 질서를 구성하는 구조에 영향을 미치는 심오하고 지구적이며 문화적인 변화"를 이끌어내는 평화교육의 "변혁적 명령(imperative)"에 상응하는 것이다(Reardon 1988, p. x).

3.2 변혁적 커리큘럼과 교육학

변혁적 도덕교육은 윤리 기반 교육학과 커리큘럼을 지향하는 비판적 교육, 인권 교육, 생태정의 교육, 평화교육, 갈등 해결 교육, 세계교육, 그리고 환경교육을 수용한다. 이는 도덕적 행위의 가능성에 대한 이해와 각성의 심화를 촉진한다. 이러한 교육학을 사회와 과학 과목뿐 아니라 시, 연극, 문학, 그리고 다학문적 커리큘럼을 통해 접목할 기회는 많다. 변혁적 도덕교육을 위한 통합적 실천의 중요 사례 중 하나는 몬테소리(M. Montessori)의 철학을 따르는 학교에서 찾아볼 수 있다. 그의 철학은 "교육과 평화 간의 자연스러운 연관성을 이해하는 것"(Duckworth, 2006, p. 42), "아이들의 보편적 의식을 일깨우고 함양하는 것"(Gynther & Ahlquist, 2022, p. 9), 그리고 "아이들이 상상하고 시각화하는 능력을 활용하는 것"(p. 10)이다. 몬테소리 학교는 "평화와 사회정의에 대한 감수성을 함양"(Sutton, 2009, p. 24)하고 "생태학적 지속가능성 원칙"(p. 25)을 실천함으로써 커리큘럼 전반에 걸쳐 변혁적인 도덕교육을 구현하고 있다.

3.2.1 불의와 폭력에 대한 비판적 인식

불의와 폭력에 대한 비판적 지식을 가르치기 위해 학자들은 우리가 먼저 “폭력의 문화”(Jenkins, 2016) 또는 “폭력의 생태학”(인간의 상호작용, 담론, 그리고 자연과의 관계)을 인식해야 한다고 주장한다(Joseph & Mikel, 2014, p. 317). 이러한 인식은 의식의 변화와 궁극적인 도덕적 행위의 변화를 향한 중요한 단계가 된다.

> 공격성, 불화, 그리고 타인, 인간 이외의 생명체, 그리고 지구에 대한 습관적 지배에 주의를 기울이지 않는다면, 이러한 세계관이 표준화된 신념과 행동은 자연 질서의 일부처럼 보이고, 도덕적 감수성은 무뎌지며, 폭력은 의문의 여지 없이 도전받지 않은 채 방치된다. (Joseph & Mikel, 2014, p. 323)

폭력의 생태학이라는 개념은 “세상에는 인간들 사이에 잔혹한 폭력이 지속되고 있다”(Miller, 2003)는 사실과 “인간의 폭력이 지구, 생태계, 그리고 그곳에 서식하는 다양한 종에 파괴적인 영향을 미치고 있다는 것”(Harris & Mische, 2004, p. 171)을 함께 인식한다. 더욱이 학자들은 개인과 사회가 “개체론적, 기계론적이며 생태적으로 적대적인” 현대 패러다임에 어떻게 사로잡혀 있는지에 대한 인식을 제고하고, “이 패러다임이 인간의 인식과 행동을 지배하고 문화와 자연 세계에 잠재적 해악을 미칠 수 있다는 것”을 이해해야 한다고 주장한다(Joseph & Mikel, 2014, p. 323). 이와 같이, 그들은 우리가 “생태 위기를 근본적으로 문화적 위기, 즉 분리와 지배의 개념”에 기초한 “지배적인 서구의 기계론적 세계관의 직접적인 결과로 인식해야 한다”고 주장한다(Selby, 2000, p. 88). 경쟁, 자연에 대한 지배, 폭력의 수용에 대한 지배적인 믿음에 도전하기 위해서 교육자들은 비판적 교육학, 인권 교육, 생태정의 교육에 대한 폭넓은 연구를 활용할 수 있다.

비판적 교육학에 관한 문헌은 학생들이 사회 쟁점을 명명하고 탐구하며 "사회에서 자신의 역할에 의문을 제기하기 시작하는" 변화의 과정을 설명한다(Kirylo et al., 2010, p. 332). 따라서 이 커리큘럼은 "현재의 사회적, 정치적, 경제적 상황에 대한 비판적 인식과 모든 사람이 자유롭고 공정하며 인간적인 삶을 누릴 수 있도록 사회가 변화할 수 있다는 믿음"으로 이어진다(Windschitl & Joseph, 2011, p. 221). 따라서 학교는 "학생들이 학교, 직장, 그리고 지역사회에서 합법적인 영향력 시스템에 접근할 권리를 가진 사회적, 정치적 존재로서의 자신을 인식하도록 도와야 하며"(p. 223), "학생들이 개인적 능력 강화를 위한 변화와 행동을 지원하고 인간적이고 평등한 관계를 형성하도록 도와야 한다"(Veugelers, 2017, p. 420). 프레이리(P. Freire, 1985)의 교육학을 해방의 관점에서 바라보는 학자들은 이러한 커리큘럼의 지향을 새로운 의식과 변혁을 목표로 하는 해방적 교육학이라고 부른다.

인권 교육의 궁극적인 목표는 "모든 인권과 기본적 자유에 대한 보편적 존중과 준수를 증진"하고, "인권 침해를 예방"(Tibbitts, 2017, p. 71)하며, 특히 소외 계층의 인권을 보호하기 위해 "정부 차원의 변화를 촉구"(Brabeck & Rogers, 2000, p. 169)하는 것이다. 학생들은 "세계인권선언과 아동권리협약과 같은 인권 문서"(p. 168)를 연구함으로써 일반적인 불공평에서 벗어나 자신과 타인의 권리에 대한 지식을 습득할 수 있다. 더욱이, 이러한 접근 방식은 학생들로 하여금 전쟁, 잔혹함, 그리고 고통받는 사람들에게 공감하도록 하는 강력한 감정적 요소를 강조한다. 궁극적으로 젊은이들은 "인권 침해를 일으키는 환경(구조적 불평등, 빈곤, 세계화 등)을 이해하기 시작하면서" "비판적 연민"을 발달시킨다(Zembylas, 2017, p. 63). 이 커리큘럼은 학생들로 하여금 지식과 열망을 키우고 인권 침해를 근절하기 위한 행동을 취하게 한다는 점에서 "변혁적이고 해방적인 학습과 연관되어 있다"(Tibbittss, 2017, p. 74).

마지막으로, 생태정의 교육은 "지배 논리에 의해 조직된 세계관의 파괴적인 영향을 분석"(Lowenstein et al., 2010, p. 101)하며, 교사와 학생들에게 지역 학교와 지역 사회를 검토하여 "어떤 활동, 신념, 실천이 생명 시스템의 유지에 기여하고 어떤 것이 기여하지 못하는지"(p. 103)를 고려하도록 요구한다. 환경학자이자 활동가인 바우어스(C. A. Bowers, 2001)가 제시한 대로, 이러한 커리큘럼은 네 가지 핵심 주제를 포함하고 있다. 그것은 바로 "생태 및 문화 시스템의 지배와 억압에 대한 이해, 환경적 인종차별의 완화, 전통적인 생태 실천의 활성화, 그리고 미래 세대를 위해 자연 세계와 함께하는 지속가능성의 실행"이다(Brantmeier, 2013, p. 251). 예를 들어, 학생들은 "경제적, 사회적으로 소외된 사람들의 공동체에 독소를 폐기하는 것"(Bowers, 2006, p. 94)에 대해 배우고, "환경 공유지는 땅, 물, 공기, 그리고 지구를 공유하는 모든 생명체와 관계를 맺고 있다"(Lowenstein et al., 2010, p. 103)는 것을 인식해야 한다. 생태정의에 참여하여, 교육자는 학생들에게 "자기 효능감"과 "자신감, 주도성, 그리고 희망"을 심어줌으로써 그들이 환경 문제에 대해 "만연한 절망감과 무력감"에서 벗어나기를 바라고 있다(Bartlett et al., 2022, p. 3).[7]

---

7 [옮긴이 주] 바틀렛(Bartlett) 등의 연구에 따르면, 기후변화 교육은 기후변화 문제의 해결 기술과 능력을 키우는 것을 목표로 하는 것이다. 이를 달성하기 위해 교육자는 학생들에게 자신감, 주도성, 행위의 결과 변화를 가져올 수 있다는 희망을 가지게 하는 자기 효능감을 가르칠 필요가 있다. 우리가 생태정의의 관점에서 기후변화 교육을 하면, 학생들은 기후변화의 근본 원인, 집단행동과 타인 공감의 필요성을 이해하고 실천하는 것으로 나타났다. 이는 생태정의 교육이 기후 행동에 대한 참여와 권한 부여를 장려하기 위한 중요한 교육학적 접근 방식이 될 수 있음을 증명하고 있다.

3.2.2 상호 연결성과 평화의 인식

비판적 의식은 변혁적 도덕교육의 필수 요소이지만, 모든 생명체 간의 필수적인 연결성을 이해하고 평화에 기초한 세계관을 채택하지 않고서는 비판이 불완전하다. 궁극적으로 개인은 "폭력의 정당성을 받아들이기보다는 평화롭고 공평한 해결책을 상상해야 한다"(Joseph & Mikel, 2014, p. 328). 상호 연결성과 평화에 대한 인식의 함양을 위해 평화학, 갈등 해결 교육, 세계교육, 환경교육 등 다양한 커리큘럼 및 교수법 자료가 풍부하게 존재한다.

평화교육은 "폭력 문화의 변혁을 지향하는"(Jenkins, 2016, p. 1) 평화교육의 한 분야이며, 평화의 의미와 평화로움의 의미를 배우는 데 중점을 둔다. 학생들은 역사 및 현대의 사례를 통해 국가, 종교, 민족 집단 간의 갈등을 해결하기 위해 사람들이 어떻게 협력했는지 배운다. 평화교육 커리큘럼은 "군국주의와 전쟁의 위험 및 경험에 대해 비판적으로 고찰"하지만, "내면의 평화와 세계 평화의 의미"를 탐구하고 "평화에 대한 깊은 감정적 이해와 평화 구축에 헌신한 사람들과 그 행동에 대한 감사를 함양하는 것을 목표로 한다"(Joseph, 2011, p. 260). 교사와 학생들이 삶 속에서 평화를 깊이 이해할 수 있도록, 이 커리큘럼의 근본적인 지도법은 폭력에 대한 접근 방식을 세 가지 수준: 평화 유지, 평화 조성, 평화 구축의 수준으로 구분한다(Harris & Morrison, 2003). 이 틀은 평화를 (a) 단순히 폭력을 금지하는 것, (b) 갈등 해결의 기회를 제공하는 것, (c) 평화 문화를 조성하고 평화에 대한 열망을 자극하는 것으로 구분할 수 있도록 한다. 또한 평화교육 커리큘럼은 리어든(B. Reardon)의 소극적 평화와 적극적 평화에 대한 개념을 소개한다. 전자는 "무장 갈등의 예방 및/또는 전반적인 감소와 궁극적인 제거를 통해 달성되는 전쟁의 부재로 정의되고"(Reardon, 1988, p. 6),

후자는 "무력 공격의 근절뿐만 아니라 정의의 긍정적 확립을 수반하기 때문에" "소극적 평화를 포함하지만 이를 넘어서는 것이다"(Snauwaert, 2012, p. 47). 이러한 평화학은 "개인이 먼저 비폭력을 받아들이고, 사회정의에 헌신하며, 비폭력의 기술을 배우고, 궁극적으로 평화의 세상을 상상하는 연속선 위에서 보는 관점"일 수 있다고 말한다(Joseph, 2011, p. 247).

갈등 해결 교육은 본질적으로 평화학의 일부이지만, 교육 문헌에서 독특한 분야로 자리 잡고 있으며 학교에서 독립적으로 가르치는 경우가 많다. 하크보르트는 "갈등에 처한 아동이 발달과 학습의 과정에 있다"는 점을 분명히 밝히며, 어른들이 갈등을 제거하거나 해결하려 할 때 "성장과 학습의 기회를 박탈할 수 있음"을 경고한다(Hakvoort, 2010, p. 160). 이러한 성장과 학습은 관점 채택, 연민, 협상, 협력적 문제 해결을 포함하는 "갈등 해결 교육의 핵심 영역"을 반영한다(p. 159). 또한, "갈등 해결은 학생들에게 자신과 타인의 감정을 인식하고 표현할 기회를 제공하며", 도덕적 추론과 공감 능력을 향상시킨다(Heydenberk et al., 2003, p. 29). 무엇보다도 갈등 해결 교육은 개인이 타인을 단순한 "적대자"가 아닌 인간으로 인식하도록 돕고, "나-그것의 관계에서 나-너의 관계로 전환"하고 "싸움에 쏟는 에너지를 소통, 공감, 창의성, 그리고 해결로 전환"하도록 가르친다(Cremin & Guilherme, 2016, p. 1131). 이러한 기술과 변화된 인식은 개인이 평화롭게 살 수 있도록 도와주며 갈등이 반드시 파괴적인 것만은 아니라는 점을 인식하게 한다.

갈등 해결보다 더 넓은 차원에서, 세계교육은 대화와 차이에 대한 존중(Hull & Hellmich, 2018, p. 6)뿐만 아니라 "세계의 상호 연결성"(Barrow, 2017, p. 164)에도 초점을 맞춘다. 세계교육의 목표는 "전망적 의식", "세계 상황에 대한 인식", "세계의 다양한 가치 체계와 사회 구조에 대한 범문화적 인식", "세계 시스템적 역학"에 대한 이해, 그리고 "현재의 경영 방식에 대한 선택 혹은 대안에 대한 인식"을 포함한다(Cook, 2008, p. 894). 지구촌이라는 은유를 바탕으로, 세계교육은 세계 공동체에 대한 연구와 참여, 상호의존성, 그리고 모든 인간과 지구의 "삶의 질 향상"을 포함한다(Hendrix, 1998, p. 305). 또한 다문화 이해와 평화로운 공존을 강조하며 국제 사회의 문제와 관계를 고찰한다. 더욱이, 세계교육은 학생들에게 "문화적, 국가적, 지역적, 그리고 세계 정체성이 어떻게 상호 연관되고 복잡하며 진화하는지"를 이해하도록 돕는다(Banks, 2009, p. 108).

마지막으로, 환경교육은 생태정의 교육처럼 여러 가정(생태의식과 탈인간중심적 세계관의 필연성)을 공유한다. 하지만 환경교육은 지식과 감정을 포괄하는 더 광범위하고 전체론적인 연구 분야이다. 이러한 지향의 핵심 주제가 환경 리터러시이다. 환경 리터러시 교육은 "사람들이 주요 환경 문제를 효과적으로 분석하고 해결하는 데 필요한 지식, 태도, 성향, 그리고 능력을 갖추도록 돕는 것"을 의미한다(Stern et al., 2014, p. 581). 두 번째 주제인 환경적 지속가능성은 "경제 개발과 환경 보존 간의 조화 필요성"(Tilbury, 1995, p. 197)을 인식시키고 학생들이 다양한 대안을 고려할 수 있는 분석 능력을 기르는 데 중점을 둔다(p. 207). 세 번째 주제인 상호 연결성은 "인간을 자연계의 일부로 보는"(Smith & Williams, 1999, p. 139) 관점을 확장하여 자연과의 깊은 상호연관성과 영적 유대감을 함양하는 데 중점을 둔다. 환경교육 프로그램을 연구하는 학자들은 자연과의 일체감이 매우 중요하며(Moroye & Ingman, 2013), 이는 환경 지식보다 행동에 더 큰 영향을 미칠 수 있음을 인식하고 있다(Otto & Pensini, 2017, p. 89). 이러한 맥락에서 자연에 대한 사랑은 환경을 배우고 보호하려는 욕구를 불러일으킨다. 따라서 젊은이들이 "자연에 대한 경이로움을 키울 수 있도록" "장소와 경관에 머무를 수 있는"(Bonnett, 2023, p. 836, 837) 지속적인 기회를 갖는 것이 필수적이다.

결론적으로, 모든 도덕교육 접근법 중에 변혁적 도덕교육은 개념적으로 가장 복잡한 접근법이다. 이는 다양한 커리큘럼 영역만 아니라 어렵고 모순적인 인식과 감정을 동시에 수용해야 하므로, 학생들은 변혁적 도덕교육을 경험하면서 새로운 감각과 감정을 경험하거나 더욱 강렬해질 수 있다. 한편으로 학생들은 해악과 불의에 대한 인식이 깊어지면서 좌절과 분노를 느낄 수도 있다(Purpel, 1999; Zembylas, 2021). 다른 한편으로 학생들은 평화로운 관계 형성과 환경 보전에 적극 참여함으로써 "사랑과 연민, 인내, 그리고 조화의 감각"(Whang & Peralta Nash, 2005, p. 89)을 경험할 수도 있고, 영적 성장 과정에서의 평화로움(McFarland, 2004)을 경험할 수도 있다.

참고문헌

Ajayi, A., & Iwuagwu, S.(2012). Reflection on moral education in Igbo folktale. *Journal of Qualitative Education*, 8(2), 1-6.

Alexander, H. A.(2001). God as teacher: Jewish reflections on a theology of pedagogy. *Journal of Beliefs and Values*, 22(1), 5-17.

Anzai, S.(2015). Re-examining patriotism in Japanese education: analysis of Japanese elementary school moral readers. *Educational Review*, 67(4), 436-458.

Araújo, U., & Arantes, V.(2009). The Ethics and Citizenship Program: A Brazilian experience in moral education. *Journal of Moral Education*,

38(4), 489-511.

Armstrong, J.(2000). A holistic education, teachings from the Dance House: We cannot afford to lose one Native child. In M. K. A. Nee-Benham & J. E. Cooper, J. E.(Eds.), *Indigenous educational models for contemporary practice: In our mothers' voice* (pp. 35-44). Routledge.

Arthur, J.(2005). The re-emergence of character education in British education policy. *British Journal of Educational Studies*, 53(3), 239-254.

Arthur, J., Kristjánsson, K., Walker, D., Sanderse, W., & Jones, C.(2015). Character education in UK schools. *The Jubilee Center for Character & Virtues*. University of Birmingham UK.

Bamkin, S.(2018). Reforms to strengthen moral education in Japan: A preliminary analysis of implementation in schools. *Contemporary Japan*, 30(1), 78-96.

Bamkin, S.(2020). The taught curriculum of moral education at Japanese elementary school: the role of classtime in the broad curriculum. *Contemporary Japan*, 32(2), 218-239.

Banks, J.(2009). Human rights, diversity, and citizenship education. *Educational Forum*, 73(2), 100-110.

Barrow, E.(2017). No global citizenship? Re-envisioning global citizenship education in times of growing nationalism. *The High School Journal*, 100(3), 163-165.

Barrow, R.(2006). Moral education's modest agenda. *Ethics and Education*, 1(1), 3-13.

Bartlett, M. L., Larson, J., & Lee, S.(2022). Environmental justice pedagogies and self-efficacy for climate action. *Sustainability*, 14(22),

1-16.

Bennett, W. J.(Ed.)(1993). *Book of Virtues*. Simon and Schuster.

Berkowitz, M. W., & Bier, M. C.(2004). Research-based character education. *The Annals of the American Academy of Political and Social Science*, 591(1), 72-85.

Bermudez, A.(2015). Four tools for critical inquiry in history, social studies, and civic education. *Revista de Estudios Sociales*, 52, 102-118.

Bleazby, J.(2012). Dewey's Notion of Imagination in Philosophy for Children. *Education and Culture*, 28(2), 95-117.

Bonnett, M.(2023). Environmental consciousness, nature, and the philosophy of education: Some key themes. *Environmental Education Research*, 29(6), 829-839.

Bowers, C. A.(2006). *Transforming Environmental Education: Making the Cultural and Environmental Commons the Focus of Educational Reform*. Ecojustice Press.

Boyles, D.(2005). Would you like values with that? Chick-fil-A and character education. *Journal of Curriculum Theorizing*, 21(2), 45-62.

Brabeck, M. M., & Rogers, L.(2000). Human rights as a moral issue: Lessons for moral educators from human rights work. *Journal of Moral Education*, 29(2), 167-182.

Brantmeier, E. J.(2013). Toward a critical peace education for sustainability. *Journal of Peace Education*, 10(3), 242-258.

Byrd, D.(2012). Social studies education as a moral activity: Teaching towards a just society. *Educational Philosophy and Theory*, 44(10), 1073-1079.

Cam, P.(2014). Philosophy for children, values education and the inquiring society. *Educational Philosophy and Theory*, 46(11), 1203–1211.

Cam, P.(2016). A philosophical approach to moral education. *Journal of Philosophy in Schools*, 3(1), 5–15.

Carr, D.(2005). On the contribution of literature and the arts to the educational cultivation of moral virtue, feeling and emotion. *Journal of Moral Education*, 34(2), 137–151.

Cassidy, C.(2012). Philosophy with children: Learning to live well. *Childhood & Philosophy*, 8(16), 243–264.

Cassidy, C.(2022). Philosophy with children as and for moral education. In D. Mendonça & F. F. Figueiredo(Eds.), *Conceptions of childhood and moral education in philosophy for children* (pp. 13–28). Springer Berlin Heidelberg.

Character Counts.(2023). *The six pillars of character*. https://charactercounts.org/

Chazan, B.(2022). *Principles and pedagogies in Jewish education*. Springer Nature.

Chetty, D.(2018). Racism as 'reasonableness': Philosophy for children and the gated community of inquiry. *Ethics and Education*, 13(1), 39–54.

Cook, S. A.(2008). Give peace a chance: The diminution of peace in global education in the United States, United Kingdom, and Canada. *Canadian Journal of Education*, 31(4), 878–913.

Cremin, H., & Guilherme, A.(2016). Violence in schools: Perspectives (and hope) from Galtung and Buber. *Educational Philosophy and Theory*, 48(11), 1123–1137.

Cuypers, S. E.(2004). The ideal of a Catholic education in a secularized society. *Journal of Catholic Education*, 7(4), 426–445.

D'Olimpio, L.(2021). Critical perspectivism: Educating for a moral response to media. *Journal of Moral Education*, 50(1), 92–103.

Dei, G. J. S.(2002). Spirituality in African education: Issues, contentions and contestations from a Ghanaian case study. *International Journal of Children's spirituality*, 7(1), 37–56.

Dewey, J.(1908/1996). *Theory of the moral life*. Irvington.

Drane, R., & Higham, R.(2023). From polite agreement to passionate uncertainty: "Turning towards difference." In J. Biddulph, L. Rolls & J. Flutter(Eds.), *Philosophy for children (P4C) lessons. Unleashing children's voices in new democratic primary education* (pp. 160–175). Routledge.

Duckworth, C.(2006). Teaching peace: a dialogue on the Montessori method. *Journal of Peace Education*, 3(1), 39–53.

Echeverria, E., & Hannam, P.(2016). The community of philosophical inquiry (P4C): A pedagogical proposal for advancing democracy. In *The Routledge international handbook of philosophy for children* (pp. 3–10). Routledge.

Efron, S. E.(2008). Moral education between hope and hopelessness: The legacy of Janusz Korczak. *Curriculum Inquiry*, 38(1), 39–62.

Efron, S. G.(1994). Old wine, new bottles: Traditional moral education in the contemporary Jewish classroom. *Religious Education*, 89(1), 52–66.

El-Moslimany, A.(2018). *Teaching children: A moral, spiritual, and holistic approach to educational development*. International Institute of Islamic Thought (IIIT).

Etzioni, A.(1993). *The spirit of community: The reinvention of American society*. Touchstone.

Fonda, M. V.(2011). Are they like us, yet? Some thoughts on why religious freedom remains elusive for Aboriginals in North America. *The International Indigenous Policy Journal*, 2(4), 1-15.

Freire, P.(1985). *The politics of education. Culture, power and liberation*. Bergin & Garvey.

Frisancho, S., & Delgado, G. E.(2018). Moral education as intercultural moral education. *Intercultural Education*, 29(1), 18-39.

Garrecht, C., Czinczel, B., Kretschmann, M., & Reiss, M. J.(2022). "Should we be doing it, should we not be doing it, who could be harmed?" Addressing ethical issues in science education. *Science & Education*, 1-33. https://doi.org/10.1007/s11191-022-00342-2

Glanzer, P. L.(2000). Finding the gods in public schools: A Christian deconstruction of character education. *Journal of Education and Christian Belief*, 4(2), 115-130.

Glanzer, P. L.(2008). Harry Potter's provocative moral world: Is there a place for good and evil in moral education?. *Phi Delta Kappan*, 89(7), 525-528.

Gordon, M.(2018). Lying in politics: Fake news, alternative facts, and the challenges for deliberative civics education. *Educational Theory*, 68(1), 49-64.

Grant, R. W.(1996). The ethics of talk: Classroom conversation and democratic politics. *Teachers College Record*, 97(3), 470-482.

Green, T.(1999). *Voices: The educational formation of conscience*. University of Notre Dame Press.

Greer, C., & Kohl, H.(Eds.)(1995). *A Call to character: A family treasury: of stories, poems, plays, proverbs, and fables to guide the development of values for you and your children*. HarperCollins.

Gynther, P., & Ahlquist, E. M. T.(2022). Education for sustainability and global citizenship for 6-12-year-olds in Montessori education. *Journal of Education for Sustainable Development*, 16(1-2), 5-18.

Hakvoort, I.(2010). The conflict pyramid: A holistic approach to structuring conflict resolution in schools. *Journal of Peace Education*, 7(2), 157-169.

Halstead, J. M.(2007). Islamic values: a distinctive framework for moral education?. *Journal of Moral Education*, 36(3), 283-296.

Han, H., Park, S. C., Kim, J., Jeong, C., Kunii, Y., & Kim, S.(2018). A quantitative analysis of moral exemplars presented in moral education textbooks in Korea and Japan. *Asia Pacific Journal of Education*, 38(1), 62-77.

Handsman, E.(2021). From virtue to grit: Changes in character education narratives in the US from 1985 to 2016. *Qualitative Sociology*, 44, 271-291.

Harris, I., & Mische, P.(2004). Environmental peacemaking, peacekeeping, and peacebuilding: Integrating education for ecological balance and a sustainable peace. In A. L. Wenden(Ed.), *Educating for a culture of social and ecological peace* (pp. 69-182). State University of New York Press.

Harris, I., & Morrison, M. L.(2003). *Peace education* (2nd ed.). McFarland and Company.

Heilbronn, R.(2021). Teaching literature in schools for democratic citizenship. In G. W. Noblit & J. R. Neikirk (Eds.), *Oxford research encyclopedia of education*. Oxford University Press. https://doi.org/10.1093/acrefore/9780190264093.013.1478

Hendrix, J. C.(1998). Globalizing the curriculum. *The Clearing House*, 71(5), 305–308.

Hendry, J.(2003). Mining the sacred mountain: The clash between the Western dualistic framework and Native American religions. *Multicultural Perspectives*, 5(1), 3–10.

Heydenberk, W. R., Heydenberk, R. A., & Bailey, S. P.(2003). Conflict resolution and moral reasoning. *Conflict Resolution Quarterly*, 21(1), 27–45.

Howard, R. W., Berkowitz, M. W., & Schaeffer, E. F.(2004). Politics of character education. *Educational Policy*, 18(1), 188–215.

Hull, G. A., & Hellmich, E. A.(2018). Locating the global: Schooling in an interconnected world. *Teachers College Record*, 120(3), 1–36.

Hunter, J. D.(2002). Virtue on the cheap. *Society*, 39(3), 42–53.

Hunter, J. D.(2008). *The death of character: Moral education in an age without good or evil*. Basic Books.

Hussain, K.(2007). An Islamic consideration of western moral education: An exploration of the individual. *Journal of Moral Education*, 36(3), 297–308.

Ikuenobe, P.(2018). Oral tradition, epistemic dependence, and knowledge in African cultures. *Synthesis Philosophica*, 33(1), 23–40.

Jaramillo, R., & Mesa, J. A.(2009). Citizenship education as a response to Colombia's social and political context. *Journal of Moral Education*, 38(4), 467–487.

Jenkins, T.(2016). Transformative peace pedagogy: Fostering a reflective, critical, and inclusive praxis for peace studies. *Factis Pax*, 10(1), 1–7.

Joseph, P. B.(2011). Envisioning peace. In P. B. Joseph(Ed.), *Cultures of curriculum* (pp. 260–296). Routledge.

Joseph, P. B., & Efron, S.(2005). Seven worlds of moral education. *Phi Delta Kappan*, 86(7), 525–533.

Joseph, P. B., & Mikel, E.(2014). Transformative moral education: Challenging an ecology of violence. *Journal of Peace Education*, 11(3), 317–333.

Kawagley, A. O., & Barnhardt, R.(1999). Education indigenous to place: Western science meets native reality. In G. Smith and D. Williams (Eds.), *Ecological education in action: On weaving education, culture, and the environment* (pp. 117–140). State University of New York Press.

Kirylo, J. D., Thirumurthy, V., Smith, M., & McLaren, P.(2010). Issues in education: Critical pedagogy: An overview. *Childhood Education*, 86(5), 332–334.

Koc, K., & Buzzelli, C. A.(2004). The moral of the story is … Using children's literature in moral education. *Young Children*, 59(1), 92–97.

Kohlberg, L.(1975). The cognitive-developmental approach to moral education. *Phi Delta Kappan*, 56(10), 670–677.

Kohn, A.(1997). How not to teach values: A critical look at character education. *Phi Delta Kappan*, 78(6), 428–439.

Kristjánsson, K.(2021). Recent attacks on character education in a UK context: a case of mistaken identities?. *Journal of Beliefs & Values*, 42(3), 363–377.

Laats, A.(2010). Forging a fundamentalist "One Best System": Struggles over curriculum and educational philosophy for Christian day schools, 1970–1989. *History of Education Quarterly*, 50(1), 55–83.

Laird, P. G.(2003). Bridging the divide: The role of perceived control in mediating reasoning and activism. *Journal of Moral Education*, 32(1), 35–49.

Le Grange, L.(2012). Ubuntu, ukama, environment and moral education. *Journal of Moral Education*, 41(3), 329–340.

Lee, C. M.(2004). Changes and challenges for moral education in Taiwan. *Journal of Moral Education*, 33(4), 575–595.

Lee, D. B., & Wang, Q.(2023). Portrayal of the national identity in Chinese language textbooks. *Journal of Curriculum Studies*, 1–16. https://doi.org/10.1080/00220272.2023.2181672

Lee, L., & Misco, T.(2014). All for one or one for all: An analysis of the concepts of patriotism and others in multicultural Korea through elementary moral education textbooks. *The Asia-Pacific Education Researcher*, 23, 727–734.

Lin, J. C., & Jackson, L.(2022). Patriotism in moral education: Toward a rational approach in China. *Journal of Moral Education*, 1–19.

Lind, G.(2006). Effective moral education: The Konstanz method of dilemma discussion. *Hellenic Journal of Psychology*, 3(3), 189–196.

Lipman, M.(1995). Moral education higher-order thinking and philosophy for children. *Early Child Development and Care*, 107(1), 61–70.

Lipman, M., & Sharp, A. M.(1978). Some educational presuppositions of philosophy for children. *Oxford Review of Education*, 4(1), 85–90.

Lovat, T., & Dally, K.(2018). Testing and measuring the impact of character education on the learning environment and its outcomes, *Journal of Character Education*, 14(2), 1–22.

Lowenstein, E., Martusewicz, R., & Voelker, L.(2010). Developing teachers' capacity for ecojustice education and community-based learning. *Teacher Education Quarterly*, 37(4), 99–118.

Manfra, M., & Holmes, C.(2020). Integrating media literacy in social studies teacher education. *Contemporary Issues in Technology and Teacher Education*, 20(1), 121–141.

Mawasi, A., Nagy, P., Finn, E., & Wylie, R.(2022). Using Frankenstein-themed science activities for science ethics education: An exploratory study. *Journal of Moral Education*, 51(3), 353–369.

McAvoy, P., & Hess, D.(2013). Classroom deliberation in an era of political polarization. *Curriculum Inquiry*, 43(1), 14–47.

McClellan, B. E.(1999). *Moral education in America: Schools and the shaping of character from colonial times to the present*. Teachers College Press.

McFarland, S.(2004). Educating for peace: A Montessori best practice. *Montessori Life*, 16(4), 24.

McGinley, W., Kamberelis, G., Welker, A., Kelly, M., & Swafford,

J.(2017). Roles of affect and imagination in reading and responding to literature: Perspectives and possibilities for English classrooms. *Journal of Curriculum Theorizing*, 32(1), 67–85.

McKinnell, L.(2019). The ethics of enchantment: The role of folk tales and fairy tales in the ethical imagination. *Philosophy and Literature*, 43(1), 192–209.

McNally, M. D.(2017). Religion as peoplehood: Native American religious traditions and the discourse of indigenous rights. In G. Johnson & S. E. Kraft(Eds.), *Handbook of indigenous religion(s)* (pp. 52–79). Brill.

Memon, N. A., & Alhashmi, M.(2018). Islamic pedagogy: Potential and perspective. *Islamic schooling in the West: Pathways to renewal*, (pp. 169–194).

Metz, T., & Gaie, J. B.(2010). The African ethic of Ubuntu/Botho: Implications for research on morality. *Journal of Moral Education*, 39(3), 273–290.

Miller, R.(2003). Education for a culture of peace. *Encounter*, 16(2), 25–30.

Millett, S., & Tapper, A.(2012). Benefits of collaborative philosophical inquiry in schools. *Educational Philosophy and Theory*, 44(5), 546–567.

Milligan, A., Gibson, L., & Peck, C. L.(2018). Enriching ethical judgments in history education. *Theory & Research in Social Education*, 46(3), 449–479.

Mizell, K.(2015). Philosophy for children, community of inquiry, and human rights education. *Childhood & Philosophy*, 11(22), 319-328.

Moreno-Gutiérrez, M. C., & Frisancho, S.(2009). Transitions to democracy: the role of moral and citizenship education in Latin America. *Journal of Moral Education*, 38(4), 391-406.

Moroye, C. M., & Ingman, B. C.(2013). Ecological mindedness across the curriculum. *Curriculum Inquiry*, 43(5), 588-612.

Narvaez, D.(2010). Moral complexity: The fatal attraction of truthiness and the importance of mature moral functioning. *Perspectives on Psychological Science*, 5(2), 163-181.

Narvaez, D.(2016). Revitalizing human virtue by restoring organic morality. *Journal of Moral Education*, 45(3), 223-238.

Nash, R. J.(1996). Fostering moral conversations in the college classroom. *Journal on Excellence in College Teaching*, 7(1), 83-105.

Nash, R. J.(1997). *Answering the "virtuecrats": A moral conversation on character education*. Teachers College Press.

Niigaaniin, M., & MacNeill, T.(2022). Indigenous culture and nature relatedness: Results from a collaborative study. *Environmental Development*, 44, 1-15.

Noddings, N.(2002). *Educating moral people: A caring alternative to character education*. Teachers College Press.

Nucci, L.(2006). Classroom management for moral and social development. In C. M. Evertson & C. S. Weinstein(Eds.), *Handbook of classroom management* (pp. 721-742). Lawrence Erlbaum.

Nucci, L.(2016). Recovering the role of reasoning in moral education to address inequity and social justice. *Journal of Moral Education*, 1-17.

Nussbaum, M. C.(1994). Divided we stand. *New Republic*, 210(2–3), 38–42.

Nuzzi, R. J.(2004). Spirituality and religious education. In T. C. Hunt, E. A. Joseph, & R. J. Nuzzi(Eds.), *Handbook of research on Catholic education* (pp. 65–82). Greenwood.

O'Dwyer, S.(2003). Democracy and Confucian values. *Philosophy East and West*, 53(1), 39–63.

Obiagu, A. N.(2023). Toward a decolonized moral education for social justice in Africa. *Journal of Black Studies*, 54(3), 236–263.

Otto, S., & Pensini, P.(2017). Nature-based environmental education of children: Environmental knowledge and connectedness to nature, together, are related to ecological behaviour. *Global Environmental Change*, 47, 88–94.

Ozhiganova, A.(2019). "Spiritual and moral education" in Russian public schools: Constructing a neo-traditionalist identity. *Forum for International Research in Education*, 5(1), 107–125.

Pashby, K., Ingram, L. A., & Joshee, R.(2014). Discovering, recovering, and covering-up Canada: Tracing historical citizenship discourses in K–12 and adult immigrant citizenship education. *Canadian Journal of Education*, 37(2), 1–26.

Pritchard, M.(2022). Philosophy for children. In E. N Zalta(Ed.), *The Stanford encyclopedia of philosophy*, hups://plato.stanford.edu/archives/sum2022/entries/children

Purpel, D. E.(1991). Moral education: An idea whose time has gone. *The Clearing House*, 64(5), 309–312.

Purpel, D. E.(1999). *Moral outrage in education*. Peter Lang.

Rapoport, A.(2009). Patriotic education in Russia: Stylistic move or a sign of substantive counter-reform?. *The Educational Forum*, 73(2), 141-152.

Reardon, B. A.(1988). *Comprehensive peace education: Educating for global responsibility*. Teachers College Press.

Reetz, D.(2010). From madrasa to University: The challenges and formats of Islamic Education. In A. S. Ahmed & T. Sonn(Eds). *The Sage handbook of Islamic studies* (pp. 106-139). Sage Publishing.

Rehren, P., & Sauer, H.(2022). Another brick in the wall? Moral education, social learning, and moral progress. *Ethical Theory and Moral Practice*, 1-16.

Saunders, K. J., & Rennie, L. J.(2013). A pedagogical model for ethical inquiry into socioscientific issues in science. *Research in Science Education*, 43, 253-274.

Schen, M., & Gilmore, B.(2009). Lighting the moral imagination. *Educational Leadership*, 66(8), 59-63.

Schuitema, J., Dam, G. T., & Veugelers, W.(2008). Teaching strategies for moral education: A review. *Journal of Curriculum Studies*, 40(1), 69-89.

Schwab, J. J.(1973). The practical 3: Translation into curriculum. *The School Review*, 81(4), 501-522.

Sears, A., & Parsons, J.(1991). Towards critical thinking as an ethic. *Theory & Research in Social Education*, 19(1), 45-68.

Seider, S.(2012). *Character compass: How powerful school culture can point students toward success*. Harvard Education Press.

Selby, D.(2000). A darker shade of green: The importance of ecological thinking in global education and school reform. *Theory Into Practice*, 39(2), 88-89.

Shannon, P.(1997). Childhoods without children. *The Review of Education/Pedagogy/Cultural Studies*, 19(1), 151-166.

Shapiro, S.(2005). Elements of Jewish pedagogy. *Journal of Curriculum and Pedagogy*, 2(2), 24-29.

Sharp, A. M.(1984). Philosophical teaching as moral education. *Journal of Moral Education*, 13(1), 3-8.

Sharp, A. M.(2007). Education of the emotions in the classroom community of inquiry. *Gifted Education International*, 22(2-3), 248-257.

Shin, S., & Koh, M. S.(2005). Korean education in cultural context. *Essays in education*, 14(1), 1-10.

Sim, J. B. Y., & Chow, L. T.(2019). Confucian thinking in Singapore's citizenship education. *Journal of Moral Education*, 48(4), 465-482.

Simon, K. G.(2001). *Moral questions in the classroom: How to get kids to think deeply about real life and their schoolwork*. Yale University Press.

Smith, B. H.(2013). School-based character education in the United States. *Childhood Education*, 89(6), 350-355.

Smith, G., & Williams, D.(1999). Ecological education: Extending the definition of environmental education. *Australian Journal of Environmental Education*, 15, 139-146.

Snauwaert, D. T.(2012). Betty Reardon's conception of "peace" and its implications for a philosophy of peace education. *Peace Studies Journal*, 5(3), 45–52.

Spohrer, K.(2021). Resilience, self-discipline and good deeds-Examining enactments of character education in English secondary schools. *Pedagogy, Culture & Society*, 1–20. https://doi.org/10.1080/14681366.2021.2007986

Stern, M. J., Powell, R. B., & Hill, D.(2014). Environmental education program evaluation in the new millennium: What do we measure and what have we learned?. *Environmental Education Research*, 20(5), 581–611.

Strom, M. S., Sleeper, M., & Johnson, M.(1992). Facing History and Ourselves: A synthesis of history and ethics in effective history education. In A. Garrod(Ed.), *Learning for life: Moral education theory and practice* (pp. 131–153). Praeger.

Suina, S.(2000). Linking native people around the spirituality of all life: "The gifts of our grandmothers and grandfathers." In M. K. A. Nee-Benham & J. E. Cooper, J. E.(Eds.), *Indigenous educational models for contemporary practice: In our mother's voice* (pp. 93–100). Routledge.

Suissa, J.(2015). Character education and the disappearance of the political. *Ethics and Education*, 10(1), 105–117.

Sutton, A.(2009). Educating for ecological sustainability: Montessori education leads the way. *Montessori Life*, 21(4), 18–25.

Swartz, R.(1992). Teaching moral reasoning in the standard curriculum. In A. Garrod(Ed.), *Learning for life: Moral education theory and *practice* (pp. 107-130). Praeger.

Tan, C., & Wong, Y. L.(2010). Moral education for young people in Singapore: Philosophy, policy and prospects. *Journal of Youth Studies*, 13(2), 89-102.

Taylor, N.(2018). The return of character: Parallels between late-Victorian and twenty-first century discourses. *Sociological Research Online*, 23(2), 399-415.

Thoma, S., & Walker, D. I.(2017). Moral and character education. In G. W. Noblit(Ed.), *The Oxford research encyclopedia of education*. Oxford University Press. https://doi.org/10.1093/acrefore/9780190264093.013.119

Tibbitts, F.(2017). Evolution of human rights education models. In M. Bajaj(Ed.), *Human rights education: Theory, research, praxis* (pp. 69-95). University of Pennsylvania Press.

Tilbury, D.(1995). Environmental education for sustainability: Defining the new focus of environmental education in the 1990s. *Environmental Education Research*, 1(2), 195-212.

Toffolo, C., & Harris, I.(2011). On the relationship of peace education to moral education. In J. L. DeVitis & T. Yu(Eds.), *Character and moral education: A reader* (pp. 369-381). Peter Lang.

Tuwe, K.(2016). The African oral tradition paradigm of storytelling as a methodological framework: Employment experiences for African communities in New Zealand. In *African studies association of Australasia and the Pacific (AFSAAP) proceedings of the 38th AFSAAP conference: 21st century tensions and transformation in Africa*. Deakin University.

Udeani, C. C.(2008). Traditional African spirituality and ethics–A panacea to leadership crisis and corruption in Africa?, *Phronimon*, 9(2), 65–72.

van der Leij, T., Goedhart, M., Avraamidou, L., & Wals, A.(2023). High school biology students' use of values in their moral argumentation and decision–making. *Journal of Moral Education*, 1–24.

Veugelers, W.(2017). The moral in Paulo Freire's educational work: What moral education can learn from Paulo Freire. *Journal of Moral Education*, 46(4), 412–421.

Wansheng, Z., & Wujie, N.(2004). The moral education curriculum for junior high schools in 21st century China. *Journal of Moral Education*, 33(4), 511–532.

Watson, M.(2008). Developmental discipline and moral education. In L. P. Nucci, & D. Narvaez(Eds.), *Handbook of moral and character education* (pp. 175–203). Routledge.

Whang, P. A., & Peralta Nash, C.(2005). Reclaiming compassion: Getting to the heart and soul of teacher education. *Journal of Peace Education*, 2(1), 79–92.

Wilhelm, G. M., & Firmin, M. W.(2008). Character education: Christian education perspectives. *Journal of Research on Christian Education*, 17(2), 182–198.

Windschitl, M. A., & Joseph, P. B.(2011). Confronting the dominant order. In P. B. Joseph(Ed.), *Cultures of curriculum* (pp. 219–243). Routledge.

Winton, S.(2008). Character education: Implications for critical democracy. *International Critical Childhood Policy Studies Journal*, 1(1), 42–63.

Wong, M. Y.(2021). Beyond asking "should" and "why" questions: Contextualised questioning techniques for moral discussions in moral education classes. *Journal of Moral Education*, 50(3), 368–383.

Wu, M.(2017). Moral education and the aboriginal peoples of Taiwan: From Sinocentrism to the ethic of multiculturalism. *Journal of Moral Education*, 46(1), 69–78.

Wynne, E., & Ryan, K.(1993). *Reclaiming our schools: A handbook on teaching characters, academics, and discipline*. Macmillan.

Yacek, D. W.(2020). Should education be transformative?. *Journal of Moral Education*, 49(2), 257–274.

Yazzie-Mintz, T.(2011). Sustaining indigenous traditions. In P. B. Joseph (Ed.), *Cultures of curriculum* (pp. 190–211). Routledge.

Yu, T.(2004). *In the name of morality: Character education and political control*. Peter Lang.

Yu, T.(2008). The revival of Confucianism in Chinese schools: A historical-political review. *Asia Pacific Journal of Education*, 28(2), 113–129.

Zeidler, D. L., Sadler, T. D., Simmons, M. L., & Howes, E. V.(2005). Beyond STS: A research-based framework for socioscientific issues education. *Science Education*, 89(3), 357–377.

Zembylas, M.(2017). Emotions, critical pedagogy, and human rights education. In M. Bajaj(Ed.), *Human rights education: Theory, research, practice* (pp. 47–68). University of Pennsylvania Press.

Zembylas, M.(2021). Encouraging moral outrage in education: A pedagogical goal for social justice or not?. *Ethics and Education*, 16(4), 424–439.

Zulkifli, H., & Hashim, R.(2019). Moral reasoning stages through Hikmah (Wisdom) pedagogy in moral education. *International Journal of Academic Research in Progressive Education and Development*, 8(4), 886–899.

8장 윤리적 교사와 도덕적 상상력

> 교사가 비판적 의식을 갖추지 못하고, 자신의 가치와 헌신, 그리고 그 가치와 헌신을 뒷받침하는 환경에 대해 깨어 있지 못하고, 자신이 가르치는 과목과 주변 세계에 개인적으로 관여하지 않는다면, 어떻게 젊은이들에게 비판적 질문이나 도덕적 삶을 가르칠 수 있을지 모르겠습니다.
>
> —맥신 그린(1978), 『학습 풍경』, p. 48.

많은 학자들은 교직(Teaching)을 도덕적 전문성(Hansen, 1998; Huebner, 1996), 도덕적 노력(Edling & Frelin, 2016; Klassen et al., 2016), 도덕적 실천(Pring, 2001), 그리고 도덕적 기술(Tom, 1980)로 설명한다. 그들은 교직에는 도덕적 감수성(Chubbuck et al., 2007), 윤리적 인식(Campbell, 2006), 그리고 도덕적 행위 능력(Bergem, 1990; Campbell, 2014)이 필요하다고 주장한다. 도덕적 전문직으로서의 교직이 가지는 두 가지 핵심적인 특성은 다음의 연구와 일치한다. 첫째, 교육사, 사회학, 그리고 교사교육 분야에서는 교사가 높은 도덕적 기준을 유지하기 위해 공동체적, 전문적 기준을 충족해야 한다는 것을 보여준다. 둘째, 인터뷰와 성찰적 저널을 포함한 실석 연구는 교사 자신의 동기, 자기 업무의 도덕적 본질, 그리고 윤리적 딜레마에 대한 인식을 기술하고 있다.

이 장에서는 교사의 삶과 업무의 도덕적 지형을 조명하는 개념과 쟁점을 탐구한다. 교사가 윤리 전문가가 되는 데 영향을 미치는 요인들을 설명하고, 교사가 된 동기, 가치와 헌신, 업무의 도덕적 본질, 그리고 학생들이 사회에 기여하는 도덕적 인간으로 성장하도록 돕고자 하는 열망에 대한 교사의 인식을 통해 도덕적 상상력에 대한 해석을 고찰한다.

이 장의 핵심 질문은 다음과 같다.

- 윤리 전문가로서의 교사에게 기대하는 것은 무엇인가?
- 교사는 자신의 윤리적 정체성, 책임, 그리고 포부를 어떤 방식으로 표현하는가?
- 도덕적 상상력은 교육자가 학생의 성장을 저해하는 세력과 행동을 분별하고, 더 이상적인 세상을 위한 교육을 구상하도록 어떻게 영감을 주는가?

1. 교직과 도덕적 전문성

교직은 도덕성이라는 개념과 밀접하게 연관되어 있다. 이는 교사가 되어 직위를 유지하는 데 필요한 윤리적 기준에 반영되어 있다. 역사적으로 교사는 도덕적 적합성에 대한 높은 사회적 기대와 여타의 직업과는 구별되는 엄격한 금지 조항을 가지고 있었다. 또한, 교사 윤리 강령은 교사 및 자격증 프로그램에 대한 기준을 제시하고 있다. 최근 교사교육자와 주 정부 기관에서 교사 후보자를 평가하기 위해 성향 목록을 적용하고 있다. 이러한 목록 중 일부는 지적 성향도 포함하지만, 다른 목록은 인격이나 도덕성의 덕을 언급하고 있다.

1.1 유덕한 교사

19세기와 20세기 초 미국에서 학교교육의 주요 목적은 아이들에게 일련의 공통 가치를 심어주는 것이었다(Allison, 1995). 공동체는 교사가 "공동 학교 학생들이 느끼고 모방할 수 있는 도덕적 덕의 귀감"(Spring, 1990, p. 118), 즉 도덕적 사회화의 도구가 되어야 한다고 생각했다. 역사가들은 도덕적 모델로서의 교사들이 공동체의 감시를 받았고, "교실 안팎에서 덕을 발휘해야 한다"는 기대를 받았다고 기술했다. 교사들은 "사생활을 거의 보장받지 못했고, 도덕적 판단의 실수를 거의 허용받지 못했기" 때문에 공동체는 교사들에게 엄청난 압력을 가했다(McCellan, 1990, p. 24). 20세기 초, 한 사회학자는 교사가 "교사에 대한 고정관념 안에서 살아야 하기 때문에 공동체로부터 심리적으로 고립되어 있다"는 결론을 내렸다(Waller, 1932, p. 49). 당시 교사교육 교과서에서는 교사를 "사심 없는 이타주의자, 헌신적인 군인, 애국자, 성인, 또는 구원자"로 묘사한다(Joseph, 2001, p. 136). 교과서 저자들은 교직이 "설교자와 예언자의 길과 유사한 삶의 방식"이라고 주장하며(Averill, 1939, p. 136), "교사가 목회자 이외의 여타 전문직 종사자들보다 더 엄격한 도덕률을 따른다"는 점에서 교직의 특수성을 강조했다(Jordan, 1930, p. 258).

국제 교육사 연구 또한 교사가 학생들의 인격 형성에 미치는 역할을 강조한다(Bérard, 1984). 교사는 존경받을 만한 특성과 훌륭한 도덕적 인격을 보여주고(Coppock, 1997; Fischman, 2007; Stewart, 2006), "도덕적 인격과 전문적 행동을 포괄하는 교사에 대한 규범적 기대 목록"(Conway & Murphy, 2013, p. 12)을 준수해야 한다. 현대 국제 연구에서도 교사의 인격 및 도덕적 행동에 대한 지역사회의 비판과 교사를 이타적이고 자기희생적인 존재로 보는 문화적 규범에 대해 설명하고 있다(Gao, 2008; Stewart, 2006).

더 나아가, 역사 연구는 "남녀 도덕적 행동의 명확한 구분"과 "여교사의 역할 중 일부는 보호자, 모성애, 그리고 양육이어야 한다는 기대가 많은 사회에 깊이 뿌리내려 있다"(Sperandio, 2014, p. 58)는 성별 차이를 확인한다. 19세기 중반, 미국에서 공교육에 대한 수요가 증가하면서 "비교적 저렴한 교사에 대한 막대한 수요"(Blount, 2000, p. 85)에 부응하여 유덕한 여교사를 고용하는 것이 표준 관행이 되었다. 이로 인해 남성들은 다른 직업들 때문에 교직에 머물지 않았다(Melder, 1972, p. 21). 여성의 교사 진입을 옹호하는 사람들은 "여성적 순수함, 도덕적 우월성, 복종심, 그리고 양육의 자세"를 보여주는 "이상적인 교사상"을 대중화했다(Preston, 1993, p. 537). 20세기까지, 농촌과 소도시 지역에서 교사들은 직업 생활과 사생활 모두에서 엄격한 "가부장적" 행동 규칙을 따라야 했다. 이는 "결혼, 음주, 흡연, 화장, 아버지나 형제 이외의 남자와 함께 마차나 자동차를 타는 것"을 금지하는 규정을 포함했다(Allison, 1995, p. 52). 그러나 이러한 규칙은 지역사회 기준에 부합하는 사회적 행동에 중점을 둘 뿐, 윤리적 노력으로서의 교직과는 무관했다.

1.2 전문직 윤리강령

유덕한 교사가 되기 위한 엄격한 행동 기준은 교사들을 억압적인 공동체의 통제하에 두었고, 교사들이 스스로 윤리적 교직 행동 기준을 성문화하고자 한다는 노력은 간과되었다. 20세기 초, 미국의 교육자들은 도시와 주의 차원에서 다양한 전문직 협회를 결성했으며, 이들

중 상당수는 자체적인 윤리강령을 개발했다. 교사 협회와 교육 행정가들의 주도하에, 그리고 전국교육협회(NEA) 활동의 영향을 받아 1930년대에는 대부분의 주에서 윤리강령을 제정하였다(NEA, 1924, 1939). 최근 전 세계적으로 30개국(5개 대륙)을 대상으로 실시한 연구에 따르면, 교사 윤리강령은 어디에서나 존재하며, "교육 지도자들"과 "정부 및 교사 노조 대표들이 협력하여 개발"했다고 한다(Shapira-Lishchinsky, 2020, p. 6).

이러한 강령은 교사와 학생, 가족, 그리고 지역사회 간의 상호작용과 관련된 다양한 행동 기준을 규명한다. 그러나 초기 형태의 첫 번째 "인격과 행동의 일반 원칙"은 "교사가 높은 도덕적 인격을 가진 사람이어야 한다"는 원칙으로 시작되었다. 이는 친절, 청결, 정직, 관대함과 같은 다양한 성격적 특성으로 정의되었다(NEA, 1939, p. 4). 미국의 전국교육협회 윤리강령은 오랜 시간에 걸쳐 발전하여, 최근에는 "학생에 대한 헌신"이라는 첫 번째 원칙을 제시하였다. 이 원칙에는 학습을 촉진하고 차별적인 행동을 삼가는 직접적 내용이 포함된다(NEA, 2020). 교사를 위한 국제 윤리강령은 "학생 배려, 교사의 전문성, 동료 관계, 학부모 참여, 지역사회 참여, 그리고 규칙 및 규정 존중"이라는 여섯 가지 주요 범주를 제시한다(Shapira-Lishchinsky, 2020, p. 9). 전반적으로 최근 국제 윤리강령은 교사의 전반적인 도덕적 인격이 아닌 구체적인 행동에 중점을 두고 있다.

학자들은 교사 윤리강령의 몇 가지 한계점을 지적한다. 특히, 교직을 위한 통일적 윤리강령도 없고, 집행 권한을 가진 전문 단체도 존재하지 않는다(Warnick & Silverman, 2011). 더욱이, 여러 단체에서 발표하는 현행 윤리강령은 "부적절한 행동에 대한 경고 목록"에 초점을 맞추고 있으며, "윤리 문제를 실질적으로 다루지 못하고" 교사의 윤리적 의사결정에 대한 구체적인 지침을 제공하지 못하고 있다(Barrett et al., 2012, p. 891). 더 나아가, 미래의 교사들이 윤리 규범에 익숙해지는 것은 "적절한 윤리교육의 최소한의 기준"으로 간주된다(Maxwell, 2017, p. 323).

이와 같은 한계에도 불구하고, 저자들은 교사 윤리강령 개발의 여러 가지 목적을 제시한다. 그중 첫 번째는 "구성원들의 행동을 이끌어 줄 윤리강령 없이는 어떤 직업도 진정으로 존재할 수 없다"(Campbell, 2003, p. 108)는 믿음이다. 윤리강령은 신입 교사들에게 교직의 윤리 규범(O'Neill & Bourke, 2010, p. 164)을 안내할 수 있으며, "교사들이 자신의 일상 업무에 대한 관점으로부터 의식적인 윤리적 관점으로 전환"하게 할 수 있는 잠재력을 가지고 있다(Campbell, 2003, p. 108). 또한 규범은 교사들이 "교육의 윤리적 복잡성을 지속적으로 검토할 수 있도록" 촉진하는 역할을 하며, 직업윤리를 고려하는 데 중요한 역할을 한다(Campbell, 2000, p. 204). 또한, 윤리 원칙 목록은 교육자들이 직면하는 실제 딜레마를 검토하고 대안과 쟁점을 상상력 있게 고려하기 위한 사례 연구를 개발하는 출발점이 될 수 있다(Joseph, 1989).

1.3 도덕적 성향

20세기 후반부터 시작된 "표준화된 관리 패러다임" 시대(Henderson & Gornik, 2007)에는 윤리적 태도와 행동을 시스템화하려는 노력으로 인해 교사의 성향이 "교사교육의 필수 측면"(von Hohenberg & Broderick, 2021, p. 221)으로 자리 잡았으며, 인가 및 전문 기준의 구성 요소라는 개념도 형성되었다. 이는 미국의 교사교육 프로그램이 "교사 성향 평가를 기존 교사 평가에 맞춰 조정"(p. 224)하는 결과를 가져왔다. 그러나 "많은 국가들이 교사 성향을 효과적인 교수법 증진의 핵심 요소로 이해하고 있지만, 그러한 인식은 미국과 같은 방식이나 속도로 발전하지는 못했다"(Fonseca-Chacana, 2019, p. 267). 예를 들어, 유럽의 교사교육 관련 보고서는 "초기 교사교육이 교사들에게 필요한 성향과 기술을 제공해야 한다"(Romer, 2008, p. 21)고 명시하고 있지만, "개인들이 경력 초기는 말할 것도 없고 교사에게 필요한 모든 능력을 완전히 습득할 수 없다"(Caena, 2014, p. 2)는 "점진적인 관점"을 강조한다.

교사로서의 성향은 "교육자의 업무 수행에 기반이 되는 전문적인 행동 습관과 도덕적 헌신"(Bullough, 2023, p. 2)을 의미하며, "자격이 우수한 교사에게 필요한 지식, 기술, 성향을 파악하는"(Stooksberry et al., 2009, p. 719) 목적을 갖는다. 그럼에도, 성향은 "지각, 기대, 특질, 행동, 덕, 태도, 성향, 특성, 인격, 그리고 철학"(von Hohenberg & Broderick, 2021, p. 223)과 같은 다양한 속성을 지칭하기 때문에 "정의하기 어려운 점이 있다". 성향은 교사가 되는 사람들에게 요구되는 다양한 덕과 행동을 포함한다. "학교 안팎에서 높은 윤리 기준을 유지하는 것"부터 "잘 짜인 수업을 계획하고 가르치는 것"(Department for Education, UK Government, 2021), "진실을 지키는 것"부터 "전문적인 복장과 적절한 외모를 유지하는 것"(Choi et al., 2016, p. 88)까지 다양하다.

따라서 학자들은 "교사교육 프로그램에서 성향이라는 개념이 불분명하고, 때로 일반적인 개인적 가치와 신념을 지칭하며, 전문적인 헌신과 행동을 지칭하기도 한다"고 주장한다(Ruitenberg, 2011, p. 41).

성향에 대한 난변적인 정의에도 불구하고, 몇몇 학자들은 성향의 도덕적 본질을 강조한다. 그들은 성향이 "대인 관계적 차원의 '배려'로부터 더 넓은 사회적 차원의 '사회정의'에 이르기까지 다양한 도덕적 문제에 대한 입장을 반영한다"고 설명한다(Damon, 2007, p. 366).

교사가 모든 아동을 배려하고 교육해야 한다는 요구에 부응하여, 그들은 성향이 "인간의 번영을 지원하려는 민주주의의 가장 근본적인 헌신에서 기인하는" "도덕 체계"를 제공한다고 본다(Bullough, 2023, p. 6).

이 문헌에는 성향을 주제별로 정리하는 여러 가지 접근법이 존재한다. 한 가지 접근법은 성향을 인격, 인지, 그리고 배려의 덕으로 보는 것이다(Sockett, 2009). 또 다른 접근법은 인지적, 문화적, 그리고 도덕적 성향을 구분하는 것이다(Stooksberry et al., 2009, p. 720). 이러한 삼중의 접근법은 성찰의 발판이 될 수 있다. 예를 들어, 성향을 피상적인 체크리스트로만 표현하는 것이 아니라, 범주는 "예비생이 자신의 교직에 대해 이야기하는 방식을 검토하는 간편 추론 도구 또는 판단 기준"(p. 731)으로 활용할 수 있다. 이와 같이, 우리는 성향을 예비교사 스스로가 자신의 신념과 경험에 대한 지속적인 비판적 자기 성찰을 형성하도록 하는 탐구의 플랫폼으로 고려할 수 있다.

2. 교사와 도덕적 상상력

교육의 도덕적 측면을 연구하는 학자들은 교육자들이 윤리, 도덕적 행위, 그리고 자기 업무의 도덕적 본질에 대한 복잡한 이해가 부족하다는 결론을 내리는 경우가 많다(Bergem, 1992; Sockett & LePage, 2002). 반면, 다른 연구자들은 교사가 도덕적 목적을 가지고 있으며 학생과 사회에 도덕적으로 기여하고자 하는 열망을 가지고 있다고 생각한다(Sanger & Osguthorpe, 2013). 후자의 관점은 교사와 예비 교사들이 깊은 도덕적 충동을 가지고 있으며 삶에서 "도덕적 의미"를 추구하고 있음을 시사한다(Brookfield, 1998). 이러한 연구들은 교사들이 어떻게 "자신의 도덕적 의무와 정체성을 깊이 성찰하고", "도덕적 감수성 및 능력과 관련된 아이디어를 수용하며"(Joseph, 2016, p. 41), "가치와 윤리를 실천에 대한 이해에 통합하고"(Afdal, 2019, p. 125), "도덕적 관점에서 가능성을 평가"(Werhane, 1999, p. 5)하는지를 보여준다. 교사의 정체성과 실천의 도덕적 본질에 대한 인식과 관련한 연구는 감정, 지각, 추론, 성찰, 그리고 비전과 같은 도덕적 상상력의 다양한 측면과 관련된 다양한 초점을 가지고 있다(표 8.1 참조). 다시 말해, 그들은 교사가 자신의 목소리로 자신의 동기, 목적, 이상을 설명하는 사례를 제시한다.

〈표 8.1 교사와 도덕적 상상력〉

차원	설명
도덕적 감정	
배려	어린이와 청소년에 대한 사랑, 그들을 돕고자 하는 열망, 배려하는 환경 조성 열망
도덕적 소명	학생들을 위한 봉사와 배려의 감정
도덕적 지각	
도덕적 현존감	도덕적 감수성과 헌신에 기초한 학생들에 대한 주의집중, 수용성, 참여
도덕적 정체성	도덕적 인간이자 윤리적 실천자로서의 자아 개념의 지속적인 발달, 자신을 롤모델로 인식
윤리적 추론	
윤리적 인식	교사의 의사결정 및 행동에 필요한 윤리 원칙 이해
윤리적 의무	윤리적 교사의 책임과 학생의 최선의 이익을 위한 봉사 및 헌신
비판적 성찰	
윤리적 딜레마	상충하는 윤리적 가치 사이에서 갈등하는 행동 선택

자기 성찰	개인의 윤리와 윤리적 선택이 타인과 자신에게 미치는 영향을 깊이 있게 돌아보는 내면적 과정
미래 비전 구상하기	
도덕적 행위	학생들의 복지를 위해 행동하고 그들의 도덕적 성장을 촉진하는 교사의 자기 효능감
변혁적 교육학	학생들에게 불의를 이해하고, 세계 시민으로서 지구를 배려하며, 비폭력을 존중하는 방법을 가르치는 교육방식
활동가 정체성	학교, 지역 사회, 그리고 더 넓은 세상에서 불의와 폭력에 맞서 싸우는 데 헌신하는 교사의 자아 개념

2.1 도덕적 감정: 배려와 도덕적 소명

개인의 교직 선택의 이유에 대한 연구에서 외재적, 내재적, 이타적 동기라는 주요 주제들이 드러난다. 외재적 동기로는 주로 직업 안정성, 급여, 근무 조건, 그리고 가족의 요구와의 조화 등이 있으며, 내재적 동기로는 직무 만족도, 교과목에 대한 관심, 창의성, 교육에 대한 열정, 개인적 성취감 등이 있다. 그리고 이타적 동기로는 아이들에 대한 사랑, 아이들을 돕고 힘을 실어주고자 하는 욕구, 타인에게 봉사하고 사회 기여하고자 하는 열망 등이 있다(Campbell, 2013; Friedman, 2016; Heinz, 2015; Kohl, 1984; Lin et al., 2012; See et al., 2022; Watt et al., 2012).

이 세 가지 근거는 복잡하며, 서로 얽혀 있다. 학자들은 지역적 보상과 지위가 사람들의 선택과 교직에 대한 평가에 영향을 준다는 점에서 교사의 동기를 사회문화적 맥락에서 바라본다(Bergmark et al., 2018; Klassen et al., 2011). 예를 들어, 다른 직업 선택지가 거의 없거나 교사의 지위와 보상이 높은 사회에서는 외재적 동기가 다른 유인 요인보다 더 중요한 영향을 미친다(Heinz, 2015; Lin et al., 2012; See et al., 2022). 그러나 교직을 선택하는 이유가 하나의 동기에 국한되는 경우는 드물며, 타인에게 봉사하고 싶은 욕구 또한 본질적으로 중요한 요소가 될 수 있다(Osguthorpe & Sanger, 2013).

그럼에도, 많은 서구 사회의 연구는 교사의 동기가 지닌 이타적 특성, 즉 배려와 도덕적 소명의 표현에 중점을 두고 있다. 사람들이 교직을 선택한 이유와 그 후 그들을 지탱하는 요인에 대한 연구는 어린이와 청소년에 대한 사랑의 중요성을 강조한다(Friedman, 2016; Osguthorpe & Sanger, 2013):

> [저의 학생들은] 자신의 독특함과 특별함을 인정하고 존중하며 키워줄 누군가가 필요하다. 저는 그들을 사랑할 수 있어야 합니다… 다른 누군가가 제 교실에 들어와 더 뛰어난 교사, 더 나은 이야기꾼, 그리고 더 나은 선택 능력과 역사의식을 가진 사람으로 성장하는 모습을 상상할 수 있다. 하지만 아이들을 사랑하는 면에서는 누구 못지않게 잘할 수 있다고 생각합니다. (Hansen & Quek, 2023, p. 16)

> 저는 정말 사랑스러운 것들을 많이 봅니다. … 저는 수없이 방치된 아이들과 함께 일합니다… 한 남학생은 누구에게도 안기지 않았습니다. … 그는 매우 화가 나 있었습니다. … 단지 어느 순간 그가 나를 진심으로 안아주었던 것이 기억납니다. 저는 '바로 이거다, 이게 전부다'라고 생각했습니다. (Woolhouse, 2023, p. 10)

이 글은 교사들이 학생을 돌보고 배려하는 환경을 조성하는 데 얼마나 헌신적인지를 다시 한번 보여준다.

저는 가르침이 학생을 돕는 방식이라고 생각합니다. 학생을 이해하고, 학업적, 사회적으로 최선을 다하도록 동기 부여하는 데 필요한 지식을 얻는 것이 중요합니다. 좋은 친구나 상담가가 되어야 합니다. 좋은 가르침은 단순히 가르치는 것이 아니라 경청하는 것입니다. 학생들의 목소리를 듣고, 그들의 두려움을 느끼고 이해하며, 그들을 도울 수 있는 위치에 서 있는 것입니다. (McCray et al., 2002, p. 286)

저는 교실공동체 속에서 배려하는 마음을 함양하는 데 전념하고 있습니다. 경쟁과 개인주의를 조장하는 책임감과 표준화 중심의 교육 개혁이 계속되고 있는 상황에서, 제가 상호의존성과 타인에 대한 배려를 강조해서 제 학생들과 동료들이 이를 더 큰 공동체, 궁극적으로 사회 전체로 확장할 수 있는 것이 중요합니다. (Joseph, 2016, p. 39)

이 연구에 참여한 교사들은 아이들과 함께 일하고, 특히 어려움을 극복하도록 돕는 데서 보람과 기쁨을 얻는다고 밝혔다.

그리고 이러한 작은 승리들이 있습니다. 그리고 그 작은 승리들은 중요합니다. 예를 들어, 아이가 말이 느리더라도 언젠가는 무언가를 표현할 수 있게 되는 것과 같습니다. 우리는 아이들이 성장하고, 사회적 기술을 배우며, 새로운 능력을 습득하는 모습을 지켜봅니다. 그리고 우리 교사들은 이러한 과정을 함께 경험하며 기쁨을 느낍니다. (Harðarson & Magos, 2022, p. 1200)

저는 때때로 인정받지 못하고 외로움을 느끼기도 했지만, 제 일에서 큰 영감을 받는 순간에는 깊은 만족감과 기쁨을 느낄 수 있었습니다. 사회가 교직의 의미를 빼앗고 있음에도 불구하고, 저는 제 직업이 중요한 신뢰의 자리라고 느꼈습니다. (Estola et al., 2003, p. 245)

학자들은 이러한 도덕적 목적을 도덕적 소명으로 묘사하며, 이는 아이들과 사회에 봉사하기 위해 교사가 되어야 한다는 강박관념으로 이어진다고 주장한다. "가르치는 도덕적 작업이 교육자로서의 자기 인식에 얼마나 중요한지를 시사한다"(Sanger & Osguthorpe, 2011, p. 572)고 강조한다. 도덕적 감정을 경험하는 것은 사람들이 교직에 입문하도록 이끌고, 시간이 지남에 따라 내재적인 감정적 동기를 부여한다. 문헌은 또한 어린 시절의 경험과는 달리 교사가 되고 싶어 하는 사람들의 사례를 제시한다. 이들은 자신의 교사와의 부정적이고 심지어 굴욕적인 경험에 대해 "도덕적 분노"를 표출한다(Campbell, 2013, p. 524). 동기와 관계없이, 이러한 소명은 "도덕적 열정"(Hansen, 2001, p. 734)에서 기인하며, 이는 "다른 직업과는 달리 가르치는 일을 매우 보람 있게 여기는"(Buskist et al., 2005) 사람들의 내면적 욕구에서 생긴다.

… 저는 학교에서 가르치면서 많은 돈을 벌지는 못하지만, 지역 사회 사람들을 돕고자 합니다. 저는 지역 사회의 아이들을 도우면서 나의 역할을 다하고 있습니다. (Mccray et al., 2002, p. 281)

저에게 교사만큼 혜택을 많이 주는 직업은 생각할 수 없습니다. 하루를 마감하며 진정으로 가치 있는 일을 했다는 성취감은 믿을 수 없을 만큼 컸습니다. (Osguthorpe & Sanger, 2013, p. 184)

도덕적 소명은 교육자들에게 "자신의 일과 학생을 위해 정성을 다하고"(Frelin & Fransson, 2017, p. 643), "교사로서의 여정이 불확실성과 실망으로 가득 차 있을 때조차 학생들의 삶을 더 나은 방향으로 이끄는 일에 헌신해야 한다"는 것을 의미한다(Hansen & Quek, 2022, p. 12).

2.2 도덕적 지각: 현존감과 정체성

도덕적 지각은 개인이 "경험에서 마주치는 도덕적 상황"(Abowitz, 2007, p. 288)과 "고유한 상황"(Simpson & Garrison, 1995, p. 252)을 이해할 수 있게 도와준다. 또한 이는 교사가 자신의 업무의 도덕적 중요성을 전체적으로 이해하고 "존재의 도덕적 차원에 주의를 기울일"(Greene, 1978, p. 46) 수 있게 해 주는 능력이다. 도덕적 지각은 교육을 단지 기술적 실천으로 간주하는 개념을 부정하고, 교사의 "학생과의 참여"(Beijaard et al., 2000, p. 751)와 "도덕적 관계"(Chubbuck et al., 2007, p. 109)를 인정한다. 이처럼 "도덕적 감수성은 교직의 근간을 이루고, 촉진하며, 스며든다"(p. 111). 도덕적 상상력의 이러한 요소는 교사가 일상적인 교실 상호작용의 도덕적 측면을 파악할 수 있도록 할 뿐만 아니라, 현존감과 도덕적 정체성의 표현에 의미를 부여한다.

도덕적 현존감에 대해 연구하는 학자들은 교사의 도덕적 감수성과 헌신을 바탕으로 한 주의집중, 수용성, 그리고 학생들에 대한 참여를 강조한다(Edling & Frelin, 2016, p. 50). 자신의 현존감에 귀 기울이는 교사는 자신의 선택에 내재된 도덕적 특성을 이해한다.

> 저는 교사로서 제가 내리는 모든 결정이 도덕적 함의를 지닌다는 것을

> 깨달았습니다. 여기에는 제가 선택하는 커리큘럼, 교육 방식, 훈육 및 교실 운영 방식, 학생들에게 제공하는 선택권 등이 포함되며, 그 목록은 수 없이 많습니다. (Joseph, 2003, p. 13)

> 제가 하는 모든 행동은 교실에서 "규범적 의미"를 지닙니다. 제가 선택적으로 인정하거나 무시하는 행동은 교실 환경에 영향을 미치며, 교실공동체의 기대치를 설정합니다. 이러한 행동은 누구를 공동체에 포함하고 제외할지를 결정하고, 다양한 학생들에 대한 저의 신념과 태도를 드러냅니다. (Joseph, 2016, p. 39)

따라서 교사는 "현재 무슨 일이 일어나고 있는지 인지하기 위해 자신의 온전한 자아에 주의를 기울이며"(Rodgers & Raider-Roth, 2006, p. 267), "지성과 연민을 통해 인식하고 반응하기 위해"(p. 266) 주의를 기울인다. 따라서 현존감은 "학생과 학습에 대한 동정적인 태도"(Hansen, 2000, p. 1)를 동반하며 "상황에 관계없이 교실 관계와 가르침을 통해 학생 진로에 대해 배려의 윤리"(Day, 2019, p. 2)를 실천한다.

교육자는 상황에 반응하고 일관된 도덕적 현존감을 가지고 학생들과 소통함으로써 자아 개념에 중요한 도덕적 정체성을 발달시킨다(Hardy & Carlo, 2011). 이러한 정체성은 "도덕적 의무의 원천, 도덕적으로 옳은 일을 해야 한다는 내적 욕구"로 간주된다(Mustakova-Possardt, 2004, pp. 253-254). 교사의 도덕적 정체성에 대한 인식 연구는 "개인적 통합성이 교육의 통합성과 교차하기 때문에"(Santoro, 2013, pp. 566-567) 개인적 정체성과 직업적 정체성이 서로 얽혀 있음을 보여준다.

> [*질문: 학생들과의 지속적인 교육적 관계가 당신의 삶 전반에 걸쳐있습니까?*] 둘을 분리할 수는 없습니다. 우리가 하는 일은 사람들과 상호작용하는 것이기 때문입니다. … 하나가 다른 하나와 분리될 수 있다고 말하는 것은 기껏해야 순진한 생각일 뿐이며, 최악의 경우 여러분의 실천에 해로울 수도 있습니다. (Hansen & Quek, 2023, p. 11)

도덕적 정체성은 교사의 지식과 자아 형성의 역동적인 구성물이며, "타인과의 관계에 기초한 … 개인 역사 및 다양한 관계"와 연결된 "긴 과정"이다(Buxarrais, 2021, p. 132).

> 저는 신규 교사로서 새로운 사람들과 상황을 접하면서 [교육자로서의] 가치관이 시간이 지남에 따라 계속 발전할 것이라고 기대합니다. 이러한 예상되는 변화에도 불구하고, 저는 이제 저의 실천에 영향을 미치는 윤리 시스템을 고려할 기반을 갖추게 되었습니다. (Joseph, 2016, p. 37)

> 제가 가르치는 도덕 철학은 분명히 제 개인적인 성장 배경, 제가 살고 있는 시대, 지난 20년간의 연구와 경험을 통해 발전시킨 삶에 대한 복잡한 해석의 산물입니다. (p. 37)

교사가 자신의 도덕적 정체성을 어떻게 구성하는지 이해할 수 있는 한 가지 방법은 이 과정을 "정체성 작업"(Clarke, 2009, p. 186)으로 상상하는 것이다. "우리의 정체성은 부분적으로 주어지지만, 동시에 달성해야 할 것이기도 하다"(p. 187).

또한 학자들은 도덕적 정체성의 발달과 교사가 스스로를 롤모델로 인식하는 것 사이에 연관성이 있다고 생각한다. 도덕교육에 관한 연구에서는 교사들이 사회적으로 용납할 수 없는 행동을 삼가는 롤모델로 자신을 묘사하며, 자신들이 "덕의 귀감"이 되어야 한다고 믿는다는 사실이 밝혀졌다(Bergem, 1990, p. 91). 그럼에도 일부 교사들은 배려하는 인간이 됨으로써 "학생들이 그들의 가치와 개인적 자질 때문에 자연스럽게 [교사]를 존경하고 공감하게 된다"는 것을 깨닫게 된다(p. 93).

> 예를 들어, "모델"이란 자신의 행동을 통해 학생들이 서로 어떻게 대우해야 한다고 생각하는지 보여주는 사람을 의미합니다. 교사는 자신이 중요하다고 생각하는 기준과 자기 삶의 토대로 삼고자 하는 가치를 신중히 고려해야 합니다. 학생들에게 이를 전달하고 싶어도, 자신이 가르치는 것을 실제로 실천하지 않는다면 진전을 이루기 어려울 것입니다. (Bergem, 1990, p. 93)

> 저는 수학을 사랑하고 일상에서 수학을 활용하는 방법을 찾은 사람, 신중한 결정을 내리는 사려 깊은 사람으로서 학생들에게 롤 모델이 되고자 노력합니다. 학생들이 제가 하는 모든 일에 쏟는 관심과 배려를 알아차리고, 저를 본보기로 삼아 성장하고 싶은 사람이 되기를 희망합니다. (Joseph, 2016, p. 39)

이러한 논의는 롤모델링이 "책임을 다하고 그 책임에 동기를 부여받는"(Campbell, 2013, p. 521) 교사들의 "인격과 의도를 반영하는 것"임을 입증한다. 교사는 배려하는 도덕적 정체성을 드러내어 "학교에서 윤리적 배려를 함양하는 중요한 도구"의 역할을 수행한다(Sanderse, 2013, p. 29).

2.3 윤리적 추론: 윤리적 인식과 의무

교사의 도덕적 상상력의 핵심 요소인 윤리적 추론은 윤리적 판단과 행동을 요구하는 쟁점과 문제에 대한 인식을 의미한다. 이는 도덕적 지각에 대한 확장된 개념화로서, 윤리적 이해에 기초한 성찰과 판단의 요소를 포함한다. 이 연구에서는 윤리적 인식과 윤리적 의무라는 두 가지 주요 주제를 다룬다. 학자들은 전자를 교사의 결정과 행동을 이끄는 데 필요한 원칙에 대한 이해로 정의하고, 후자를 학생들의 최선의 이익을 위해 봉사해야 하는 교사의 책임으로 규정한다.

교사가 윤리적 의무를 다하고 있는지 판단하기 위해서는 "자신의 행동을 되돌아보고 자신의 의도와 행동에 의문을 제기해야" 한다(Campbell, 2013, p. 529).

> 저는 일상적으로 내리는 선택에 대해 깊이 생각하고 검토하며, 매일 겉보기에 평범한 결정들을 윤리적 탐구의 기회로 삼아야 합니다. … 저는 제가 본받는 행동이 학생들에게 타인을 존중하고 존엄하게 대하는 방법을 보여줄 수 있도록 성찰합니다. (Joseph, 2016, p. 37)

> 저에게는 의무가 있습니다. 제가 내리는 모든 도덕적 선택에 대해 성찰하며 제 입장을 … 충분히 인식할 도덕적 의무가 있습니다. 이러한 자아 인식을 통해, 우리는 혼란스럽기보다는 일관성 있는 가치 체계를 발전시킬 가능성이 더 높습니다. 우리가 삶의 지침으로 삼는 가치 체계의 교육자이자 모범으로서, 우리는 우리 자신, 우리의 생각, 우리의 행동을 성찰할 의무가 있습니다. (p. 37)

하지만 이 연구는 또한 "교사들이 자신의 개인적 가치를 윤리로 오인하는 경우가 많다"(Malone, 2020, p. 87)고 주장하며, 자신의 정당성을 검증하지 않는다고 지적한다.

> 저는 통합성이 제가 지켜야 할 가치라고 생각합니다. 아무리 많은 교수진으로부터 교육을 받아도 그 목표에 도달하는 데 도움이 되지 않을 것이라고 생각합니다. … 모든 도덕성은 이미 여러분 안에 있으며, 강의를 통해서는 이를 습득할 수 없다고 생각합니다. 수업이 도덕적 혹은 윤리적 관점에서 사람들을 어떻게 대우해야 하는지 가르쳐 줄 거라고 생각하지는 않습니다. (Campbell, 2013, p. 526)

> 저는 저 자신과 제가 가르치는 것을 분리할 수 없습니다. 처음에는 도덕을 가르칠 수 있는 구체적인 아이디어와 방법을 원했지만, 이제는 저 자신, 저의 결정, 저 자신의 신념을 통해서 도덕을 가르칠 수 있는 방법을 생각해 낼 수 있다는 것을 깨달았습니다. 혹자는 저의 방식에 동의할 수 있고, 혹자는 동의하지 않을 수도 있습니다. 중요한 것은 제가 왜 이런 방식으로 행동하는지에 대한 확신을 갖고 긍정적으로 생각한다는 것입니다. 제 스스로에게 정당화할 수 있다면 다른 누구에게도 정당화할 수 있을 것입니다. (Joseph, 2003, p. 14)

더구나 윤리적 인식은 교사가 "학생과의 상호작용 및 관계에 관련된 다양한 규범과 가치를 인식해야 하는" 의무를 포함한다(Damon, 1992, p. 751). 따라서 교사들은 학생들에게 미치는 영향력 때문에, "수많은 상황에서 '올바른' 방식으로 진행할 윤리적 선택을 하는 것이 중요하다"(Davies & Heyward, 2019, p. 372). 학자들은 교육자의 모든 행동이 윤리적 결과를 가져온다는 점을 인식하고 있다. "이러한 함의를 검토하는 것은 사회 구성원으로서, 특히 교사이자 교사교육자로서 우리의 책임이다"(Burant et al., 2007, p. 405).

또한 윤리적 인식은 교사가 교육적 쟁점을 "옳고 그름의 문제"로 바라보고, "당연히 해야 한다(ought)와 해야 한다(should), 공정하다와 불공정하다"와 같은 "윤리적 담론"에 참여하게 한다(Strike, 1988, p. 156). 이러한 인식은 "교사들이 정직, 연민, 공정성, 타인 존중과 자신의 일상적인 선택 및 행동과 같은 핵심적인 도덕적, 윤리적 가치 간의 개념적, 실천적 연관성을 찾을 수 있도록 한다"(Campbell, 2006, p. 33).

> 윤리와 전문성은 서로 긴밀히 연결되어야 하며, 효과적이고 환영하는 학습 환경을 조성하기 위해서는 이러한 요소들이 중요합니다. 그러나 이는 저에게는 최소한의 기준일 뿐이며, 저를 비롯한 다른 교사들이 실천하고자 하는 다양한 가치들의 시작점일 뿐입니다. … 공감, 신뢰, 성실, 연민, 심지어 다양한 인지적, 정서적 상태를 가진 아이들로 가득한 교실에서 직면하게 되면 동정심도 느끼게 됩니다. (Joseph, 2016, p. 37)

교사는 "자기 실천의 윤리적 차원"을 인식함으로써 "옳고 그름의 문제가 무엇인지"를 이해하고, 적절한 대응을 위한 복잡한 결정을 내려야 한다는 점을 알게 된다(Campbell, 2000, p. 215).

2.4 비판적 성찰: 윤리적 딜레마와 자기 성찰

비판적 성찰은 개인의 윤리와 윤리적 선택(내렸던 것과 내리지 않았던 것) 및 그 선택이 타인과 자신에게 미치는 영향을 검토하는 내적 과정을 포함한다. 도덕적 상상력의 이러한 요소는 윤리적 문제와 의무에 대한 인식이 항상 교사에게 쉬운 결정을 내리도록 하는 것은 아님을 보여준다. "서로 다른 원칙이 서로 다른 해결책으로 이어지는 곳, 즉 명확한 정답이 없고 두 개 이상의 상충하는 답 사이에서 어려운 선택을 해야 하는 곳에서는 윤리적 딜레마가 존재할 수 있다"(Shapira-Lishchinsky, 2016, pp. 246-247). 윤리적 딜레마는 교사들이 이를 어떻게 경험하는지에 대한 설명을 통해 교육의 도덕적 측면을 다룬 문헌에서 중요한 주제이다.

일부 저자들은 신입 교사들이 윤리적 딜레마에 직면하도록 교육하기 위해서는 "직업의 윤리적 기준"(Tirri, 2010, p. 154)을 이해하고 "도덕적으로 책임감 있는 실무자 양성에 명시적으로 제시된 핵심 윤리 원칙"(Maxwell & Schwimmer, 2016, p. 359)을 접해야 한다고 주장한다. 그러나 다른 저자들은 교사교육만으로는 교사들이 윤리적 딜레마에 대처할 수 있도록 충분히 준비시킬 수 없으며, 이러한 딜레마를 쉽게 해결할 수 없다고 주장한다. "교사들은 일반적으로 수용하고 인정하는 윤리 원칙에 의존하는 경우가 드물기" 때문이다. 또한 그러한 지식을 가지고 있더라도 교사들은 "추상적 원칙에서 구체적 '실생활' 상황의 요구로 전환해야 한다"(Kelchtermans, 1996, p. 317).

연구자들은 신입 교육자와 경력 교육자가 실제 커리큘럼에서 윤리적 딜레마에 어떻게 대처하는지 논의하고 있다(Campbell, 2000; Koc & Buzzelli, 2016, p. 34). "윤리적 갈등은 끊임없이 존재한다"(Colnerud, 2015, p. 347). "자신이 도덕적 행위자가 되어야 한다고 믿는 교사들은 아이들의 최선의 이익을 충족시키고자 할 때, 도덕적 의무에 따라 살아가는 데 장애가 될 때 윤리적 딜레마를 반복적으로 경험할 수 있다"(Joseph, 2016, p. 39). 교육자들은 학생과 학교에 대한 공정성과 공평한 자원 분배와 관련한 딜레마에 직면하는 경우가 많다(Shapira-Lishchinsky, 2011, pp. 648-649). 또한 학생들의 신뢰를 유지하는 것과 교칙("비밀 정보를 학교당국과 학부모에게 보고하도록 하는 의무 규정")을 준수하는 것 사이에서 갈등을 느낀다(p. 649). 또 다른 난제는 학생이 부당한 대우를 받고 있다고 생각할 때 동료에게 직접 항의해야 할지 여부이다(p. 649). 또한 학자들은 학생들에게 무엇이 최선인지에 대해서 교사와 학부모 간에 갈등이 생길 때(p. 649), 그리고 교사의 "신념 및 가치가 학교 당국자, 동료, 더 큰 사회의 신념 및 가치와 충돌할" 때, 윤리적 딜레마가 발생한다고 지적한다(Koc & Buzzelli, 2016, p. 30).

> 저에게는 자녀에게 부적절하게 행동하는 부모와 사는 학생이 있을 때, 부모와의 좋은 관계 유지와 학생의 행복 극대화 사이에서 균형을 찾는 것이 어려운 일입니다. 물론 학생의 복지가 저의 가장 중요한 관심사이지만, 그 경계는 어디에 있을까요? 부모와의 좋은 관계도 중요하기 때문에 이런 상황에서 때때로 좌절감을 느낍니다. (Colnerud, 2015, p. 355)

이러한 딜레마들을 이해하는 하나의 방법은 "학교 분위기의 두 가지 윤리적 차원"에서 발생하는 긴장감을 인식하는 것이다. "배려 분위기는 개인 및 사회적 욕구에 대한 관심을 장려하는 반면, 공식적 분위기는 조직 규칙 준수에 초점을 맞춘다"(Shapira-Lishchinsky, 2011, p. 648). 이러한 연구들은 "교사와 학생, 행정 당국자, 또는 공동체 간의 가치 차이"를 보여주고, "사람들을 불쾌하게 할까 봐 불안해하거나 금지된 일을 할까 봐 두려워하는" "교사의 취약성을 보여준다"(Joseph & Efron, 1993, p. 218).

> [교사들이] "깨어 있고" 자신의 도덕적 행위 능력을 활용하며 결정의

도덕적 차원을 고려한다면, 학생들에게 본보기가 될 수 있으므로 이는 긍정적인 영향을 미칠 것입니다. 반면, 교사가 자신의 선택의 도덕적 측면을 무시하고 단순히 자신의 역할과 업무에만 집중한다면, 학생들의 도덕적 학습 과정에 부정적인 영향을 미칠 것입니다. 제가 실습을 하면서 느꼈던 단절감이 바로 그것입니다. 저는 시스템 안에서 수동적인 교사의 역할(실습이라는 상황에 적합한)을 하고 있었을 뿐, 학생들에게 "도덕적"이거나 "깨어 있는" 것이 무엇을 의미하는지 보여주지 못했습니다. (Joseph, 2016, p. 40)

이 연구에서 중요한 주제는 도덕적 스트레스이다(Colnerud, 2015). 이러한 감정적 반응은 교사가 단순히 인지적 차원에서 윤리적 딜레마를 접하는 것이 아니라, 의사 결정 과정과 그 결과가 상당한 정서적 불편함을 초래할 수 있기 때문에 발생한다. 윤리적 딜레마 인식에 대한 연구에서 주장하는 도덕적 스트레스는 교사의 후회와 무력감에서 기인한다.

한 학생이 나에게 와서 울었습니다 어머니가 다른 사람과 함께 살고 있다는 사실에 화가 난 것이었습니다. 그 사람이 자기 어머니를 학대하고 있었어요… 그 소녀가 저에게 중재를 요청했지만, 저는 그럴 수 없다고 말해야 했습니다. 저에겐 정말 힘든 일이었어요. 교육위원회에서는 옳은 일을 했다고 생각했지만, 제 입장에서는 옳지 않았어요. 그것이 아이에게 무슨 짓을 하는 것인지 알았거든요. 당신은 학생들을 위해 옳은 일을 하고 있습니까?, 아니면 자신을 위해 옳은 일을 하고 있습니까? (Joseph & Efron, 1993, pp. 214-215)

> 아이리스는 학교 대표단의 일원으로 해외 파견을 갈 자격이 있었습니다. 하지만 저는 아이리스를 제외하라는 외부의 압력을 많이 받았습니다. 지방 자치 단체는 거주자에게만 비용을 지불할 의향이 있었고, 아이리스는 기숙사 학생이었습니다. 아이리스의 가족은 여행 경비를 감당할 수 없을 정도로 가난했습니다. 저는 아이리스를 믿었지만, 그녀를 돕지 않고 외부 압력에 굴복했습니다. 아이리스는 저와 어른들에 대한 신뢰를 잃었습니다. 저는 제 자신에게 매우 화가 납니다. 저는 포기했습니다. 여행 경비를 마련할 다른 방법도 있었는데, 저는 제 자신의 진실, 제 가치에 귀 기울여야 했습니다. 우리는 때때로 갈등을 회피함으로써 더 크고 심각한 문제를 야기하기도 합니다. (Shapira-Lishchinsky, 2011, p. 653)

이러한 고통은 "교사들이 종종 자신의 양심과 상충하는 방식으로 행동하기"(Colnerud, 2015, p. 347) 때문에 발생하며, "이러한 도덕적 차원은 교육에서 교사의 취약성을 크게 증가시킨다"(Kelchtermans, 1996, p. 318).

하지만, 혹자는 성찰을 촉진하는 윤리적 딜레마가 교사의 학습과 성장을 촉진할 수 있다고 믿는다. "이러한 딜레마는 학교의 운영 방식에 의문을 제기함으로써 성찰 과정을 위한 기회를 제공하기 때문이다"(Shapira-Lishchinsky, 2016, p. 246). 윤리적 딜레마의 경험은 교사가 자신의 난제를 파악하고 그 결정에 관련된 다양한 도덕적 선택과 쟁점을 깨달을 때, 성찰을 자극하여 도덕적 학습과 성장으로 이어질 수 있다(Brookfield, 1998).

> 저의 실무에 대한 도덕적, 윤리적 신념은 교실에서 여러 교직원들과 함께 실습하면서 경험한 "딜레마"를 통해 끊임없이 드러났습니다. 제가 직

> 면했던 딜레마는 주로 특수교육 학생들과 영어 학습자들에게 공평한 자원을 제공하는 것과 관련이 있었습니다. 제가 가르치거나 계획하는 내용이 각 학생들에게 어떤 영향을 미칠지를 잠시 멈추고 생각할 때마다, 저는 전문가로서 제 윤리 체계를 점검하고 있음을 깨달았습니다. (Joseph, 2016, p. 40)

따라서 "딜레마 상황이 자동적으로 부정적인 정서 상태로 이어지는 것은 아니다." 이러한 난제는 결국 달성 가능한 해결책을 제시할 수 있으며, 교사는 자기인식을 포함하여 자신의 투쟁과 학습의 강점을 발견할 때 "긍정적인 도덕적 감정을 경험할 수 있다"(Ittner & Hascher, 2021, p. 224).

2.5 미래 비전 구상하기: 도덕적 행위, 변혁적 교육학, 그리고 활동가 정체성

마지막으로, 미래 비전 구상하기의 구성 요소는 교사가 관습적인 가치와 행동을 위반한 것일지라도 학생들과의 윤리적 관계 속에서, 그리고 학교 내에서 전문가로서 자신의 도덕적 행위를 구상한다는 것을 의미한다. 또한 교육자들은 변혁적 교육학을 통해 학생에게 자연세계와의 조화, 사회정의, 비폭력 등의 의미와 필요성을 이해하도록 가르침으로써 자신의 전문적 정체성을 확장한다. 이러한 도덕적 상상력의 요소는 교육자들로 하여금 교육과 세상에 대해 근본적으로 다른 사고방식을 자극받아 의식의 변화를 경험하게 한다. 그들은 이상적인 사회상을 숙고하고 보다 윤리적이고 역동적인 역할을 구상하면서 학교, 공동체, 그리고 더 넓은 영역에서 활동가로서의 정체성을 갖게 된다.

도덕적 행위자로서 교사는 학생들의 도덕적 가치와 발달을 촉진하고(Aloni, 2008; Bergem, 1990; Campbell, 2003; Ezer et al., 2010) 교실과 학교에서 도덕적 세계를 창조하기 위해 노력한다. "교육을 도덕적으로 진행함으로써 교사는 학생의 도덕성을 강화하고자 한다"(Noddings, 1984, p. 179):

> 교사는 자신이 가르치는 학생들에 대해 진심으로 염려하지 않는다면, 그리고 이 학생들의 삶에 긍정적인 영향을 미치고자 하는 열망이 없다면, 교실에 있어서는 안 됩니다. 우리는 교사로서 학생들이 인종, 종교, 성별에 관계없이 인류의 형제애를 느낄 수 있도록 도와야 합니다. 누구도 전 세계 도덕 공동체에서 배제되어서는 안 됩니다. 무엇보다도 우리는 학생들이 상처받을 위험을 감수하고, 정신적 승리를 함께 나눌 수 있도록 도와야 합니다. (Joseph, 2003, p. 11)

> [우리는] 교육자로서 학생들이 자신의 선택에 따른 결과를 이해하도록 도와서 학교를 안전한 장소로 만들 책임이 있습니다. 이는 괴롭힘이 발생했을 때 개입하거나 인종차별과 편견에 맞서 싸우는 형태로 나타날 수 있습니다. (Joseph, 2016, p. 39)

혹자는 "가르침의 본질이 도덕적 행위에 있다"(Johnston et al., 1998, p. 163)고 주장한다. "자신의 도덕적 행위자 상태"(Campbell, 2008, p. 603)를 의식하는 교육자는 "자기 선택의 중요성과 그 선택이 타인의 발전과 복지에 어떤 영향을 미치는지에 대해 깊이 생각한다"(Buzzelli & Johnston, 2002, p. 120)고 한다. 도덕적 상상력의 다른 요소들과 마찬가지로, 미래 비전 구상하기는 주의집중과 성찰이 필요하다.

또한 미래 비전 구상하기는 교사가 학생과 사회를 대신하여 "사회적, 문화적 관행을 수정하고 변화"시키는 도덕적 행위를 포함하며, "그것에 수동적으로 복종"하는 것이 아니다(Sugarman, 2005, p. 808). 학자들은 교사가 도덕적 행위자로서 어떻게 "공동의 이익을 위해 협력적으로 일"(Diez, 2007, p. 395)하고 "학생의 좁은 이익보다는 넓은 이익을 위해 행동"(Day, 2019, p. 3)하는지를 탐구한다.

> 저는 교육을 정치적 행위로 간주합니다. 이는 정의에 관한 문제이며, 우리 아이들에게 마땅히 받아야 할 것을 제공하는 작업입니다. 저는 그릇된 것을 바로잡기 위해 맞서는 정치적 활동에 참여하고 [싶습니다]. (Santoro, 2013, p. 569)

> 존중의 가장 중요한 특성 중 하나는 형평성에 대한 헌신입니다. 이 개념은 단순히 공정성이라는 개념을 넘어 학생들의 진정한 학습 요구를 다루고, 궁극적으로 교사로서 제가 그러한 요구를 존중할 수 있게 합니다. 저는 교육자로서 학생들을 존중하고 성공에 필요한 것을 제공해야 할 책임이 있습니다. (Joseph, 2016, p. 38)

이러한 관점에서, 도덕적 행위는 교사들이 학생들의 성장을 방해하는 학교교육과 사회의 지배적인 패러다임에 도전하도록 동기를 부여한다. 즉, 이는 학생들의 학업적, 사회적, 개인적 학습 경험에 "변화를 만들어내기 위해 도덕적 책임을 적극적으로 적용하는 것"이다(Day, 2019, p. 3). 이러한 교육자들은 학교교육과 그들 자신의 실천이 "정의롭고 인간적인 사회에 기여하는지, 아니면 기여하지 못하는지"(Adler, 1991, p. 142)에 대해 성찰한다.

또한 교사들은 모든 인간의 존엄성을 인정하고(Merry & de Ruyter,

2011), 더욱 정의로운 사회를 건설하기 위해 노력하며(Morrison, 2016), 환경 위기에 맞서 환경 정의를 중시하는(Lowenstein et al., 2010, p. 105) 변혁적 교육학을 통해 도덕적으로 행위한다. 이러한 변혁적 도덕교육의 실천은 교육자들의 사회적, 생태적 관심사뿐 아니라 변화 가능성에 대한 희망을 반영한다. 변혁적 교육학에 참여하는 교사들은 "학생들이 스스로 정의에 대한 비전을 개발하고 그 비전을 스스로 실행할 수 있는 기술을 갖추도록 준비시키는 것"(Picower, 2012, p. 566)이라는 도덕적 의무를 지니고 있으며, "학생들의 정체성 발달을 위해 헌신하는 철학을 교실에 적용하고 있다"(Harrell-Levy & Kerpelman, 2010, p. 77):

> 저는 저 자신과 아이들이 편안함을 넘어 생각하도록 하는 것을 좋아합니다. 그리고 세상에서 일어나는 일들에 대해 제대로 인식하고, 그것을 아이들의 삶과 연결시키는 것을 좋아합니다. 이는 전 세계에 도움을 주는 것입니다. … 저는 미래의 어느 시점에 아이들이 더 나은 세상을 만들 수 있도록 씨앗을 심을 수 있기를 바랍니다. (Rosenberg, 2018, p. 122)

> 이는 가르치는 것을 의미합니다. … 세상을 있는 그대로 바라보는 것과 그들이 원하는 모습으로 사상을 바꾸는 데 어떻게 참여할 수 있는지를 [학생들에게] 가르치는 것을 의미합니다. … 그들은 세상이 그렇게 되기를 원할 것입니다. 이는 세상 속에서의 자기 상황, 자기 경험, 가족의 경험, 그리고 그중 무엇이 옳고 그른지, 그리고 그것들을 어떻게 바꿀 수 있는지에 대해 생각하도록 [학생들에게 가르치는 것]을 의미합니다. (Picower, 2012, p. 566)

변혁적 교육학을 가르치는 교사들은 학생들의 주도성을 함양해야 할 필요성을 인식하고 있다. 정의 중심 교육학은 "학생들을 복잡성, 헌신, 그리고 신뢰성을 갖춘 변혁적인 지식인으로 성장시켜 사회를 변혁하는 촉매제 역할"을 할 수 있다(Morales-Doyle, 2017, p. 1055).[1] 사회정의에 대한 교육은 "불평등에 대한 이해와 행동으로 옮길 수 있는 기술을 스스로 개발함으로써"(Picower, 2012, p. 564) 학생들이 불의를 인식하고 이에 맞서는 능력을 함양하는 것을 포함한다.

> 우리는 공동체를 활용하여 아이들에게 세상을 변화시킬 수 있는 방법을 보여주었습니다. 각 학급에서 대표를 선출하여 아이들이 중요하게 생각하는 주제와 시급한 사안을 논의할 수 있는 대규모 회의를 개최했습니다. (Santoro, 2011, p. 14)

> 저는 [저의 학생들이] 책임감 있는 세계 시민으로 성장할 수 있도록 가르치고자 노력하고 있습니다. 저는 커리큘럼뿐만 아니라 학생들과 함께 하며, 저의 교실을 연민, 존중, 인권을 [위해] 조정하는 등 모든 활동 과정에 바람을 일으키고자 노력합니다. (Joseph & Duss, 2009, p. 199)

환경 정의에 대한 교육 역시 교사가 "학생들이 현재 위기의 문화적

---

1 [역자 주] 모랄레스-도일(Morales-Doyle)에 따르면, 환경적 인종차별 문제를 중심으로 구성한 화학 커리큘럼으로 학생들의 학업 성취도는 크게 향상하였으며 학생들은 변혁적 지식인으로 자리매김할 수 있게 되었다. 학생들은 변혁적 지식인으로서 과학과 사회 정의 문제에 대해 복합적인 사고를 발휘했고, 출신 지역 사회와 문화에 대한 헌신을 함양하였으며, 과학에 정통한 지역 청소년으로서의 신뢰를 구축했다. 이러한 연구 결과는 사회 변혁의 촉매제로서 과학 교육을 활용하고자 하는 교사, 교사교육자, 교육 연구자들에게 시사하는 바가 크다.

근원을 비판적으로 이해하고", 건강한 환경을 유지하기 위한 문화적 변화에 참여하도록 도와야 함을 강조한다(Lowenstein et al., 2010, p. 105). 또한 교실과 학교의 친환경화를 수용하여 "환경적 지속가능성을 지향해야 한다"(Mueller, 2009, p. 1050).

교육자들은 더욱 정의롭고 평화로운 세상을 상상하며, 커리큘럼의 내용, 교실 환경, 그리고 학생들을 위한 목표에 대해 심도 있게 고민한다. 그들은 교육을 통해 윤리적 헌신을 실현할 방법을 모색하고자 한다. 그리고 그들의 가르침은 "개인, 문화, 그리고 지구에 대한 폭력의 영향을 제거"(Joseph & Mikel, 2014, p. 328)하는 사명을 실현하는 것이며, "평화를 도덕적, 윤리적 목표"로 삼는 "세계관의 재정립"을 위해 노력하는 것이다(Jenkins, 2016, p. 3)

> 저는 언어를 가르치는 데 있어 가장 큰 동기는, 결국 언어 학습의 목표가 전쟁이나 증오를 없애는 것이라고 믿습니다. 왜냐하면, 언어는 문화가 다른 사람들과의 거리를 좁혀주는 도구이기 때문입니다. (Rissanen et al., 2018, p. 69)

> *우리는 평화를 조성하는 사람으로서 타인을 존중하고, 황금률에 따라 살 것을 서약합니다*. 특히 서약 후 매년 초에, 저는 "오늘 다른 사람을 존중했습니까?"라는 질문을 자주 던집니다. 평화를 만드는 사람이 되었습니까? 친절하게 대했습니까? 누구를 도왔습니까? 여러분은 황금률에 따라 살았습니까? 저는 끊임없이 황금률의 의미를 강조합니다. (Joseph & Duss, 2009, p. 200)

하지만 이 교사들은 "단순히 폭력적인 이념을 더 평화로운 이념으로 대체하는 것"을 목표로 하지 않는다. 왜냐하면, "그런 접근 방식은 교화"에 지나지 않기 때문이다. 오히려 이러한 목표를 위해 "윤리적이고, 추론적이며, 학습자 중심적인 접근"을 통해, 비폭력과 평화의식의 중요성을 강조한다(Jenkins, 2016, p. 3). 따라서 교육자는 학생들에게 폭력을 비판적으로 이해하고 평화에 대한 경험적 이해를 얻을 수 있는 지식과 기회를 제공해야 한다.

동시에, 변혁적 교육학을 실천함으로써 교사는 학교, 지역 사회, 그리고 그 너머에서 사회정의를 위해 일하는 활동가로서 교사의 정체성을 확립한다. 학자들은 이러한 개인들이 "개인적인 변혁 과정"을 경험하고 "폭력과 평화, 생태적 파괴와 조화에 대한 변증법적 의식을 발달시킨다"고 주장한다(Joseph & Mikel, 2014, p. 327). 활동가로서의 교사들은 "사회적으로 정의로운 세상에 대한 비전을 품고, 이러한 비전을 주변 세계에서 목격하는 불평등의 현실과 조화시키기 위해 노력한다" (Picower, 2012, p. 564). 그들은 "위험을 감수하고 저항과 노골적인 갈등 가능성에 직면하지만", "희망과 헌신을 가지고 살아간다"(Mikel & Hiserman, 2000, pp. 130). 활동가 정체성은 학교교육을 변화시키고 "기존의 불평등을 재생산하고 현상을 유지하는 학교교육 방식"(Picower, 2012, p. 564)에 도전할 수 있는 주도성과 자기효능감에 대한 비전을 포함한다.

> 교직에 발을 들이자마자, 저는 교육 정책과 자본주의라는 거대한 세력이 교실에 큰 영향을 미친다는 것을 깨달았습니다. 단순히 가르치기만 하면 세상이 나아지실 수 없다는 사실과, 사회에서 교육이 작동하는 방식을 변화시키는 데 참여해야 한다는 것을 깨달았습니다. (Picower, 2012, p. 570)

저는 아침에 눈을 뜰 때마다 세상이 더 나아질 수 있다고 믿습니다. 그래서 제가 하는 일을 계속 하는 것입니다. [교사 행동주의]는 시스템과 구조, 그리고 사람들이 서로 관계를 맺는 방식이 유일한 방식이 될 필요는 없다는 믿음에 기초합니다. (Picower, 2012, p. 565)

어떤 교사들은 사회 변혁에서도 행동주의에 중점을 둔다. 그들은 "평화와 비폭력을 가르치는 것을 활동가로서의 자기 인격의 연장선으로 여긴다"(Joseph & Duss, 2009, p. 204):

… 만약 당신이 진보적인 교사라면, 사회정의에 중점을 두는 것은 매우 중요합니다. 제 생각에는 전쟁이나 폭력보다 정의롭지 못한 것은 없을 것입니다. 그 폭력이 신체적 폭력이든 빈곤이든 마찬가지입니다. 따라서 제 생각에 평화를 옹호하는 것은 폭력 없이 사회를 변화시키는 방법을 옹호하는 것입니다. 저는 평화가 변화를 뒷받침하기 때문에 평화를 지지합니다. (Joseph & Duss, 2009, p. 195)

더구나 활동가 교사들은 협력이 "즉각적인 교육 변화와 체계적 교육 변화"에 반드시 필요하다고 생각한다(Boylan, 2016, p. 65):

교사 개개인이 자기 교실에서 고군분투하며 "교실 시스템이 이렇게 되어 있으니 최선을 다해야지"라고 생각하는 것은 바람직하지 않다고 생각합니다. 학생들에게 생산적인 교실 환경을 제공하지 못하는 더 큰 문제들과 싸우지 않는 한, 가르침의 의미는 약해질 것이라 생각합니다. … 저는 변화를 위한 투쟁에 참여해야 한다고 믿습니다. … 현재 진행 중인 운동에 더 많은 사람들이 참여하는 것이 중요합니다. (Picower, 2012, p. 570)

"다른 사람들과 연합하여" 일하는 것은 활동가 교사들에게 지지를 보내고 "역경에 맞서 계속 나아갈 수 있도록" 격려한다(Picower, 2012, p. 570). 예를 들어, 연구자들은 평화교육학 교사들이 "반전, 비폭력, 평화, 사회정의 활동에서 활동적인 배경"을 가지고 있으며, 유사한 목표를 가진 단체들과 여전히 교류하고 있다고 보고한다(Joseph & Duss, 2009, p. 204).

마지막으로, 활동가 교육자들은 교실과 학교 내에서의 변혁적 활동을 자신의 윤리적 의무의 일환으로 인식한다. 이러한 교육자들에게 "의식의 변혁은 행위의 정점이며", 동시에 "사적, 공적 영역과 자연 세계에서 잔혹함, 지배, 억압을 종식시키기 위한 지속적인 노력임"을 의미한다(Joseph & Mikel, 2014, p. 328). "교실 내에서 변혁을 위한 가르침을 제공하면서 외부의 불의와 싸우지 않는 것은 그들이 원하는 세상에 대한 비전과 조화를 이루지 못한다"(Picower, 2012, p. 564). 활동가 교사들은 "세상을 변화시키기 위해 학생들에게만 의지하는 것에 만족하지 않는다"(p. 569). 따라서 정의와 비폭력에 대한 비전을 가진 교사들은 힘든 세상 속에서 개인적으로 도덕적 책임을 다하기 위해 헌신한다.

참고문헌

Abowitz, K. K.(2007). Moral perception through aesthetics engaging imaginations in educational ethics. *Journal of Teacher Education*, 58(4), 287-298.

Adler, S.(1991). The reflective practitioner and the curriculum of teacher education. *Journal of Education for Teaching*, 17, 139-150.

Afdal, G.(2019). Ethical logics in teacher education. *Teaching and Teacher*

Education, 84, 118–127.

Allison, C. B.(1995). Women teachers and the struggle for occupational justice: Is feminism an answer?. *Counterpoints*, 6, 47–69.

Aloni, N.(2008), The fundamental commitments of educators. *Ethics and Education*, 3, 149–159.

Averill, L. A.(1939). *Mental hygiene for the classroom teacher*. Pitman.

Barrett, D. E., Casey, J. E., Visser, R. D., & Headley, K. N.(2012). How do teachers make judgments about ethical and unethical behaviors? Toward the development of a code of conduct for teachers. *Teaching and Teacher Education*, 28(6), 890–898.

Beijaard, D., Verloop, N., & Vermunt, J. D.(2000). Teachers' perceptions of professional identity: An exploratory study from a personal knowledge perspective. *Teaching and Teacher Education*, 16(7), 749–764.

Bérard, R. N.(1984). Moral education in Nova Scotia, 1880–1920. *Acadiensis*, 14(1), 49–63.

Bergem, T.(1990). The teacher as moral agent: A Scandinavian perspective. *Journal of Moral Education*, 19, 88–100.

Bergem, T.(1992). Teaching the art of living: Lessons learned from a study of teacher education. In F. K. Oser, A. Dick, & J. L.. Patry(Eds.), *Effective and responsible teaching: The new synthesis* (pp. 349–364). Jossey Bass.

Bergmark, U., Lundström, S., Manderstedt, L., & Palo, A.(2018). Why become a teacher? Student teachers' perceptions of the teaching profession and motive for career choice. *European Journal of Teacher Ed-*

ucation, 41(3), 266-281.

Blount, J. M.(2000). Spinsters, bachelors, and other gender transgressors in school employment, 1850-1990. *Review of Educational Research*, 70(1), 83-101.

Boylan, M.(2016). Deepening system leadership: Teachers leading from below. *Educational Management Administration & Leadership*, 44(1), 57-72.

Brookfield, S.(1998). Understanding and facilitating moral learning in adults. *Journal of Moral Education*, 27, 283-300.

Bullough Jr, R. V.(2023). Rethinking dispositions in teaching and teacher education: Virtue and the manners of democracy as a way of life. *Journal of Teacher Education*, 1-12. https://doi.org/10.1177/002248712311549

Burant, T. J., Chubbuck, S. M., & Whipp, J. L.(2007). Reclaiming the moral in the dispositions debate. *Journal of Teacher Education*, 58(5), 397-411.

Buskist, W., Benson, T., & Sikorski, J. F.(2005). The call to teach. *Journal of Social and Clinical Psychology*, 24(1), 111-122.

Buxarrais, M. R.(2021). Teacher's ethos and moral and professional identity. In F. Oser, K. Heinrichs, J. Bauer, & T. Lovat(Eds.), *The international handbook of teacher ethos: Strengthening teachers, supporting learners* (pp. 125-143). Springer International.

Buzzelli, C. A., & Johnston, B.(2002). *The moral dimensions of teaching: Language, power, and culture in classroom interaction*. Routledge/Falmer.

Caena, F.(2014). *Initial teacher education in Europe: An overview of policy issues*. European Commission. ET2020 Working Group of Schools Policy. http://ec.europa.eu/education/policy/strategic-framework/expert-groups/documents/initial-teacher-education_en.pdf

Campbell, E.(2000). Professional ethics in teaching: Towards the development of a code of practice. *Cambridge Journal of Education*, 30(2), 203–221.

Campbell, E.(2003). *The ethical teacher*. Open University Press.

Campbell, E.(2006). Ethical knowledge in teaching: A moral imperative of professionalism. *Education Canada-Toronto*, 46(4), 32–35.

Campbell, E.(2008). The ethics of teaching as a moral profession. *Curriculum Inquiry*, 38(4), 357–385.

Campbell, E.(2013). Ethical intentions and the moral motivation of teachers. In K. Heinrichs, F. Oser, & T. Lovat(Eds.), *Handbook of moral motivation* (pp. 517–532). Brill.

Campbell, E.(2014). Teaching ethically as a moral condition of professionalism. In *Handbook of moral and character education* (pp. 117–134), Routledge.

Choi, H. S., Benson, N. F., & Shudak, N. J.(2016). Assessment of teacher candidate dispositions: Evidence of reliability and validity. *Teacher Education Quarterly*, 43(3), 71–89.

Chubbuck, S. M., Burant, T. J., & Whipp, J. L.(2007). The presence and possibility of moral sensibility in beginning preservice teachers. *Ethics and Education*, 2(2), 109–130.

Clarke, M.(2009). The ethico-politics of teacher identity. *Educational Phi-*

losophy and Theory, 41(2), 185–200.

Colnerud, G.(2015). Moral stress in teaching practice. *Teachers and Teaching*, 21(3), 346–360.

Conway, P. F., & Murphy, R.(2013). A rising tide meets a perfect storm: New accountabilities in teaching and teacher education in Ireland. *Irish Educational Studies*, 32(1), 11–36.

Coppock, D. A.(1997). Respectability as a prerequisite of moral character: the social and occupational mobility of pupil teachers in the late nineteenth and early twentieth centuries. *History of Education*, 26(2), 165–186.

Damon, W.(1992). Teaching as a moral craft and developmental expedition. In F. K. Oser, A. Dick, & J. L. Patry(Eds.), *Effective and responsible teaching: The new synthesis* (pp. 139–153). Jossey–Bass.

Damon, W.(2007). Dispositions and teacher assessment: The need for a more rigorous definition. *Journal of Teacher Education*, 58(5), 365–369.

Davies, M., & Heyward, P.(2019). Between a hard place and a hard place: A study of ethical dilemmas experienced by student teachers while on practicum. *British Educational Research Journal*, 45(2), 372–387.

Day, C.(2019). Teachers' moral purposes: A necessary but insufficient condition for successful teaching and learning. In M. Peters (Ed.), *Encyclopedia of teacher education*. Springer. https://doi.org/10.1007/978-981-13-1179-6_191-1

Department for Education, UK Government.(2021). *Teachers' standards*.

https://www.gov.uk/government/publications/teachers-standards

Diez, M. E.(2007). Looking back and moving forward: Three tensions in the teacher dispositions discourse. *Journal of Teacher Education*, 58(5), 388-396.

Edling, S., & Frelin, A.(2016). Sensing as an ethical dimension of teacher professionality. *Journal of Moral Education*, 45(1), 46-58.

Estola, E., Erkkila, R., & Syrjala, L.(2003). A moral voice of vocation in teachers' narratives. *Teachers and Teaching*, 9(3), 239-256.

Ezer, H., Gilat, I., & Sagee, R.(2010). Perception of teacher education and professional identity among novice teachers. *European Journal of Teacher Education*, 33(4), 391-404.

Fischman, G. E.(2007). Persistence and rupturs: The feminization of teaching and teacher education in Argentina. *Gender and education*, 19(3), 353-368.

Fonseca-Chacana, J.(2019). Making teacher dispositions explicit: A participatory approach. *Teaching and Teacher Education*, 77, 266-276.

Frelin, A., & Fransson, G.(2017). Four components that sustain teachers' commitment to students-A relational and temporal model. *Reflective Practice*, 18(5), 641-654.

Friedman, I. A.(2016). Being a teacher: Altruistic and narcissistic expectations of preservice teachers. *Teachers and Teaching*, 22(5), 625-648.

Gao, X.(2008). Teachers' professional vulnerability and cultural tradition: A Chinese paradox. *Teaching and Teacher Education*, 24(1), 154-165.

Greene, M.(1978). *Landscapes of learning*. Teachers College Press.

Hansen, D. T.(1998). The moral is in the practice. *Teaching and Teacher Education*, 14(6), 643–655.

Hansen, D. T.(2000). *Cultivating an intellectual and moral sensibility as teacher*. Paper presented at the Annual Meeting of the American Educational Research Association (New Orleans, LA, April 24–28, 2000).

Hansen, D. T.(2001). Reflections on the manner in teaching project. *Journal of Curriculum Studies*, 33(6), 729–735.

Hansen, D. T., & Quek, Y.(2023). The call to teach and the ethics of care: A dynamic educational crossroads. *Journal of Curriculum Studies*, 55(1), 8–20.

Harðarson, A., & Magos, K.(2022). Emotional demands and moral rewards: A story told by fifteen teachers. *Scandinavian Journal of Educational Research*, 66(7), 1194–1203.

Harrell-Levy, M. K., & Kerpelman, J. L.(2010). Identity process and transformative pedagogy: Teachers as agents of identity formation. *Identity: An International Journal of Theory and Research*, 10(2), 76–91.

Heinz, M.(2015). Why choose teaching? An international review of empirical studies exploring student teachers' career motivations and levels of commitment to teaching. *Educational Research and Evaluation*, 21(3), 258–297.

Henderson, J. G., & Gornik, R.(2007). *Transformative curriculum leadership* (3rd ed.). Merrill/Prentice Hall.

Huebner, D.(1996). Teaching as moral activity. *Journal of Curriculum and*

Supervision, 11(3), 267–275.

Ittner, D., & Hascher, T.(2021). Towards a model of teachers' moral health: Professional satisfaction, moral emotions and teacher ethos. In F. Oser, K. Heinrichs, J. Bauer, & T. Lovat(Eds.), *The international handbook of teacher ethos: Strengthening teachers, supporting learners* (pp. 211–234). Springer International.

Jenkins, T.(2016). Transformative peace pedagogy: Fostering a reflective, critical, and inclusive praxis for peace studies. *Factis Pax*, 10(1), 1–7.

Johnston, B., Juhasz, A., Marken, J., & Ruiz, B. R.(1998). The ESL teacher as moral agent. *Research in the Teaching of English*, 161–181.

Jordan, R. H.(1930). *Education as a life work: An introduction into education*. Century.

Joseph, P. B.(1989). Ethical choices for social studies professionals. *Social Education*, 59(1), 55–57.

Joseph, P. B.(2001). "The Ideal Teacher": Images in early 20th-century teacher education textbooks. In P. B. Joseph & G. E. Burnaford (Eds.) *Images of schoolteachers in America* (pp. 147–170). Routledge.

Joseph, P. B.(2003). Teaching about the moral classroom: Infusing the moral imagination into teacher education. *Asia-Pacific Journal of Teacher Education*, 31(1), 7–20.

Joseph, P. B.(2016). Ethical reflections on becoming teachers. *Journal of Moral Education*, 45(1), 31–45.

Joseph, P. B., & Duss, L. S.(2009). Teaching a pedagogy of peace: A study of peace educators in United States schools in the aftermath of September 11. *Journal of Peace Education*, 6(2), 189–207.

Joseph, P. B., & Efron, S.(1993). Moral choices/moral conflicts: Teachers' self-perceptions. *Journal of Moral Education*, 22(3), 201-220.

Joseph, P. B., & Mikel, E.(2014). Transformative moral education: Challenging an ecology of violence. *Journal of Peace Education*, 11(3), 317-333.

Kelchtermans, G.(1996). Teacher vulnerability: Understanding its moral and political roots. *Cambridge Journal of Education*, 26(3), 307-323.

Klassen, R. M., Al-Dhafri, S., Hannok, W., & Betts, S. M.(2011). Investigating pre-service teacher motivation across cultures using the Teachers' Ten Statements Test. *Teaching and Teacher Education*, 27(3), 579-588.

Koc, K., & Buzzelli, C. A.(2016). Turkish teachers' accounts of moral dilemmas in early childhood settings. *Journal of Early Childhood Research*, 14(1), 28-42.

Kohl, H.(1984). *Growing minds: On becoming a teacher*. Harper & Row.

Lin, E., Shi, Q., Wang, J., Zhang, S., & Hui, L.(2012). Initial motivations for teaching: Comparison between preservice teachers in the United States and China. *Asia-Pacific Journal of Teacher Education*, 40(3), 227-248.

Lindqvist, H., Thornberg, R., & Colnerud, G.(2021). Ethical dilemmas at work placements in teacher education. *Teaching Education*, 32(4), 403-419.

Lowenstein, E., Martusewicz, R., & Voelker, L.(2010). Developing teachers' capacity for ecojustice education and community-based learning. *Teacher Education Quarterly*, 37(4), 99-118.

Malone, D. M.(2020). Ethics education in teacher preparation: a case for stakeholder responsibility. *Ethics and Education*, 15(1), 77–97.

Maxwell, B.(2017). Codes of professional conduct and ethics education for future teachers. *Philosophical Inquiry in Education*, 24(4), 323–347.

Maxwell, B., & Schwimmer, M.(2016). Professional ethics education for future teachers: A narrative review of the scholarly writings. *Journal of Moral Education*, 45(3), 354–371.

McClellan, B. E.(1999). *Moral education in America: Schools and the shaping of character from colonial times to the present*. Teachers College Press.

McCray, A. D., Sindelar, P. T., Kilgore, K. K., & Neal, L. I.(2002). African-American women's decisions to become teachers: Sociocultural perspectives. *International Journal of Qualitative Studies in Education*, 15(3), 269–290.

Melder, K. E.(1972). Woman's high calling: The teaching profession in America, 1830–1860. *American Studies*, 13(2), 19–32.

Merry, M. S., & de Ruyter, D. J.(2011). The relevance of cosmopolitanism for moral education. *Journal of Moral Education*, 40(1), 1–18.

Mikel, E. R., & Hiserman, S.(2000). Beyond the classroom: Progressive activist teachers and images of experience, meaning, purpose, and identity. In P. B. Joseph & G. E. Burnaford(Eds.), *Images of schoolteachers in America* (pp. 115–131). Routledge.

Morales-Doyle, D.(2017). Justice-centered science pedagogy: A catalyst for academic achievement and social transformation. *Science Education*, 101(6), 1034–1060.

Morrison, P.(2016). School home interactive curriculum development: Teachers and families in partnership. In *Handbook of research on effective communication in culturally diverse classrooms* (pp. 129-152), IGI Global.

Mueller, M. P.(2009). Educational reflections on the "ecological crisis": Ecojustice, environmentalism, and sustainability. *Science & Education*, 18(8), 1031-1056.

Mustakova-Possardt, E.(2004). Education for critical moral consciousness. *Journal of Moral Education*, 33(3), 245-269.

National Education Association.(1939). *Ethics in the teaching profession: Codes of state and national educational associations*. Washington DC: Research Division. https://babel.hathitrust.org/cgi/pt?id=nncl.cu17217334&view=lup &seq=2

National Education Association.(1975/2010/2020). *Code of ethics*. http://www.nea.org/home/30442.htm

National Education Association. (1924). Professional ethics for educators. *Journal of the National Education Association*, 13(2), 64-67. https://babel.hathitrust.org/cgi/pt?id=pur1.32754076535305&view=1up&seq=85&q1=ethics

Noddings, N.(1984). *Caring: A feminine approach to ethics and moral education*. University of California Press.

O'Neill, J., & Bourke, R.(2010). Educating teachers about a code of ethical conduct. *Ethics and Education*, 5(2), 159-172.

Osguthorpe, R., & Sanger, M.(2013). The moral nature of teacher candidate beliefs about the purposes of schooling and their reasons for choosing teaching as a career. *Peabody Journal of Education*, 88(2), 180–197.

Picower, B.(2012). Teacher activism: Enacting a vision for social justice. *Equity & Excellence in Education*, 45(4), 561–574.

Preston, J. A.(1993). Domestic ideology, school reformers, and female teachers: Schoolteaching becomes women's work in nineteenth-century New England. *The New England Quarterly*, 66(4), 531–551.

Pring, T.(2001). Education as moral practice. *Journal of Moral Education*, 30(2), 101–112.

Rissanen, I., Kuusisto, E., Hanhimäki, E., & Tirri, K.(2018). The implications of teachers' implicit theories for moral education: A case study from Finland. *Journal of Moral Education*, 47(1), 63–77.

Rodgers, C. R., & Raider-Roth, M. B.(2006). Presence in teaching. *Teachers and Teaching: Theory and Practice*, 12(3), 265–287.

Romer, M.(2008). *Teacher education in Europe: An ETUCE policy paper*. https://www.csee-etuce.org/images/attachments/ETUCE_PolicyPaper_en.pdf

Rosenberg, G. R.(2018). Moral agency as teaching morally and teaching morality: A practical approach to moral education. In T. Harrison & D. I. Walker(Eds.), *The theory and practice of virtue education* (pp. 112–125). Routledge.

Ruitenberg, C. W.(2011). The trouble with dispositions: A critical examination of personal beliefs, professional commitments and actual conduct in teacher education. *Ethics and Education*, 6(1), 41–52.

Sanderse, W.(2013). The meaning of role modelling in moral and character education. *Journal of Moral education*, 42(1), 28–42.

Sanger, M., & Osguthorpe, R.(2013). The moral vacuum in teacher education research and practice. In H. Sockett & R. Boostrom(Eds.), *NSSE yearbook: A moral critique of contemporary education*, 112 (pp. 41–60). Teachers College, Columbia University.

Sanger, M. N., & Osguthorpe, R. D.(2011). Teacher education, preservice teacher beliefs, and the moral work of teaching. *Teaching and Teacher Education*, 27(3), 569–578.

Santoro, D. A.(2013). "I was becoming increasingly uneasy about the profession and what was being asked of me": Preserving integrity in teaching. *Curriculum Inquiry*, 43(5), 563–587.

See, B. H., Munthe, E., Ross, S. A., Hitt, L., & El Soufi, N.(2022). Who becomes a teacher and why?. *Review of Education*, 10(3), e3377.

Shapira–Lishchinsky, O.(2011). Teachers' critical incidents: Ethical dilemmas in teaching practice. *Teaching and Teacher Education*, 27(3), 648–656.

Shapira–Lishchinsky, O.(2016). From ethical reasoning to teacher education for social justice. *Teaching and Teacher Education*, 60, 245–255.

Shapira–Lishchinsky, O.(2020). A multinational study of teachers' codes of ethics: Attitudes of educational leaders. *NASSP Bulletin*, 104(1), 5–19.

Simpson, P. J., & Garrison, J.(1995). Teaching and moral perception. *Teachers College Record*, 97(2), 252–278.

Sockett, H.(2009). Dispositions as virtues: The complexity of the construct. *Journal of Teacher Education*, 60(3), 291–303.

Sockett, H., & LePage, P.(2002). The missing language of the classroom. *Teaching and Teacher Education*, 18, 159–171.

Sperandio, J.(2014). A question of role and respect: The status of female teachers in societies in change. In *Inequalities in the teaching profession* (pp. 50–66). Palgrave Macmillan.

Spring, J.(1990). *The American school: 1642–1990*. Longman.

Stewart, D. J.(2006). Teachers as exemplars: An Australian perspective. *Education and Urban Society*, 38(3), 345–358.

Stooksberry, L. M., Schussler, D. L., & Bercaw, L. A.(2009). Conceptualizing dispositions: Intellectual, cultural, and moral domains of teaching. *Teachers and Teaching: Theory and practice*, 15(6), 719–736.

Strike, K. A.(1988). The ethics of teaching. *Phi Delta Kappan*, 70(2), 156–158.

Sugarman, J.(2005). Persons and moral agency. *Theory & Psychology*, 15(6), 793–811.

Tirri, K.(2010). Teacher values underlying professional ethics. In T. Lovat, R. Toomey, & N. Clement(Eds.), *International research handbook on values education and student wellbeing* (pp. 153–161). Springer.

Tom, A. R.(1980). Teacher as a moral craft: A metaphor for teaching and teacher education. *Curriculum Inquiry*, 10(3), 317–323.

von Hohenberg, S. C., & Broderick, M.(2021). The role of teacher dispositions in a global teaching context. In *Interdisciplinary approaches toward enhancing teacher education* (pp. 221–240). IGI Global.

Waller, W.(1932). *The sociology of teaching*. Wiley.

Warnick, B. R., & Silverman, S. K.(2011). A framework for professional ethics courses in teacher education. *Journal of Teacher Education*, 62(3), 273-285.

Watt, H. M., Richardson, P. W., Klusmann, U., Kunter, M., Beyer, B., Trautwein, U., & Baumert, J. (2012). Motivations for choosing teaching as a career: An international comparison using the FIT-Choice scale. *Teaching and Teacher Education*, 28(6), 791-805.

Werhane, P. H.(1999). *Moral imagination and management decision making*. Oxford University Press.

Woolhouse, C.(2023). Technologies of the self and narrating an ethical teacher identity, or how to tell stories of a life well lived. *International Journal of Qualitative Studies in Education*. 1-17. https://doi.org/10.1080/09518398.2023.2181453

| 옮긴이의 말 |

2025년 우리나라는 여러 사회적, 정치적, 교육적 이슈로 인해 복잡하고 어려운 상황에 놓여 있다. 정치적 갈등, 경제적 불평등, 혐오와 편견, 극단적인 개인주의, 신자유주의 교육, 대학 서열화, 그리고 검증되지 않은 신념이 폭력적 언어와 행동으로 이어지고 있다. 이러한 상황에서는 윤리적 추론, 공감, 연민, 그리고 변혁적 도덕교육을 위한 노력이 절실히 요청된다.

역자는 도덕적 상상력이 사회변화, 교육대전환, 그리고 변혁적 도덕교육의 촉매제가 될 수 있다고 생각한다. 왜냐하면, 도덕적 상상력은 어렵고도 복잡한 사회정치적, 윤리적 문제를 단순히 인식하고 그 옳고 그름을 판단하는 것에 그치는 것이 아니라, 타인의 입장에서 생각하고 느끼며 적합한 윤리적 결정을 내릴 수 있는 능력이기 때문이다. 도덕적 상상력은 복잡한 사회정치적, 도덕적 문제들을 해결하기 위한 비판적, 상상적 사고를 촉진하는 데 적합하다. 주지하듯이, 공리주의자가 되려면 특정 행동이 어떤 결과를 초래할지 공감적으로 상상해야 한다. 칸트의 인간존중의 윤리 역시 우리가 존중해야 할 대상을 목적으로 상상할 것을 요구하고 있다. 실용주의자 듀이는 어떤 행동 방식을 실행하기 전에 가능한 행동 방식을 검토해 볼 것을 제안한 바 있다. 우리는 백일몽을 꾸거나, 환상을 가지거나, 가능한 행동 방향을 구상하거나, 타인의 행동에 대한 이야기를 읽거나, 소설을 읽을 수도 있다. 듀이는 이를 '극적인 상상 리허설'이라고 부른다. 그는 우리가 이 리허설을 통해 다양한 행동들이 자아 정체성을 어떻게 변화시키고, 타인의 삶에 어떤 영향을 미칠 수 있는지를 상상해야 한다고 주장한다.

이 책의 저자인 조셉(P. B. Joseph)은 기본적으로 서양 철학사에서 논의하고 있는 도덕적 상상력 논의의 틀을 크게 벗어나지 않고 있다. 그녀는 1980년대 후반부터 도덕성 함양, 도덕적 사회화, 도덕적 상상력, 직업윤리, 교사의 윤리적 성찰, 도덕교육의 지향, 그리고 변혁적 도덕교육 등에 관해 심도 있게 연구하였다. 이 책은 그녀가 2024년에 저술한 *Teaching for Moral Imagination: An Interdisciplinary Exploration* (Information Age Publishing)을 완역한 것이다. 이 책의 제목을 원어 그대로 충실히 옮긴다면 『도덕적 상상력 가르치기: 다학문적 탐색』 정도가 될 것이다. 하지만 저자가 서문에서 밝히고 있듯이, 이 책은 "교육자들이 학생들의 성격적 특성뿐만 아니라 미래 세대에게 물려줄 세상을 창조하는 데 있어 청소년의 주도성에도 관심을 가져야 한다는 관점을 바탕으로 집필되었다." 역자는 이 점을 고려하여 이 책의 제목을 『도덕적 상상력이 세상을 밝힌다』로 옮겼다.

이 책은 도덕성, 윤리, 도덕적 상상력이라는 철학적 개념에 대한 고찰로부터 시작하고 있다. 그리고 도덕 발달 이론, 학습자의 도덕적 성장 능력, 도덕적 충동을 억압하는 경험, 도덕 발달을 촉진 혹은 방해하는 교실 환경, 커리큘럼 내용, 마지막으로 교사가 인식하는 도덕적 정체성, 윤리적 딜레마, 실천 가능성 등에 대해 깊이 있는 논의를 전개한다. 특히 "도덕성, 윤리, 도덕적 상상력"에서는 도덕적 상상력의 구성 요소로 도덕적 감정, 도덕적 지각, 윤리적 추론, 비판적 성찰, 미래 비전 구상하기를 제시한다. 그리고 "도덕성 함양: 감정과 추론"에서는 도덕 발달에 관한 주요 심리학 주제인 공감, 수치심, 죄책감, 도덕적 정체성 개념뿐만 아니라 인지적 영역의 주제인 합리성, 추론, 성찰의 개념을 강조한다. 그리고 "도덕적 사회화와 학교 문화, 교실 등"에서는 문화의 도덕 기준, 도덕적 가치와 행동, 또래와 미디어의 영향, 도덕적 사회화와 훈육, 배려적이고 포용적인 교실 문화 조성, 도덕적 성장을 촉진하는 교실 관리 전략, 배려공동체, 민주공동체, 봉사학습, 정의공동체, 그리고 회복적 정의 등에 대해 집중 탐구한다. 또한 "도덕교육 커리큘럼"에서는 전통적인 가치와 덕목으로 문화유산, 인격교육을 제시하고, 도덕철학과 윤리적 탐구로 도덕적 대화, 아동철학, 커리큘럼 전반에 걸친 윤리 탐구를 제시하며, 변혁적 도덕교육으로 비판적 교육학, 인권 교육, 생태정의 교육, 평화교육, 갈등 해결교육, 세계화 교육, 환경교육 등 실로 다양한 도덕교육 주제들을 거침없이 다룬다고 할 수 있다.

또한 저자는 "윤리적 교사와 도덕적 상상력"에서 교사가 갖추어야 할 높은 윤리 기준으로 도덕적 상상력을 강조한다. "도덕성, 윤리, 도덕적 상상력"에서 분류한 5가지 요소에 11가지 하위요소를 더하여 교사의 도덕적 상상력을 세분화하고 있다. 도덕적 감정은 배려와 도덕적 수명으로, 도덕적 지각은 도덕적 현존감과 도덕적 정체성으로, 윤리적 추론은 윤리적 인식과 윤리적 의무로, 비판적 성찰은 윤리적 딜레마와 자기 성찰로, 미래 비전 구상하기는 도덕적 행위와 변혁적 교육학 그리고 활동가 정체성으로 세분화하고 있다.

저자가 이 책에서 강조하고 있는 도덕적 상상력을 우리의 청소년들이 적극 함양한다면, 그들은 더 나은 대한민국 사회를 건설하는 데 크게 기여할 수 있다고 생각한다. 첫째, 도덕적 상상력은 도덕적 지각 능력의 신장에 도움을 준다. 도덕적 지각은 타인의 감정을 이해하고 그들의 입장에서 상황을 바라보는 능력을 의미한다. 도덕적 인식은 이러한 지각을 바탕으로 도덕적 원칙을 이해하고 적용하는 과정이기도 하다. 이를 통해 청소년들은 인권, 평화, 환경 보호 등 다양한 정치 사회적 이슈에 대해 배우고, 서로 다른 배경의 사람들을 이해하는 경험은 그들의 시야를 넓히고 감정적으로 연결될 수 있다. 예를 들어, 문학작품이나 영화에서 다양한 인물의 시각을 경험함으로써, 청소년들은 자신과 다른 사람의 감정을 이해할 수 있다. 다른 사람의 입장에서 생각하고, 공감하는 과정에서 그들은 도덕적 지각을 강화하고, 사회적 연대감을 형성할 수 있다.

둘째, 도덕적 상상력은 성찰적 사고와 비판적 사고를 촉진함으로써 사회적 문제를 해결할 수 있다. 도덕적 성찰은 다양한 주제에 대한 토론과 토의 과정에서 자신이 내린 결정이나 행동에 대해 깊이 고민하고 반성하는 과정이다. 이러한 도덕적 성찰을 통해 청소년들은 가치관을 재검토하고, 더 나은 윤리적 선택을 할 수 있다. 그들은 특정 정보를 단순히 수용하지 않고, 다양한 관점을 고려하고 비판적으로 분석함으로써 자신만의 의견을 형성하고, 사회적 이슈를 깊이 있게 이해할 수 있다. 사례 연구를 통해 도덕적 문제를 분석하고 해결책을 모색하는 것도 하나의 방법이다. 청소년들에게 다양한 사회적 갈등 사례를 제시하여 그 문제를 해결하기 위한 방안을 모색하게 하는 것은 도덕적 지각과 인식을 발전시키는 데 도움을 준다.

셋째, 도덕적 상상력은 도덕적 현존감, 사회적 책임감을 발휘하게 한다. 도덕적 현존감은 특정 장소에 존재하고 특정 집단에 속한다는 소속감을 느끼고, 다른 사람들과 상호작용할 수 있는 능력이다. 청소년들이 도덕적 가치와 원칙에 기초하여 도덕적 문제에 대해 민감하게 반응할 때 도덕적 현존감은 적절히 발휘된다. 예를 들어, 사회적 약자의 고통을 이해하고 그의 권리를 지키기 위해 행동할 때 도덕적 현존감은 현저히 발휘된다. 예를 들어, 사회적 약자와 함께하는 봉사 활동 혹은 봉사 학습은 청소년들의 도덕적 현존감을 제고하고, 더 나은 사회를 만들기 위한 사회적 책임감 형성과 능동적 시민 양성에 기여할 수 있다.

넷째, 도덕적 상상력은 미래에 대한 비전을 구상하는 능력을 촉진한다. 청소년들 어떤 사회를 만들고 싶은지를 고민하고 그 비전을 실현하기 위한 구체적인 계획을 세울 때, 도덕적 상상력을 발휘하게 된다. 이는 사회적 변화를 이끄는 원동력이 된다. 예를 들어, 지속 가능한 발전을 위한 정책을 구상할 때, 청소년들은 현 세대뿐만 아니라 미래 세대, 인간 이외의 동식물이나 생태계를 위한 미래 비전을 구상할 필요가 있다. 그리고 창의적 글쓰기를 통해 그들은 자신의 도덕적 비전을 표현할 수 있다. 특정 주제를 주고, 그에 대한 자신의 생각과 느낌을 글로 쓰는 과정은 도덕적 상상력을 신장하는 데 크게 기여할 것이다.

역자는 원문의 의미와 뉘앙스를 최대한 살리는 데 중점을 두고 번역하였다. 문맥상 의역이 불가피하거나 오탈자로 의심할 여지가 있는 경우에 가독성을 높이는 차원에서 윤문을 하였다. 그리고 독자가 다소 생경하다고 생각할 여지가 있는 부분에 대해서는 이해를 돕는 차원에서 [옮긴이 주]를 적극 활용하였다. 또한 분량이 상당한 참고 논문과 색인의 경우에, 참고 논문은 원문 그대로 각 장의 말미에 실었으며 색인은 축소 보완하여 제시하였음을 밝힌다.

이 책을 옮기는 과정에서 여러 도움을 준 동료와 교수님께 고마움을 전하며, 서광사의 이숙 사장님과 도서출판 리시오의 김찬우 사장님께도 각별한 감사의 말씀을 드린다. 난삽한 글을 멋지게 다듬어주신 편집실 선생님께도 감사드린다. 아무쪼록 이 책이 윤리학이나 도덕교육을 전공하는 학부의 강의, 대학원 교사 양성 프로그램, 인문학 강좌, 그리고 교사교육자 및 교육 지도자님들께 보탬이 되고, 학교와 각종 독서 모임에서 토론 자료로 활용될 수 있기를 기대해 본다.

2025년 무더위 끝자락
풍향골에서
옮긴이 노희정

| 색인 |

|ㄱ|

가치 전수 21, 140, 184, 246-247, 248-249

갈등 해결 교육 22, 247, 276, 280-281

개인주의 26, 62, 84, 167, 213, 250, 275, 316

공감 17, 21, 26, 32, 34, 42-44, 59-60, 63, 69-73, 79, 96-102, 111, 132, 141, 144-145, 149, 152, 168, 182, 206-207, 211, 213-214, 218, 268, 270-271, 274, 278-279, 281, 321, 324

공동체의 윤리 135

공정성 36, 63, 107, 109, 135, 144, 149, 186, 207, 214, 225, 228, 261, 272, 324-325, 331

관습적 도덕성 29, 30, 40, 114

관점 채택 22, 96, 106, 145, 149, 206, 247, 281

괴롭힘 73, 77, 97, 149-152, 189, 190, 209, 330

교사 행동주의 329, 336

교직 전문성 39, 187, 306

교화 181, 259, 335

구성주의 181

규범 윤리 39

규율 179, 182, 185, 187, 210, 211, 213, 232, 258

기능 장애 20, 60, 80-86

|ㄴ|

나르시시즘 ☞ '자기애'

|ㄷ|

덕 윤리 258-259

도덕적 감수성 95, 97, 112, 277, 305, 313, 318
도덕적 대화 22, 247, 264-266
도덕적 모범 79-80
도덕적 사회화 21, 107, 139-153, 165-182
도덕적 상상력 18-20, 22, 23, 26-27, 42-48, 59-60, 95, 118, 141, 166, 213, 220-221, 224, 230, 246, 265, 268-270, 274, 306, 312-337
도덕적 성찰 110, 356
도덕적 소명 35, 313-318
도덕적 신념 28, 30, 40-42, 61, 115, 165, 169, 245
도덕적 존재 20, 111
도덕적 지각 43-45, 247, 269, 313, 318-321
도덕적 책임 31, 33-35, 76, 107, 141, 215, 225, 331, 337
도덕적 추론 21, 60, 78, 81, 96, 103-112, 115, 117, 134, 143-145, 152, 182, 206, 225, 227, 268, 270, 281
도덕적 판단 43, 45, 106-107, 109, 111-113, 117, 307
도덕적 행위 42-43, 77, 79, 81, 276-277, 305, 312, 314, 326, 329-331
동기 부여 76, 79, 99, 146, 262, 316
동정심 43-44, 71, 97-98, 118, 143, 146, 181, 324
딜레마 18-19, 22, 25, 39, 104, 110, 174, 214, 227, 247, 263-265, 268, 269-273, 305, 310, 313, 324-329

|ㅁ|

모니터링 144, 152-153
모델링 132, 137, 141, 144-145, 152, 257, 274
몬테소리 학교 276
무관용 정책 179, 187
문화적 가치 22, 96, 107, 133, 139, 249
『미덕의 책』 261
미디어 리터러시 269, 273
미래 비전 구상하기 23, 43, 46, 213, 274, 314, 329-337
민주적 공동체 213-214, 218-220

|ㅂ|

반성적 도덕성 29-31, 40
방관자 149, 189, 272
배려공동체 18, 22, 213-218, 229, 257
배려 윤리 32-33, 96, 102-105, 118, 214
배상 101-102, 230-231
번영 75-76, 78, 83, 210, 213, 245, 254, 258, 312

변혁적 도덕교육 22, 246-247, 274-283
복지 32, 36, 69, 71, 78, 113, 118, 134-135, 205, 214, 216, 229, 251-252, 274, 314, 326, 330
봉사 학습 22, 213-214, 220-225
분석 윤리 39
불의 22, 35, 43, 47-48, 144, 247, 275, 276-279, 283, 314, 333, 337
불평등 46, 108, 222, 246, 275, 278, 333, 335
비판적 교육학 22, 247, 277-278
비폭력 19, 48, 247, 275, 281, 314, 329, 335-337
비합리성 67

|ㅅ|
사이버 괴롭힘 152
사회 영역 이론 132, 140, 142
사회 학습 이론 132, 140-142
사회화 이론 140-142, 170-171
상호 연결성 34, 214, 250-251, 275, 280-283
상호적 처벌 178
생태의식 282
생태정의 교육 19, 22, 247, 276-277, 279, 282, 355
서머힐 학교 226-227
세계교육 247, 276, 280-282
세계주의 34
소외 104, 179-180, 188, 267, 278-279
속죄적 처벌 178
수치심 21, 72, 96-98, 100-102, 149
스토리텔링 250
습관 29, 30, 36-37, 47, 111, 174, 255, 258-259, 277, 311
시민성 교육 225
신성의 윤리 135

|ㅇ|
애국심 85, 248, 252-253, 261, 271
애착 이론 69
어린이와 함께하는 철학 266-268
에토스 134-135, 208, 211-213
연대 225
연민 36, 59, 63, 69, 71, 96, 98, 100, 102, 141, 144-145, 225, 261, 273, 278, 281, 283, 319, 324, 333
영적 발달 253
영적 신념 138
원주민 문화 250
위축 72-73, 100
유년기 69, 83, 143
육아 70, 119, 132
윤리적 탐구 247, 267, 269, 271-273, 322
응용 윤리 39
의무 32-35, 104, 186, 252, 264

이기심 65, 78, 81
이타주의 20, 64, 79
인간 본성 8, 20, 25, 61, 63-64, 67, 74-75, 220, 259
인간 진화 62
인격교육 22, 247-248, 255-263
인권 교육 22, 247, 276-278
인종 차별 60
인지 발달 이론 96, 105
인지적 영역 21, 118

|ㅈ|

자기 성찰 41, 46, 100, 114, 263, 265, 267, 312, 314, 324
자기중심성 100, 107, 225
자기 초월 75-80
자아 개념 37, 79, 313-314, 319
자아실현 75-80
자율성의 윤리 134
자율적 도덕성 115
정서적 발달 96
정서적 영역 97
정서적 지능 229
정신분석 이론 96, 102
정의공동체 22, 213-214, 225-228
정의의 윤리 113-116
정체성 19-22, 36, 37, 42, 76-80, 84-86, 132, 150-151, 171, 217, 251, 306, 313-314, 318-321, 329, 332, 335
젠더 104, 150, 152, 308
종교 교육 257
종교적 교리 61, 185, 256
종교적 사회화 169
종교적 신념 31
죄책감 21, 96-98, 100-102, 118, 149
주도성 20, 79, 86, 171, 214, 219, 222, 224, 247, 279, 333, 335
지속가능성 247, 276, 279, 282, 334

|ㅊ|

차별 173, 190, 217, 309
체벌 148, 180-181, 188
칭찬 146, 175-176, 262

|ㅋ|

커리큘럼 연구 18, 166
키부츠 70, 227

|ㅌ|

타율성 108-109, 181
특수교육 173, 216, 329

|ㅍ|

페다고지 172
편견 66-68, 114, 171, 187-189, 210, 224, 330
평화교육 22, 247, 276, 280, 337
폭력의 생태학 26, 277

|ㅎ|

하위문화 132, 184-185
학교 개혁 185
학교 문화 165-166, 183-185, 189-190, 207-212, 227, 230, 232
학교 분위기 188, 208-210, 212, 326
합리적 도덕성 96, 109, 113-117
합리적 사고 66, 111
행동 강령 167
행동주의 132, 140-141, 147, 173-180, 263, 336
홀로코스트 226, 272
화해 230
환경교육 22, 247, 276, 280, 282
회복적 정의 22, 213-214, 228-232
회복탄력성 72, 77, 262

|인명 색인|

그린(Greene, J.) 64-65
그린(Greene, M.) 44, 119, 318
길리건(Gilligan, C.) 33, 103-104
나딩스(Noddings, N.) 26, 33, 44, 99, 103-104, 205-206, 215, 258-259, 330
나바에즈(Narvaez, D.) 36, 62, 69, 72-73, 81, 112, 245, 250
닐(Neill, A. S.) 226
듀이(Dewey, J.) 25, 29, 31, 34, 37, 44, 114, 119, 205-206, 220, 260
드라이쿠르스(Dreikurs, R.) 147
리프먼(Lipman, M.) 265-268
매슬로우(Maslow, A.) 74-79, 81-83
몬테소리(Montessori, M.) 276
바우어스(Bowers, C. A.) 111, 279
바이어(Baier, K.) 34, 66-67, 113, 115-116
반두라(Bandura, A.) 79, 110, 141, 149
베텔하임(Bettelheim, B.) 70, 174-175
보엠(Boehm, C.) 28-30, 65, 212
브레그먼(Bregman, R.) 99-101
블룸(Bloom, P.) 59, 63, 68-69, 97, 99, 135
샤프(Sharp, A.) 264-265, 267-268
스키너(Skinner, B. F.) 140
싱어(Singer, P.) 33-35, 37, 40, 114-116, 118, 132, 136
아리스토텔레스(Aristotle) 258
에릭슨(Erikson, E.) 77
존슨(Johnson, M.) 45, 66, 74-75, 78, 82
카(Carr, D.) 258-259
코르차크(Korczak, J.) 226-227
콜버그(Kohlberg, L.) 105, 109-113, 117, 226-228, 259
터프츠(Tufts, J. H.) 37, 119
파크스(Parks, R.) 261

퍼펠(Purpel, D.) 166, 168, 222, 224-225, 275, 283
프롬(Fromm, E.) 83-86
피아제(Piaget, J.) 105-106, 117
피터스(Peters, R. S.) 36-37, 66, 113, 118-119, 174
핑커(Pinker, S.) 66-67, 116, 118
하이트(Haidt, J.) 63-64, 96-98, 110, 134, 139
핸슨(Hansen, D. T.) 206, 305, 317, 319
헌터(Hunter, J. D.) 258, 260
홀(Hall, E. T.) 133-134, 137-139, 183
홀트(Holt, J.) 212